Margaret Heckel
So regiert die Kanzlerin

Margaret Heckel

So regiert
die Kanzlerin

Eine Reportage

Piper
München Zürich

Mehr über unsere Autoren und Bücher:
www.piper.de

ISBN 978-3-492-05331-0
3. Auflage 2009
© Piper Verlag GmbH, München 2009 Satz:
seitenweise, Tübingen
Druck und Bindung: CPI – Clausen & Bosse, Leck
Printed in Germany

Inhalt

Kapitel 1

Die größte Staatsintervention der Geschichte –

der Tag, an dem die Banken gerettet werden

Es ist kurz vor drei Uhr, als der Hubschrauber mit Angela Merkel im Kanzlergarten landet. Die Kanzlerin war in Dresden auf einer Regionalkonferenz der CDU in den neuen Bundesländern. Wunderschön war der Rückflug an diesem sonnigen, milden Herbsttag. Einer jener Tage, wo man eigentlich am liebsten den ganzen Flug lang die Landschaft beobachten würde. Deutschland in seiner ganzen Vielfalt. Die renovierten Barockbauten Dresdens. Die immer noch riesigen Braunkohlentagebaue der Lausitz. Die träge und doch so mächtig dahinfließende Elbe. Was für ein schönes Land.

An diesem Freitag, dem 10. Oktober 2008, hat Angela Merkel keinen Sinn für die Schönheiten Deutschlands. Sie hat ihren Aufenthalt in Dresden um eine Stunde gekürzt, denn sie muss dringend zurück ins Kanzleramt. Schon am Vortag hatte die Kanzlerin ihre engsten Mitarbeiter gebeten, einen Ablaufplan für die größte Staatsintervention zu erstellen, die Deutschland je gesehen hat.

Mit dem Beinahe-Kollaps der Hypo Real Estate vor zwei Wochen war klar geworden, dass die Finanzkrise Deutschland voll erfasst hat. Allein seit Montag ist der US-Leitindex Dow

Jones um 20 Prozent abgestürzt, der japanische Nikkei-Index verlor sogar ein Viertel seines Wertes. In einer einzigen Woche. Keine Bank leiht der anderen mehr Geld, ein Institut nach dem anderen geht praktisch über Nacht pleite.

Das globale Finanzsystem steht vor dem Zusammenbruch. Die Folge wären weltweite Schlangen vor den Banken. Entsetzte Sparer, die vor verschlossenen Türen immer aggressiver versuchen, an ihr Geld zu kommen. Eine Massenpanik, die in wenigen Stunden die ganze Welt zu erfassen droht – von New York über Sydney, Hongkong, Tokio nach Frankfurt und London.

Angela Merkel weiß, dass nun der Zeitpunkt für wirklich außergewöhnliche Maßnahmen gekommen war. Zwar hatte sie schon am Wochenende zuvor gemeinsam mit Finanzminister Peer Steinbrück mit einer Garantie für alle Spareinlagen in Deutschland Neuland betreten. Doch was sie nun mit ihren Mitarbeitern besprechen will, wird der 54-jährigen Physikerin aus der Uckermark entweder einen der prominenteren Plätze in deutschen Geschichtsbüchern sichern – oder alles zunichte machen, was sie bislang in ihrer knapp dreijährigen Kanzlerschaft erreicht hat.

Inzwischen sind die Rotoren des Hubschraubers abgestellt, die Piloten haben die Tür geöffnet und die Ausstiegstreppe umgeklappt. Merkel nimmt ihre schwarze Ledertasche und verabschiedet sich kurz von den Besatzungsmitgliedern. Die Kanzlerin geht die drei Dutzend Stufen vom Hubschrauberlandeplatz hinunter zum Fahrweg, wo ihre Limousine wartet, und lässt sich über die Spreebrücke die 500 Meter bis zum Haupteingang des Kanzleramts bringen.

Merkel sitzt hinten rechts. Auf dem »Chefplatz«, wie die Fahrer im Kanzleramt sagen. Er ermöglicht dem Gast, halbwegs bequem im Auto zu arbeiten oder zu telefonieren, wenn der Beifahrersitz etwas nach vorn geschoben wird und so noch mehr Platz entsteht. Wie immer sind die kreisrunden gläsernen Eingangsschleusen des Kanzleramts bereits offen, als sie die Autotür von innen öffnet. Gut 60 Schritte braucht die Kanzlerin, um durch das Gebäude zu den Liften zu kommen, die sie in die siebte Etage bringen. Nur ganz selten lässt sie sich in die Tiefgarage fahren, um von dort aus den Aufzug zu nehmen. Auf dem Weg nickt Merkel dem Pförtner im Eingangsbereich zu, dann eilt sie zum Lift. Auch der wartet bereits auf sie, einer der Sicherheitsbeamten hat ihn angefordert. Ohne Stopp geht es hoch in die Kanzlerebene des Amtes. Fünf weitere Schritte noch, dann hat Merkel ihr Vorzimmer erreicht. Mit einem Gruß an die beiden Mitarbeiterinnen durchmisst sie den Raum und geht in ihr Büro.

Für 15 Uhr 30 hat die Kanzlerin die entscheidende Besprechung über das angesetzt, was später als der 480-Milliarden-Euro-Bankenschirm in die Geschichte der Republik eingehen soll. Sie stellt ihre Tasche auf einem Stuhl an dem langen Tisch ab, an dem sie normalerweise arbeitet. Nur selten nutzt Angela Merkel ihren Schreibtisch, eigentlich nur zum Telefonieren. Zu unpraktisch, zu weit weg ist das riesige halbkreisförmige Teil, das ihr Vorgänger Gerhard Schröder hinterlassen hat. Doch hier sind die Anschlüsse für die Telefonate mit ihren Kollegen in aller Welt installiert, auch das kleine schwarze abhörsichere Krypto-Telefon.

Mehrfach in dieser Woche hat sie mit dem französischen Präsidenten Nicolas Sarkozy und anderen Regierungschefs telefoniert. Bevor die entscheidende Sitzung in wenigen Minuten beginnt, verlässt Merkel ihr Büro noch einmal. Sie geht zu ihrer Büroleiterin Beate Baumann. Die Kanzlerin will wissen, was in ihrer Abwesenheit alles angefallen ist. Ein paar Minuten reden die beiden, dann geht die Kanzlerin in ihr Büro zurück.

Sie lässt sich mit Finanzminister Peer Steinbrück verbinden, der beim Treffen der sieben wichtigsten Finanzminister der Welt in Washington ist, dem sogenannten G7-Treffen. Für ihn ist es noch früher Morgen, der Arbeitstag hat soeben begonnen.

Rund um den Globus sind die Kurse an diesem Freitag im freien Fall. An der Tokioter Börse bricht der Nikkei-Index um 9,6 Prozent ein, in der indonesischen Hauptstadt Jakarta wird der Handel aus Angst vor Panikverkäufen erst gar nicht eröffnet. Als die Börse in Japan um acht Uhr deutscher Zeit schließt, verbucht sie den drittgrößten Verlust aller Zeiten.

In Frankfurt bereiten sich die Händler derweil auf einen erneuten »schwarzen Freitag« vor. Die Vorgaben aus Asien sind unfassbar, obwohl die Börse seit Wochen nur noch abwärts rauscht. Doch einen Ausverkauf von einer derartigen Wucht und Panik gab es selbst nach den Terroranschlägen in den USA am 11. September 2001 nicht. Kurz vor Börsenstart um neun Uhr lässt ein Scherzvogel »The Final Countdown« über das Frankfurter Parkett dröhnen. Der Hit der Rockgruppe Europe aus den Achtzigern bereitet auf das Desaster vor, das sich sofort nach dem Start des Börsenhandels vollzieht. Kaum sind die Computer hochgefahren, stürzt der Dax ab. In Sekundenschnelle verliert er über zehn Prozent seines Wertes und fällt auf 4364 Punkte. Das ist der tiefste Stand seit Mai 2005. Auf dem Parkett herrscht die blanke Panik. In London, Paris, Zürich das gleiche Bild – in nur wenige Minuten lösen sich Hunderte von Milliarden Euro Börsenwerte in nichts auf.

Es ist exakt um 10 Uhr 07, als den Verantwortlichen der Börse in Wien die Nerven reißen. Sie setzen den Handel aus. Auch Moskau hat seine Börsen erneut geschlossen, zum vierten Mal schon in dieser Woche. Die Händler in Frankfurt kämpfen ebenfalls für eine Pause, jedoch vergeblich. Die Leitung der Börse will – und muss – standhalten. Zu verheerend der Eindruck, wenn nun auch die Leitbörse Kontinentaleuropas in die Knie gehen würde. Und tatsächlich: Kurz nach zehn Uhr erholt sich der Dax und steigt um 200 Punkte.

Eine trügerische Erholung, die keine der fünf Personen beachtet, die sich um 13 Uhr im Büro von Kanzleramtsminister Thomas de Maizière versammeln, um die nachmittägliche Krisensitzung vorzubereiten. Wie Merkel hat de Maizière einen phantastischen Blick auf den Reichstag und die Parlamentsgebäude. Sein Büro aber liegt an der entgegengesetzten Ecke des Gebäudes. Während die Kanzlerin durch die großen Panoramascheiben des Kanzleramts das weite Grün des Tiergartens sieht, blickt der 54-jährige Jurist auf den neu erbauten Glaspalast des Berliner Hauptbahnhofs. Die beiden haben die schönsten Eckbüros im Kanzleramt, jedoch ist das von de Maizière ein Drittel kleiner.

Angela Merkel empfängt ihre Gäste fast immer an dem langen schwarzen Arbeitstisch im Eingangsbereich ihres Büros. Thomas de Maizière dirigiert seine Besucher gern in seine Sitzecke mit direktem Blick auf das Paul-Löbe-Haus, eines der drei Parlamentsgebäude. Zwei sachliche schwarze Leder-Zweisitzer im Bauhaus-Stil stehen sich gegenüber, auf den anderen beiden Seiten je ein Sessel. Der freundliche, immer preußisch korrekte frühere sächsische Innen-, Finanz- und Justizminister sitzt in der Regel mit Blick sowohl auf den Hauptbahnhof als auch die Parlamentsgebäude.

Heute jedoch liegt viel Arbeit an, und so trifft sich die Runde um de Maizière an seinem Besprechungstisch. Neben Merkels Büroleiterin Beate Baumann und ihrem Wirtschaftsberater Jens Weidmann zieht der Kanzleramtsminister noch seinen Büroleiter Stéphane Beemelmans und den Personalchef des Kanzleramts, Michael Wettengel, hinzu. Ulrich Wilhelm, der Sprecher der Bundesregierung, fehlt, weil er zu diesem Zeitpunkt wie üblich in der Bundespressekonferenz den Journalisten Rede und Antwort steht.

Die vier Herren und eine Dame, die nun um den Tisch versammelt sind, wissen, welcher Herausforderung sie gegenüberstehen. Sie kennen sich seit Langem. Unzählige Sitzungen haben sie in dieser oder ähnlicher Formation bereits durchgemacht. Fast nie wird es laut in einer derartigen Runde. Schreierei und Gebrüll gibt es auf der siebten, der Leitungsetage des Kanzleramts nicht. Merkels engste Mitarbeiter sind allesamt so strukturiert wie sie. Kopfgesteuert, sachorientiert, nüchtern, pragmatisch – und außerordentlich verschwiegen und loyal.

Bereits am Vortag hatten sie sich in dieser Zusammensetzung gemeinsam mit Wilhelm getroffen. Sie wollten ausloten, wie schnell ein Gesetzgebungsverfahren laufen könnte, um einen Bankenrettungsschirm zu spannen. Nun wollen sie die Planungen konkretisieren, um sie am Nachmittag der Kanzlerin vortragen zu können.

Weil fast jeder der fünf den Nachrichtenticker des Bundespresseamts bekommt, wissen sie um diese Zeit, dass Steinbrück-Sprecher Torsten Albig 40 Minuten früher den Dax erneut auf Talfahrt geschickt hatte. »Die Regierung plant keine Verstaatlichung angeschlagener Banken«, sagte Albig. Prompt brachen die Kurse vor allem der Banken erneut ein. Denn in der deutschen Finanzmetropole scheinen die früher so stolzen Bankmanager nun gerade darauf als letzten Ausweg vor der Katastrophe zu hoffen – vom Staat gerettet und übernommen zu werden.

Für die Runde um de Maizière spielt die Meldung keine Rolle. Sie arbeitet konzentriert. Ohne zu wissen, was genau im Gesetz stehen wird, loten sie aus, wie schnell und unter welchen Voraussetzungen es durchs Parlament und ins Gesetzblatt gebracht werden könnte.

Wann kann eine Sondersitzung des Kabinetts einberufen werden? Wann wäre Zeit für die Oppositionsführer? Ist der Bundespräsident in Berlin, um das fertige Gesetz dann unterschreiben zu können?

Spalte um Spalte füllen sie ihren Plan. Wann Merkel und Steinbrück ihre jeweiligen Parteien informieren würden, wann mit den Ministerpräsidenten gesprochen werden könnte. Die Termine der Parlamentssitzungen und wann die Fraktionen unterrichtet würden. Eingeplant wird, wann der Bundespräsident das Gesetz zur Unterschrift bekommen sollte, und auch, ob die Bundesdruckerei am Freitagabend eine Sonderschicht machen kann.

Sie kann, und so müsste es eigentlich gelingen: Nur fünf Tage würde es dauern, bis das Gesetz Gültigkeit erlangen würde. Eine absolute Ausnahmeleistung, die bislang nur dreimal in der Geschichte der Bundesrepublik geschafft wurde – 1973, als mit dem »Energiesicherungsgesetz« während der ersten Ölkrise die Grundlagen für die Sonntagsfahrverbote geschaffen wurden, für das Kontaktsperregesetz zu Zeiten des RAF-Terrors im Jahr 1977 und während der BSE-Krise im Jahr 2000.

Als sie um halb vier zu Merkel ins Kanzlerbüro kommen, ist der Ablaufplan für den Bankenschirm fertig. Wie er allerdings inhaltlich aussieht, das muss nun entschieden werden. Es ist der engste Kreis um die Kanzlerin. Merkel sitzt wie meistens bei Besprechungen auf dem äußersten rechten Platz. Auf dem breiten Fensterbrett neben ihr steht ein Geschenk des saudischen Königs, eine vergoldete Skulptur von sieben Kamelen in einer Oase. Im Frühjahr 2007 hatte sie den König besucht, es war eine ganz besondere Reise. Wie würde der absolutistisch herrschende Muslim auf die protestantische Frau aus Deutschland reagieren? Beide fanden sofort einen Draht zueinander, obwohl sie so unterschiedlich sind. Es wurde ein erfolgreicher Besuch.

Neben Merkel nimmt ihr Amtschef Thomas de Maizière Platz, gegenüber setzt sich Wirtschaftsberater Weidmann. Auch Regierungssprecher Wilhelm und Büroleiterin Baumann sind anwesend. Finanzminister Peer Steinbrück fehlt, weil er in Washington ist. Mit ihm hat die Kanzlerin deshalb kurz vor der Sitzung ausführlich telefoniert.

Angela Merkel hatte bereits am Donnerstagabend mit dem französischen Präsidenten ein Sondertreffen der Regierungschefs der Eurozone für Sonntag verabredet. An diesem Wochenende muss eine große, international koordinierte Aktion stattfinden. Alle nationalen Alleingänge sind bislang wirkungslos verpufft. Weder haben die Amerikaner ihren

700-Milliarden-Dollar-Fonds richtig aktiviert noch hat das britische Rettungspaket die Märkte beeindruckt. Einzelfallaktionen für die in Not geratenen Banken reichen nicht mehr. Es gibt nur noch eine Möglichkeit, einen Zusammenbruch des globalen Finanzsystems zu verhindern. Und das ist ein zwischen den Europäern und den USA abgesprochenes Handeln. Und zwar in einer addierten Größensumme, die den Akteuren an den Märkten den Mund offen stehen lassen würde. Der richtige Zeitpunkt für nationale Alleingänge ist längst überschritten. »Es war, wie wenn dauernd ein anderer Sheriff – um Ruhe zu schaffen – im Saloon in die Luft schießt und trotzdem nichts passiert«, schildert Ulrich Wilhelm die Lage während dieser Woche, »um letztendlich Ordnung zu schaffen, müssen mehrere gemeinsam ran.« Mit dem gerade laufenden G7- und IWF-Treffen in Washington und dem von Nicolas Sarkozy vorgeschlagenen Eurozonen-Gipfel am bevorstehenden Wochenende in Paris könnte aber wahrscheinlich die notwendige Wucht erreicht werden, wenn alle Beteiligten koordiniert handeln würden.

Da passte es gut, dass der Deutsche Bundestag in der kommenden Woche ohnehin zu Sitzungen in Berlin zusammenkommen würde. Dennoch eröffnet Merkel die Sitzung in ihrem Büro mit der Grundsatzfrage, ob nun der Zeitpunkt gekommen sei, von Einzelfalllösungen auf einen Rettungsschirm für alle Banken umzusteigen.

Die Kanzlerin will noch einmal die Positionen ihrer Ratgeber hören. Zwar weiß sie, was die ihr gleich raten werden, und im Grunde ist sie selbst schon entschieden. Doch es geht auch darum, einen Konsens und Sicherheit für die nächsten Schritte herzustellen. Sie hält das für notwendig bei einer Entscheidung von dieser Dimension.

Die Antworten sind eindeutig. Der Zeitpunkt zum Handeln ist gekommen.

Also bittet Merkel ihren Amtschef, den möglichen zeitlichen Ablaufplan für den Bankenrettungsschirm vorzutragen. Thomas de Maizière stellt vor, was die Runde in seinem Büro vor wenigen Stunden ausgearbeitet hat. Das Timing ist günstig. Alle Verfassungsorgane sind verfügbar. Das Parlament hat ohnehin Sitzungswoche, der Bundesrat sein normales Treffen, und der Bundespräsident ist ebenfalls in Berlin. Merkel hört konzentriert zu, nur ein Punkt im Ablaufplan gefällt ihr nicht. Um eine Kabinettsentscheidung noch vor Öffnung der Börse in Frankfurt am Montag herbeiführen zu können, schlägt die Runde vor, dass die Minister bereits um acht Uhr morgens tagen. Das gefällt der Kanzlerin nicht, sie will ausreichend Zeit für die Abstimmung der Staatssekretäre und sich nicht zur Sklavin der Börse machen. Der Termin wird auf 13 Uhr verlegt.

An den Börsen vollendet sich in diesen Minuten ein Kurseinbruch, der Hunderte von Milliarden Euro an Wert vernichtete. Um 15 Uhr 30 deutscher Zeit öffnet die noch immer wichtigste Börse der Welt in New York. In Bruchteilen von Sekunden fällt die Wall Street um mehrere Hundert Punkte, nach Minuten bricht auch Frankfurt erneut ein. 12 Prozent Minus verzeichnet der Dax, auch die Indizes in Paris und London rauschen in die Tiefe.

Peer Steinbrück meldet sich aus dem fernen Washington. Er will die Märkte stabilisieren. Um 15 Uhr 37 deutscher Zeit tickern die Nachrichtenagenturen, er werde mit seinen G7-Ministerkollegen und den Notenbankchefs über umfassende Stützungsmaßnahmen beraten. Minuten später verschickt die renommierte US-Finanzzeitung *Wall Street Journal* eine Vorabmeldung, dass die US-Regierung eine Garantie für alle Bankeinlagen privater Sparer nach deutschem Vorbild erwäge. Und um 16 Uhr 10 deutscher Zeit tritt dann US-Präsident George W. Bush vor dem Weißen Haus in Washington vor die Kameras. »Wir können und wir werden diese Krise lösen«, sagt er mit grimmigem Gesicht. Aufatmen an der New Yorker Börse, der Dow holt 700 Punkte auf und zieht leicht ins Plus.

Im Kanzlerbüro bekommt die Runde um Angela Merkel die Nachricht, dass Bush entgegen den ursprünglichen Plänen die Finanzminister und Notenbankchefs am kommenden Tag zum Frühstück empfangen wird. »Wir werten das als Signal, dass das IWF- und Weltbanktreffen ein erfolgreiches Ergebnis haben wird«, sagt einer der Teilnehmer.

Damit war ein weiterer Baustein des Rettungsplans für das Wochenende aufgestellt.

Merkel war wichtig, dass jeder Anflug von Panik vermieden wurde. Trotz der Einmaligkeit des Rettungspakets wollte sie so wenige Termine wie irgend möglich ändern. Die normalen Abläufe, auch die des G7-Treffens in Washington, sollten beibehalten werden. Praktisch war zudem, dass die Kanzlerin am darauffolgenden Samstag ohnehin den französischen Präsidenten zu einem schon lange anberaumten Termin in Frankreich treffen würde.

Beide wollten ein neues Museum einweihen, das sich mit Charles de Gaulle, dem Gründer der Fünften Republik in Frankreich beschäftigte. Hier würden die beiden persönlich die letzten Absprachen für den von Sarkozy vorgeschlagenen Eurozonen-Gipfel an diesem Sonntag treffen können.

Das Ziel des Treffens in Paris sollte sein, ein koordiniertes Signal des gemeinsamen Handelns zu geben. Was die einzelnen Länder aber konkret tun würden, wäre auf die jeweiligen Gegebenheiten abgestimmt. Nach Vorarbeiten des Finanzministeriums wird Merkel dafür den Begriff des »Instrumentenkastens« prägen. Jeder könnte sich so also aus einer Vielzahl von Handlungsmöglichkeiten diejenigen aussuchen, die für sein Land und seine besonderen Gegebenheiten am passendsten erschienen.

Die Runde um Merkel folgt der Auffassung der Fachleute, dass staatliche Garantien für Banken im deutschen Kasten die wichtigste Rolle spielen werden. Die Kanzlerin stimmt auch einer Änderung der Bilanzierungsregeln zu. Sie wird ermöglichen, dass stark im Wert gefallene oder wertlos gewordene

Anleihen und Aktien nicht mehr zum aktuellen Marktwert in den Bilanzen bewertet werden müssen. Denn Letzteres führte dazu, dass die Banken mit jedem Tag weiterer Wertverluste an den Börsen gewaltige Summen abschreiben und ihr Eigenkapital dementsprechend erhöhen mussten.

Mit am schwierigsten ist die Debatte über die Frage, ob den Banken mit dem Paket ein Angebot gemacht werden soll oder ob sie unter den staatlichen Rettungsschirm gezwungen werden sollen. Letzteres würde bedeuten, die Finanzinstitute ganz oder teilweise zu verstaatlichen. Das war der Weg, der ausgerechnet in den Mutterländern des Kapitalismus eingeschlagen wurde, in Großbritannien und den USA. Und es ist eine Variante, der zumindest Teile des deutschen Banken-Establishments durchaus wohlwollend gegenüberstehen.

Doch Merkel ist skeptisch. Nach 35 Jahren in Ostdeutschland weiß sie zur Genüge, wohin das in letzter Konsequenz führen könnte. Auch ist das deutsche Banksystem ganz anders konstruiert. Neben den Privatbanken gibt es den öffentlich-rechtlichen Sektor der Sparkassen und Volksbanken sowie die Landesbanken. »Warum sollen wir die Sparkassen unter den Schirm zwingen?«, gibt einer der Berater zu bedenken. Zudem sei es rein rechtlich gar nicht möglich, sich bei den Sparkassen als Anteilseigner einzukaufen. Ein anderer weist auf die Landesbanken hin: »Sollen wir die Länder hier wirklich aus ihrer Verantwortung als Eigentümer entlassen?«

So entscheidet sich die Runde dafür, dass das Gesetzespaket zwar die Möglichkeit für den Staatseinstieg bei einer Bank bieten soll. »Aber wir sehen das als Ausnahme, die wir am liebsten vermeiden würden«, sagt Thomas de Maizìere.

Wie viele Milliarden Euro der Schirm umfassen soll, will die Runde erst am Sonntagabend festlegen, wenn Merkel und ihr Team wieder vom Eurozonen-Gipfel in Paris zurück sind. Die Anwesenden wissen natürlich um den Paukenschlag, den die Summe auslösen wird. Allen ist klar, dass sie im hohen dreistelligen Milliardenbereich sein muss, um ihre

Wirkung zu entfalten. »Wir haben nur diesen einen Schuss frei«, fasst die Kanzlerin die Diskussion zusammen.

Bleibt also die Frage der Kommunikationsstrategie. Wie, vor allem aber wann soll die Öffentlichkeit von dem Bankenschirm erfahren? Merkels Büroleiterin Baumann zieht den Terminkalender der Kanzlerin für den Montag heraus. Nach dem, was die Runde gerade beschlossen hat, ist die Sondersitzung des Kabinetts um 13 Uhr geplant. Die Fraktionschefs können also sofort danach offiziell unterrichtet werden. Um 15 Uhr hat Merkel einen Termin außerhalb des Kanzleramts, aber in Berlin. Warum den nicht eine halbe Stunde nach hinten verlegen, um eine kurze Pressekonferenz abzuhalten?

Mehrere Köpfe in der Runde nicken sofort. 15 Uhr, das wäre noch günstig, um es ausführlich in alle Tageszeitungen des kommenden Tages und die Abendsendungen des aktuellen Tages zu schaffen. Und Finanzminister Peer Steinbrück könnte gleich danach eine eigene Pressekonferenz mit den Details des Pakets anberaumen.

Als Thomas de Maizière, Ulrich Wilhelm, Jens Weidmann und Beate Baumann gegen 17 Uhr 30 das Büro der Bundeskanzlerin verlassen, steht das Bankenrettungspaket weitgehend. Jeder der vier hat zahlreiche Folgeaufträge in seinen Unterlagen notiert, die bis Sonntagabend erledigt werden müssen.

Als Regierungssprecher Wilhelm sich auf den Rückweg in sein Büro macht, sieht er, dass die ersten Journalisten schon Wind von dem Rettungspaket bekommen haben.

So mailt die Tageszeitung *Die Welt* um 16 Uhr 51 folgende Vorabmeldung an die Nachrichtenagenturen und stellt sie auf welt.de online: »Die Bundesregierung arbeitet an einem Rettungsplan für das deutsche Finanzwesen nach englischem Vorbild. Demnach erwägt die Regierung, nicht nur Interbankenkredite in dreistelliger Milliardenhöhe zu garantieren und direkt Kredite zu vergeben, sondern auch Eigenkapital in zweistelliger Milliardenhöhe zur Verfügung zu stellen. Im

Gegenzug wird sich der Staat an den Kreditinstituten beteiligen. Über den Plan soll dem Vernehmen nach im Kabinett in den nächsten Tagen entschieden werden. In der CDU gibt es allerdings noch erhebliche Widerstände dagegen, dass der Staat den Banken Kapital bereitstellt und somit zum Teil oder möglicherweise vollständig Eigentümer der bislang privaten Banken wird ...«

Wilhelm muss reagieren und so versucht er, das Thema weitmöglichst herunterzukochen. Um 18 Uhr 17 verschickt das Chef-vom-Dienst-Team des Bundespresseamts die offizielle Reaktion des Regierungssprechers: »Es ist die Pflicht der Bundesregierung, vorbereitet zu sein und denkbare Optionen zu prüfen, um Schaden von den Bürgerinnen und Bürgern und der Wirtschaft abzuwenden. Politische Festlegungen gibt es derzeit nicht. Die G7-Finanzminister sprechen in Washington über dieses Thema und verschiedene Optionen.«

Im Kanzlerbüro ist Merkel derweil dabei, ihre Telefonliste abzuarbeiten. Gegen 18 Uhr 30 lässt sie sich mit FDP-Chef Guido Westerwelle verbinden. Nicht nur, weil Westerwelle der wichtigste Oppositionsführer ist, will sie ihn zuerst informieren. Die beiden verbindet seit ihrer gemeinsamen Entscheidung für Bundespräsident Horst Köhler eine enge, wenn auch nicht immer spannungsfreie politische Beziehung. Danach telefoniert sie mit vielen weiteren Koalitions- und Oppositionspolitikern.

Im Kanzleramt wird es derweil sehr ruhig. Die Entscheidung ist getroffen. Die Grundlagen stehen. Die Arbeitsaufträge sind erteilt. Die Spannung löst sich.

Amtschef de Maizière muss zu einer Familienfeier, Wilhelm und Weidmann sind wieder in ihren Büros. Auch die Sekretariate haben sich an diesem Freitagabend bis auf die Notbesetzungen geleert. Als die Kanzlerin Hunger bekommt, hört sie von der Küche, dass man dort eine Linsensuppe für sie auftauen könne. Sie geht zu ihrer Büroleiterin und fragt, ob Baumann einen Teller Suppe mit ihr essen wolle. Die beiden setzen sich noch für einen Moment an den langen Arbeitstisch in Merkels Büro.

Sie spielen ein paar Fragen durch, wie beispielsweise die Fraktion reagieren wird. Doch eigentlich ist es eher Geplauder zur Entspannung. Als ihnen die Linsensuppe serviert wird, schalten die beiden den Fernseher an und schauen Nachrichten.

Wenig später lässt sich Merkel nach Hause fahren. Gegen 21 Uhr ruft sie Fritz Kuhn an, den Fraktionschef der Grünen. Er berichtet am nächsten Tag in den Abendnachrichten von dem Gespräch. Das sorgt im Kanzleramt für Verärgerung, auch wenn Kuhn nicht über Inhalte spricht. Selbst unerfahrenen politischen Beobachtern ist spätestens jetzt klar, dass Dramatisches geplant ist. Ansonsten hätte Merkel die Spitzen der Opposition nicht informiert.

Kapitel 2

Vier Stunden Schlaf, und das seit Tagen –

wie der Bankenschirm aufgespannt wird

Schon einmal wurde in dem kleinen Dorf Colombey-les-Deux-Églises in der Champagne Geschichte geschrieben. Vor 50 Jahren empfing General de Gaulle hier den deutschen Bundeskanzler Konrad Adenauer. Zum ersten und einzigen Mal lud der französische Präsident einen anderen Staatsmann ein, bei ihm privat zu übernachten. Bei dem historischen Treffen am 14. September 1958 bereiteten der Gründungspräsident der Fünften Republik und der Gründungskanzler der Bundesrepublik die deutsch-französische Aussöhnung vor. Heute ist »La Boisserie«, das Wohnhaus de Gaulles, Teil eines Ausstellungskomplexes. Im Museum werden Merkel und Sarkozy an diesem Tag die Sonderausstellung »De Gaulle – Adenauer, eine französisch-deutsche Versöhnung« eröffnen. Sie zeichnet den Weg der beiden Staatsmänner nach von ihrem privaten Treffen in Colombey bis zum deutsch-französischen Freundschaftsvertrag, dem sogenannten Élysée-Vertrag.

Angela Merkel denkt daran, als ihre Challenger am Samstag, dem 11. Oktober, um 10 Uhr 30 auf dem kleinen Rollfeld in Saint-Dizier landet. Mit dem Hubschrauber wird sie weiter nach Colombey transportiert, wo sie 40 Minuten später ankommt. Um 11 Uhr 15 wird Nicolas Sarkozy sie vor dem Haupttor des Denkmalareals für Charles de Gaulle begrüßen.

Obwohl sie den schnell aufbrausenden, wenn auch persönlich sehr charmanten Sarkozy gern mag, macht der Apparat des Franzosen doch immer wieder Probleme. Wie kaum eine andere Regierung in Europa sind die Sarkozy-Truppen daran interessiert, ihren Präsidenten im besten Licht zu präsentieren – und das auch oft zulasten seiner jeweiligen Gesprächspartner. Nun, da er für ein halbes Jahr die EU-Präsidentschaft übernommen hat, scheint dieser Drang überhandzunehmen.

Im Europäischen Parlament in Straßburg wird offen darüber gelästert, dass die Handwerker vor jedem Auftritt Sarkozys die Sitznummern abschrauben müssen. Denn als EU-Ratspräsident steht ihm zwar der prominenteste Platz auf der Ratsbank zu, der auch am fernsehtauglichsten ist. Dummerweise trägt der jedoch die Sitznummer zwei. Die Nummer eins trägt der Platz direkt dahinter. Und der ist normalerweise für den Außenminister des Landes reserviert, das die Ratspräsidentschaft innehat. Also müssen die Handwerker des Parlaments vor jedem Auftritt Sarkozys ran. Denn der französische Präsident ist natürlich die Nummer eins, immer und überall.

So haben Sarkozys Leute bereits nach dem Treffen im Élysée-Palast am vorigen Sonntag damit begonnen, Merkel als »Madame Non« zu stilisieren. Die Frau, an der eine europäische Reaktion auf die Finanzkrise scheitert. Die Zaudernde, die nur die Interessen ihres eigenen Landes im Blick hat. Die frühere Muster-Europäerin, die nun blockiert, wo immer es geht. Die einstmals mächtigste Frau der Welt, die ihre Macht nun abgeben muss. An wen wohl? Klar, an Nicolas Sarkozy, den neuen Chef im Ring.

Im Kanzleramt in Berlin registrieren Merkels Berater den neuen Tonfall zu diesem Zeitpunkt noch amüsiert.

In diesem Fall war es die satirische, aber als gut informiert geltende Wochenzeitung *Le Canard enchaîné*. Sie machte europaweite Schlagzeilen mit dem Sarkozy zugeschriebenen

Zitat: »Sie (die Bundeskanzlerin) wollte keinen europäischen Rettungsfonds. Sie hat gesagt: Jeder kümmert sich um seinen Scheiß.«

Ein Affront, natürlich.

Nun aber ist in Colombey-les-Deux-Églises dringend Friede, Freude, Eierkuchen angesagt. Sarkozy empfängt die Kanzlerin überschwänglich, ein Küsschen links, ein Küsschen rechts. »Es lebe Deutschland, es lebe Frankreich, es lebe die deutsch-französische Freundschaft«, sagt Sarkozy. »Wenn ich mich heute mit dem Präsidenten treffe, ist dies Teil einer engen, vertrauensvollen Zusammenarbeit, die ihresgleichen sucht«, sagt Merkel. Und platziert dann ihre eigentliche Botschaft: »Es muss ein gemeinsames Vorgehen in Europa geben, aber es muss auch die Möglichkeit geben für die Länder, flexibel nach der jeweiligen nationalen Situation zu reagieren.«

Zu diesem Zeitpunkt hat die Kanzlerin den französischen Präsidenten schon darüber informiert, dass sie zwei Tage später ein gigantisches Rettungspaket für die deutschen Banken präsentieren wird. Auch in Frankreich wird ein ähnlicher Plan vorbereitet.

Merkel ist sich darüber im Klaren, dass ihr Paket funktionieren muss. Die Stimmung an den Finanzmärkten ist, auch durch die massiven Verluste am Freitag, nicht anders als hysterisch zu beschreiben. Egal, wer zu diesem Zeitpunkt mit welchem Banker auch immer spricht: Die Metapher »Millimeter vor dem Abgrund« kommt so sicher wie das Amen in der Kirche.

In dieser Situation hat Merkel kein Interesse an deutsch-französischen Machtspielchen. Sie will Ergebnisse beim für den nächsten Tag angesetzten Eurozonen-Gipfel in Paris. Und das bedeutet koordinierte Rettungsaktionen der Europäer, bei denen aber jedes Land seinen eigenen Weg gehen kann.

»Instrumentenkasten« ist die Chiffre, die sie und ihre Berater in den vergangenen 48 Stunden dafür gefunden haben. Das mächtigste – und auch kontroverseste – Instrument dabei ist die Beteiligung an Banken. Die Öffentlichkeit würde das natürlich Verstaatlichung nennen, völlig zu Recht. Ein Begriff, der nicht nur Merkel schwere Probleme bereitet.

Und so startet die Kanzlerin schon in Colombey-les-Deux-Églises ihre eigenen Versuche im Besetzen von Begrifflichkeiten. »Es geht ja darum, die Banken mit ausreichend Kapital zu versorgen, so dass sie auch selbstbewusst agieren können«, sagt sie. Das seien Kapitalstützungen, keine Verstaatlichungen. Der Staat habe nicht vor, auf Dauer einzugreifen, »sondern es ist eine Hilfe durch den Staat«.

Beim Mittagessen teilt Merkel Sarkozy mit, dass die Deutschen ihr Gesetzespaket in einer Woche durchziehen wollen. Auch der Franzose will am Montag sein Kabinett informieren, über ein weiteres Vorgehen hat er noch nicht nachgedacht. Bei Meeresfrüchten als Vorspeise und Kalb mit sehr viel Trüffeln zum Hauptgang reden beide darüber, wie sie ihr Timing synchronisieren können. »Warum machen wir nicht die Pressekonferenz zum gleichen Zeitpunkt?«, fragt Sarkozy. Die Kanzlerin sagt Sarkozy, dass sie um 15 Uhr vor die Presse gehen wolle. Das passt auch dem französischen Präsidenten.

Merkels Wirtschaftsberater Weidmann und sein französischer Kollege verlassen das Essen nach dem Hauptgang. Die beiden arbeiten bereits an dem Papier, das der Eurozonen-Gipfel am nächsten Tag in Paris beschließen soll. Auch der britische Premierminister Gordon Brown soll zu den 15 Staats- und Regierungschefs des Euroraums stoßen.

Zwar sind die Briten nicht Mitglied der Eurozone und halten nach wie vor an ihrem Pfund Sterling als Landeswährung fest. Doch allen ist klar, dass es ohne Brown auch keine europäische Lösung geben wird. Nicht nur, weil die britischen Banken noch tiefer im Finanzsumpf stecken als der Rest der europäischen Finanzbranche. Sondern auch, weil London noch immer das wichtigste Finanzzentrum Europas ist. Und schließlich, weil Brown einen für das erzkapitalistische Großbritannien sehr ungewöhnlichen Weg eingeschlagen hat:

Ohne mit der Wimper zu zucken hat er die notleidenden Banken verstaatlicht.

»Ich werde nach Paris fahren, um die anderen europäischen Länder zu überzeugen, den gleichen umfassenden Ansatz zu wählen«, hatte Brown in einem Zeitungsbeitrag geschrieben. Noch gewinnt der langjährige Schatzkanzler Tony Blairs mit diesem Ansatz bei seinen Bürgern an Popularität.

Sarkozy lädt Brown anderthalb Stunden vor dem Treffen der Eurozone ein. Ebenfalls anwesend sind dann der Präsident der Euro-Gruppe, der luxemburgische Premier Jean-Claude Juncker, der Präsident der EU-Kommission, José Manuel Barroso, und der Präsident der Europäischen Zentralbank, Jean-Claude Trichet.

Um 17 Uhr 15 landet Merkels Maschine wieder im militärischen Teil des Flughafens Tegel. Keine 22 Stunden später wird sie erneut in Richtung Frankreich aufbrechen, diesmal zum Treffen der Eurogruppe im Élysée-Palast in Paris.

Vorher jedoch wird Merkel am Sonntagmorgen eine lange Telefonliste abarbeiten. Die Verbindungen stellt zum Teil ihr Lagezentrum im vierten Stock des Kanzleramts her, oft ruft sie auch selbst an. Mitarbeiter der Bundespolizei und Soldaten arbeiten dort, es ist immer besetzt. Normalerweise reicht ein Vorlauf von einer halben Stunde, um die jeweiligen Gesprächspartner ans Telefon zu bekommen.

Manchmal ist es aber auch komplizierter. Wie an dem Sonntagabend, als Merkel den Vorstandsvorsitzenden eines Dax-30-Konzerns sprechen wollte. Eigentlich hat das Lagezentrum so ziemlich jede private Handynummer aller wichtigen Menschen in Deutschland. Doch dieser Gesprächspartner war ganz neu im Amt, und so riefen die Mitarbeiter im Lagezentrum bei den Sicherheitsleuten des Managers an. Ob der neue Chef zu erreichen wäre, die Bundeskanzlerin hätte ihn gern gesprochen? Ein Heiterkeitsausbruch folgte, und die Frage, welche Radioshow denn nun tatsächlich dran wäre. Doch die Soldaten im Lagezentrum wussten sich zu helfen und baten ihr Telefon-Gegenüber, doch bitte beim Bundeskriminalamt nachzufragen. Die dortigen Mitarbeiter gaben der Sicherheitsabteilung des Konzerns grünes Licht. Und kurz danach konnte Merkel mit dem Firmenchef telefonieren.

Hier im Lagezentrum steht auch das, was gemeinhin als rotes Telefon bezeichnet wird. Es ist in Wirklichkeit schwarz und sieht sehr gewöhnlich aus. Damit stellt das Lagezentrum für Merkel die Verbindung zu ihren Kollegen in aller Welt her. Bis zu 29 Teilnehmer an Telefonkonferenzen können die Mitarbeiter der Bundespolizei und der Bundeswehr zusammenschalten, egal zu welcher Uhrzeit. Sie hören alle Telefonate mit. Das ist eine Sicherheitsmaßnahme für den Fall, dass die Verbindung abbricht, was gerade bei Handy-Telefonaten immer wieder mal passiert.

»Frau Bundeskanzlerin, Ihr Gesprächspartner ist nicht mehr in der Leitung«, melden sie dann und versuchen, einen neuen Kontakt aufzubauen. Es gibt auch einen Raum für Videokonferenzen im Lagezentrum. Im Hintergrund hängt ein leicht unscharfes Foto des Kanzleramts, von dem die Leute im Lagezentrum sagen, es werde auf dem Bildschirm ihres Gesprächspartners dann »gut sichtbar«. Drei bis vier Plätze gibt es an einem halbrunden Tisch für Merkel, ihren Dolmetscher und ihre Berater. Ihre Gegenüber kann die Kanzlerin auf zwei überdimensionierten Flachbildschirmen sehen. Der US-Präsident hat im Weißen Haus ebenfalls eine derartige Videotechnik zur Verfügung. Auch mit dem britischen Premier sind Videokonferenzen möglich.

Am Samstagabend ruft Merkel Bundestagspräsident Norbert Lammert an, der zu einem Arbeitsbesuch in Polen ist. Sie will ihn über den geplanten Bankenschirm informieren. Bundespräsident Horst Köhler steht in diesen Tagen häufiger auf ihrer Telefonliste. Merkel hat das Interview bereits gelesen, das er dem *Spiegel* des kommenden Montags gegeben hat. In sehr deutlichen Worten kritisiert Köhler dort die Finanzbranche. »Der Markt braucht auch Moral. Da war eine Menge Unaufmerksamkeit, Selbstzufriedenheit, Zynismus.« Er schlägt eine Weltkonferenz vor, um einen »wirksamen internationalen Ordnungsrahmen« zu erarbeiten. Eine Art Bretton Woods II also.

Bretton Woods ist ein kleiner Ort im US-Bundesstaat New Hampshire. Dort wurde 1944 während einer dreiwöchigen Konferenz ein neues Weltwährungssystem ausgearbeitet. Es war eine Reaktion auf die Große Depression in den 30er-Jahren und sollte eine erneute derartige Weltwirtschaftskrise verhindern. Tatsächlich wurden die internationalen Finanzbeziehungen damit auch jahrzehntelang stabilisiert.

Selbst am Wochenende bekommt die Kanzlerin die wichtigsten Nachrichten per SMS auf ihr Handy. So schickt das Bundespresseamt alle paar Minuten SMS-Botschaften mit den Agenturmeldungen. Nicht mehr als 160 Zeichen haben diese Benachrichtigungen, gut fünf Dutzend laufen pro Tag über die Handys der Kanzlerin und ihrer Mitarbeiter.

Kurz nach zwei am Sonntag wird Merkel in ihrer Privatwohnung am Kupfergraben in Berlin-Mitte abgeholt und erneut zum Flughafen gefahren. Ihr Wirtschaftsberater Jens Weidmann, Regierungssprecher Ulrich Wilhelm und Jörg Asmussen, der Staatssekretär von Finanzminister Peer Steinbrück, warten bereits in der Challenger, als die Kanzlerin wenige Minuten vor dem Abflugtermin um 14 Uhr 40 aufs Rollfeld vor die Maschine fährt.

Der Sondergipfel im Élysée bestätigt, was die Regierungschefs und ihre Berater in Dutzenden von Telefonaten vorher ausgehandelt haben. Alle Euro-Länder und Großbritannien werden in der nächsten Woche Maßnahmen ankündigen, um ihre Banken zu stabilisieren. Jedes Land entscheidet allein, was es aus dem vorgegebenen Instrumentenkasten nutzen will. Doch das Signal an die weltweite Finanzbranche soll einheitlich sein – wir, die Euro-Zone und Großbritannien, werden nicht zulassen, dass es zu weiteren Bankpleiten kommt, die das ganze Finanzsystem gefährden.

Um 22 Uhr 10 am Sonntag landen Merkel und ihr Team wieder in Tegel. Sie fahren direkt ins Kanzleramt, wo die Bundeskanzlerin eine weitere Sitzung angesetzt hat. Kanzleramtsminister Thomas de Maizière, Finanzminister Peer Steinbrück und Vizekanzler Frank-Walter Steinmeier warten bereits auf sie. Knapp zwei Stunden lang gehen sie gemeinsam den Entwurf für das Finanzmarktstabilisierungsgesetz durch. So heißt das Gesetz, das später von allen nur »der Bankenschirm« genannt werden wird.

Kurz nach ein Uhr verabschieden sich Merkel und die Minister. Weidmann und Asmussen gehen in das Büro des Wirtschaftsberaters im vierten Stock, wo ihre Mitarbeiter warten. Die beiden informieren ihre Kollegen, was die Runde in Merkels Büro beschlossen hat. Nun müssen die Gesetzestexte fertiggestellt werden, und zwar in den nächsten sechs Stunden.

Asmussen und Weidmann kennen sich, seit sie Anfang der 90er-Jahre gemeinsam an der Universität Bonn am Lehrstuhl für Internationale Wirtschaftspolitik gearbeitet hatten. Der heutige Bundesbankpräsident Axel Weber hatte dort damals eine Professur inne. Weidmann war Assistent des Lehrstuhlinhabers Neumann, Asmussen hat zeitweilig als Tutor für Weber gearbeitet.

»Wir sind nicht persönlich befreundet«, sagt Asmussen, »aber wir vertrauen uns. Das ist für unsere Arbeit hilfreich.« Als die beiden gegen drei Uhr morgens ihre Sachen packen, lohnt es sich für sie kaum, nach Hause zu gehen. Schon in viereinhalb Stunden werden sie wieder im Kanzleramt erwartet, um den Staatssekretären der Ministerien den Gesetzentwurf zu erläutern. Das ist die übliche Routinevorbereitung vor einer Kabinettssitzung – auch wenn dieses Mal gar nichts Routine ist. Noch nie in der Regierungszeit Merkels hat die Runde der Staatssekretäre so früh getagt wie an diesem Montag, dem 13. Oktober 2008. Um 7 Uhr 30 werden sie im Kabinettssaal in der sechsten Etage erwartet. Asmussen wird an diesem Morgen die Geburt seiner Tochter versäumen. Erst Stunden später schafft er es zu Frau und Kind in die Klinik.

Auch im Wirtschafts-, im Finanz- sowie im Justizministerium und im Innenministerium brennen in dieser Sonntagnacht noch lange die Lichter. Überall brüten Beamte über dem Gesetzentwurf für das Finanzmarktstabilisierungsgesetz.

Die Kanzlerin ist am Montagmorgen wie üblich gegen halb acht im Amt. Einen einzigen Termin am späten Nachmittag hat sie an diesem Tag um eine halbe Stunde verschieben lassen, ansonsten wird sie alle Verabredungen wie geplant einhalten. Merkel ist das wichtig, sie will jede unnötige Dramatik vermeiden.

Kurz vor neun Uhr fährt sie in das ein paar Autominuten entfernt liegende Konrad-Adenauer-Haus, die CDU-Parteizentrale. Wie immer warten schon zwei Dutzend Journalisten im Eingangsbereich. Für die CDU-Ministerpräsidenten ist das jeden zweiten Montag um neun Uhr tagende Präsidium immer eine gern genutzte Möglichkeit, ihre politischen Botschaften für die Woche unterzubringen. Die Reporter wissen das, und so halten sie den ankommenden Ministerpräsidenten zwischen dem Aussteigen aus ihren Dienstlimousinen und dem Betreten des futuristischen Glasgebäudes ein Mikrofon hin.

An diesem Morgen jedoch traut sich keiner der mächtigen Landesfürsten an die Öffentlichkeit. Einer nach dem anderen verschwinden sie in der Parteizentrale. Traditionell tagt das Präsidium im Ludwig-Erhard-Zimmer im fünften Stock. »Merkel hatte die meisten von uns bereits telefonisch über den Bankenschirm informiert«, erinnert sich einer.

Manche der Ministerpräsidenten wissen bereits von ihren Landesbanken, wie kritisch die Situation an den Märkten ist. »Die Stimmung war ernst«, berichtet ein anderer. »Wie ernst, sehen Sie daran, dass kaum etwas per SMS nach draußen gedrungen ist«, sagt ein dritter. Denn die große Teilnehmerzahl im Präsidium – zwei Dutzend Leute – führt dazu, dass kaum etwas aus diesem Gremium geheim bleibt.

Finanzminister Peer Steinbrück informiert zur gleichen Zeit das SPD-Präsidium im Willy-Brandt-Haus. Während sich die CDU ihre neue Parteizentrale am Rand des Tiergartens und in unmittelbarer Nähe zu vielen Botschaften hat bauen lassen, sind die Sozialdemokraten nach Kreuzberg gezogen. Für Steinbrück, dessen Ministerium in Berlin-Mitte liegt, ist die Fahrt ein Katzensprung.

Noch immer weiß die Öffentlichkeit nicht, welchen Umfang das Bankenrettungspaket hat. Über mehrere Hundert Milliarden Euro wird spekuliert.

Tatsächlich dauert es fast bis zum Ende der Kabinettssitzung, bis die Höhe des Pakets endgültig bekannt wird. Um eins tagt die Ministerrunde wie immer im großen Kabinettssaal im sechsten Obergeschoss unter dem »Sonntag der Bergbauern« von Ernst Ludwig Kirchner. Das Gemälde zeichnet sich unter anderem durch die expressive Farbgebung aus. Und so giftgrün, wie die Gesichter einiger der dort Porträtierten anzuschauen sind, dürfte sich auch manch einer der Minister gefühlt haben, als sie dem Plan der Kanzlerin und ihres Finanzministers zuhörten.

Nach 45 Minuten ist die Sitzung zu Ende. Merkel eilt in den kleinen Kabinettssaal gegenüber, wo die Fraktionsvorsitzenden bereits auf sie warten. Auch sie werden unterrichtet, die Fraktionen folgen am Dienstag. Bei vielen hinterlassen die Schnelligkeit und Dramatik des Geschehens ein Ohnmachtsgefühl. »Was bleibt uns als zuzustimmen?«, formuliert es einer.

Um 13 Uhr 51 melden die ersten Agenturen, dass das Kabinett den Rettungsplan beschlossen hat. AP nennt um 13 Uhr 57 dann auch das Volumen: »Das Rettungspaket der Bundesregierung umfasst insgesamt 500 Milliarden Euro – eine halbe Billion. Das geht aus einer Erklärung des Bundesfinanzministeriums vom Montag zu dem Maßnahmenpaket hervor.«

500 Milliarden Euro. Eine Summe mit elf Nullen. Eine

unfassbare Zahl. Ausreichend, um drei Jahre lang alle Ärzte und Krankenhäuser des Landes zu bezahlen – und die Medizin der Patienten gleich mit. Oder dreieinhalb Jahre lang die Renten in Deutschland zu überweisen. Oder zwölf Jahre die Arbeitslosen in Deutschland zu finanzieren.

Zahlenspiele, die sofort angestellt werden, aber nicht wirklich korrekt sind. Denn der weitaus überwiegende Teil des Geldes soll niemals fließen, sondern besteht aus Bürgschaften – Garantieerklärungen für Bankverbindlichkeiten, welche die Bundesregierung übernimmt, damit Banken sich wieder Geld leihen und ihre Geschäfte fortführen können.

Dennoch kann sich kaum einer, der an diesem Tag die Zahl ausspricht, wirklich die Größenordnungen vorstellen, mit denen die Regierung hier hantiert. Auch der damalige bayerische CSU-Chef Erwin Huber und sein Stellvertreter und Bundesagrarminister Horst Seehofer nicht. Sie verkünden sofort, dass sie die geplante Beteiligung der Länder ablehnen.

Nicht wenige in Berlin sind höchst irritiert: Es ist ein offenes Geheimnis, dass die dem Land Bayern sowie den Sparkassen gehörende Bayerische Landesbank Milliardenrisiken in ihren Bilanzen hat. Und tatsächlich werden Huber und Seehofer ihre vorlauten Aussagen später zutiefst bereuen – Huber kostet das Fiasko mit der BayernLB den Job, Seehofer seinen glanzvollen Start als neuer bayerischer Ministerpräsident.

Auch hat keiner von beiden vorher die Kanzlerin über ihren Alleingang informiert. Merkel ist an diesem Tag zu beschäftigt, um mehr als ein paar Sekunden Ärger an die Münchner zu verschwenden. Um 15 Uhr muss sie vor die Presse. Und sie weiß, sie wird zugeben müssen, dass eines ihrer wichtigsten Ziele in akuter Gefahr ist.

»Ja, es ist möglich, dass wir bis zum Jahr 2011 den Haushalt nicht ausgleichen können«, sagt sie wenig später vor einer Rekordzahl von Journalisten, die sich im ersten Stock des Kanzleramts drängeln. Wie immer steht sie vor einem mittelblauen Hintergrund, der die größtmögliche Seriosität ausstrahlen und gleichzeitig Vertrauen einflößen soll. Die Hände auf das Rednerpult vor ihr gestützt, von je zwei deutschen und einer europäischen Flagge rechts und links flankiert, erläutert sie den Bankenschirm. Sie lässt nur wenige Fragen zu, denn wenig später wird Finanzminister Peer Steinbrück die Journalisten in der Bundespressekonferenz detailliert informieren. Auch muss die Kanzlerin zum einzigen Termin, den sie an diesem Tag hat verschieben lassen.

So trifft sie eine halbe Stunde später als geplant beim *Welt*-Wirtschaftsgipfel im Axel Springer Verlag im früheren historischen Zeitungsviertel Berlins ein. Verlagschef Mathias Döpfner holt die Kanzlerin am Eingang ab, gemeinsam fahren die beiden in den Ullstein-Saal im 19. Stock.

Die knapp 100 Spitzenmanager und ihre engsten Mitarbeiter im Saal stehen auf, als die Bundeskanzlerin hereinkommt, und klatschen. Einige begrüßt Merkel mit kurzem Nicken, als sie am lang gestreckten ovalen Konferenztisch entlang zum Rednerpult an der Stirnseite des Saals geht. Die Kanzlerin ist ernst, als sie das Wort ergreift. Ihre vorbereitete Rede hat sie beiseitegelegt und spricht frei. »Wir sind nicht gerade euphorisch, dass wir als Bundesregierung uns jetzt in das Wirtschaftsgeschehen einmischen müssen«, sagt sie den anwesenden Unternehmenschefs von Dax-Konzernen wie Lufthansa, Continental und BASF. Es habe deshalb auch eine »langsame Annäherung an die notwendigen Schritte gegeben«. Nun aber habe man sich entschieden – und zwar für eine überaus kraftvolle Reaktion.

Als Merkel ihren Zuhörern das 480-Milliarden-Paket erläutert, schickt AP um 15 Uhr 45 als Eilmeldung los, dass der Dow Jones den Handel 400 Punkte im Plus eröffnet. Regierungssprecher Ulrich Wilhelm liest die Meldung auf seinem Handy und zeigt sie seinen Sitznachbarn. Er ist zufrieden, das deutsche Paket wird von den internationalen Märkten angenommen. Der Stress der vergangenen Tage weicht für ein paar Minuten. »Nur vier Stunden Schlaf«, seufzt er, »und das seit Tagen, auch bei der Kanzlerin.«

Die Kanzlerin ist derweil bei Island angekommen, dem inzwischen bankrotten Inselstaat: »Man muss sich fragen, wie ein beliebig kleines Land beliebig große Banken haben kann«, sagt sie gerade und gibt auch gleich die Antwort: »Nun ja, in Asien glaubt jeder, Island sei in der Europäischen Union.« Merkel ist davon überzeugt, dass Europa eine ganz besondere Rolle in dieser Krise hat. Wann, wenn nicht jetzt, werden sich die Europäer endlich zusammenreißen und an einem Strang ziehen?

Vorerst jedoch appelliert sie an die Firmenchefs, das Rettungspaket der Regierung zu unterstützen. »Ich würde mich freuen, wenn die Wirtschaft uns beim Erklären hilft«, sagt sie. Denn wer 1500 Euro im Monat nach Hause trage und heute Abend Nachrichten höre, müsse einen tiefen Glauben an die Demokratie haben, damit er nicht skeptische Fragen stellen würde.

Friedrich von Metzler, Partner des gleichnamigen Frankfurter Bankhauses, steht auf und bedankt sich: »Das war unbedingt notwendig; Sie haben durch Ihr zügiges und gut abgestimmtes Handeln großen Schaden verhindert«, sagt er über den 480-Milliarden-Euro-Rettungsschirm.

Als die Kanzlerin wieder auf der Rückfahrt ins Kanzleramt ist, bekommt sie per SMS die Meldung, dass der baden-württembergische Ministerpräsident Günther Oettinger im Gegensatz zu seinen bayerischen Kollegen die geplante Länderbeteiligung akzeptiert. »Die Länder können nicht in guten Zeiten mehr Kompetenzen verlangen, um dann in einer schwierigen Phase die gesamtstaatliche und volkswirtschaftliche Verantwortung allein auf den Bund abzuschieben. Die Länder dürfen sich nicht in die Büsche schlagen.«

Zurück in ihrem Büro, meldet um 17 Uhr 11 die Nachrichtenagentur AFP, dass der Dax die 5000er-Marke geknackt hat. »Nach der Vorstellung des Rettungsplans für die deutschen Banken hat der deutsche Aktienindex am Montagnachmittag stark zugelegt und die psychologisch wichtige Marke von

5000 Punkten übersprungen. Die Aktienkurse stiegen um mehr als zehn Prozent.«

Der angekündigte Bankenschirm scheint die Märkte vorerst zu beruhigen. Nun muss er den Bürgern erklärt werden. Merkels Sprecher hat die beiden öffentlich-rechtlichen Sender ARD und ZDF und die beiden größten privaten Sender, RTL und Sat1, am Montagmorgen angerufen und für den späten Nachmittag ins Kanzleramt eingeladen. Alle vier planen Sondersendungen über den Bankenschirm. Merkel wird ihnen im Viertelstundentakt Interviews geben.

Es gibt mehrere Plätze im Kanzleramt, die für Fernsehaufnahmen geeignet sind. Normale Pressekonferenzen finden in der ersten Etage vor einer blauen Wand statt, meist nach Staatsbesuchen. Fest eingebaut sind hier deshalb auch zwei Dolmetscherkabinen. Schnelle O-Töne, beispielsweise vor einem Koalitionsgipfel, gibt die Kanzlerin oft in der Sky-Lobby vor ihrem Büro im siebten Stock. So ist ihr Aufwand am geringsten – einmal kurz vors Büro, Statement, Abgang.

Längere Interviews finden häufig im fünften Stock statt. Von den dortigen Panoramafenstern der Sky-Lobby hat man einen ausgezeichneten Blick auf den Reichstag und die Parlamentsgebäude. Platz ist auch genug für Kameras, und so richten die Mitarbeiter der Kanzlerin eine kleine Interview-Szenerie mit drei schwarzen Freischwinger-Stühlen her.

Weil die Gemälde in diesem Bereich des Kanzleramts extra für den Ort angefertigt wurden, gibt es ein kleines Problem mit dem Hintergrund. Denn die Bilder sind so groß, dass sie nur mit enormem Aufwand umgehängt werden können. Als Auftragsarbeiten haben sie sogar das gleiche Format – sie sind jeweils 8,16 Meter breit und 3,22 Meter hoch. Leuchtende und wirbelähnlich angelegte Farbbänder in Rot, Gelb und Blau zeigt »Helicopter 22, Freunde« von dem in Bayern geborenen Franz Ackermann. Davor platziert das Kanzleramt meist die Interviewer.

Merkel bekommt einen deutlich ruhigeren Hintergrund.

Denn das gegenüberliegende Bild »Madrid« der in Dortmund geburtigen Malerin Corinne Wasmuth zeichnet sich durch abstrakte Formen und Blautöne aus, »irisierend-animierte Farblandschaften«, wie ein Bildband über die Kunst im Kanzleramt schreibt.

So wird sie an diesem Abend drei Mal zu sehen sein. Nur RTL denkt daran, einen eigenen Hintergrund mitzubringen, der kurzerhand hinter der Kanzlerin aufgespannt wird. Jeder Sender hat 15 Minuten, dann kommt der nächste dran.

Millionen Zuschauer dürfte Merkel so direkt erreicht haben. Rund 13 Minuten hat sie jeweils Zeit, den Bürgern ihr Handeln und die Hintergründe zu erläutern. Das reicht, um auch komplexe Gedankengänge darzustellen. »Wir haben eine Situation erlebt, in der nur noch der Staat helfen konnte«, wird sie fast wortgleich in allen vier Interviews sagen. Und dass dies eigentlich eine Rettungsaktion für die Menschen, nicht für die Banken sei. Denn alle seien auf funktionierende Finanzmärkte angewiesen, die Bürger im Land ebenso wie die Firmen.

Noch jedoch ist dieser hektische Tag nicht zu Ende. Für abends um acht haben Merkel und Steinbrück die 30 wichtigsten Banker und Versicherungsmanager des Landes einladen lassen. Auch sie wurden erst am Morgen des Montags benachrichtigt. Deutsche-Bank-Chef Josef Ackermann kommt aus Washington angereist, wo die Bank zu einem Konzert mit dem Pianisten Lang Lang geladen hatte. Zwar ist er der Gastgeber, doch er wird den Saal nach zwei Stücken verlassen, um nach Berlin ins Kanzleramt zu fliegen.

Am folgenden Abend werden die Vertreter der sogenannten Realwirtschaft erwartet. Ein Begriff, den die Kanzlerin gar nicht gern mag. »Gibt es denn auch eine nicht reale Wirtschaft?«, sagt sie dann schnippisch.

Beiden Gruppen will Merkel ihr Rettungspaket persönlich erläutern. Nicht nur, um eine möglichst große Zustimmung zu den Maßnahmen herzustellen, sondern auch, um im direkten Kontakt herauszufinden, wie die wichtigsten Repräsentanten der Wirtschaft und der Finanzbranche auf das Paket reagieren werden.

So beginnt kurz vor acht Uhr abends das große Defilee der Luxus-Limousinen vor dem Kanzleramt. Alle dürfen direkt vorfahren, aber jedes Auto muss dennoch samt Insassen kurz in der Sicherheitsschleuse des Kanzleramts warten. Mit ausgefeilter Technik, aber auch Low-Tech-Geräten wie umgekehrt montierten Spiegeln überprüfen die Sicherheitsbeamten dort jeden Wagen, der auf das Gelände fährt. Erst dann geht die zweite Schranke nach der am Eingang auf und der Weg zum Haupteingang ist frei.

Die Fernsehkameras registrieren das schon nicht mehr, sie müssen bei solchen Anlässen meist außerhalb des umzäunten Kanzleramts warten. Wie große Teile der Inneneinrichtung auch, ist der Metallzaun im sogenannten Porsche-Grün gestrichen. Im Kanzleramt wird dazu erzählt, dass es sich dabei um die Lackierung eines Porsches in den 50er-Jahren gehandelt haben soll. Und dass Kanzleramts-Architekt Axel Schultes den Farbton so sensationell gefunden habe, dass er Porsche die Rechte zur Nutzung der Farbe abgekauft habe. Nun dominiert sie weite Flächen im Kanzleramt, die meisten seiner Nutzer haben sich inzwischen daran gewöhnt. »Die Farbe strahlt zwar Kälte aus, aber es ist eine edle Kälte«, sagt einer.

Den 30 Bankmanagern ist das Porsche-Grün angesichts der Turbulenzen des Tages sicher nicht aufgefallen. Einer nach dem anderen kommen sie in den Bankett-Saal im fünften Stock, der bereits für das Abendessen eingedeckt ist.

Mehrere Stunden dauert das Gespräch mit der Kanzlerin. Die Atmosphäre ist eine der temporären Erleichterung, auch wenn nur wenige Bankvorstände bereit sind, das offen zuzugeben. Doch die meisten dürften gedacht haben, was einer hinterher in kleinster Runde Merkel gegenüber erklärt: »Ich sage Ihnen, hätten Sie das Paket nicht präsentiert, hätte es einen Crash ohnegleichen gegeben.«

Kapitel 3

Die Fehler der Amerikaner und das Ende der freien Wochenenden –

wie die Finanzkrise sich entwickelt

Am Sonntag, dem 7. September, kündigt US-Finanzminister Hank Paulson an, dass die beiden größten Hypothekenbanken des Landes verstaatlicht würden: »Wir handeln aus Verantwortung für die Finanzmarktstabilität, einschließlich des Hypothekenmarktes, und um die Steuerzahler so gut wie möglich zu schützen.«

Angela Merkel bekommt die Nachricht von ihrem Wirtschaftsberater Weidmann, den seine Kontaktleute in Washington im Voraus informiert hatten. Noch ahnt sie mehr als sie weiß, dass es mit der Sonntagsruhe für viele Wochen vorbei sein wird. Schon am nächsten Sonntag kommt es dann knüppeldick. Weil die Wochenenden die einzigen beiden Tage sind, an denen die Börsen weltweit geschlossen sind, gibt es bis weit in den Dezember hinein kein Wochenende mehr, an dem die Kanzlerin nicht mit der Bewältigung der Finanzkrise beschäftigt ist.

Am folgenden Sonntag, dem 14. September, telefoniert US-Finanzminister Hank Paulson mit seinen Kollegen der G7, also der sieben wichtigsten Industrienationen der Welt. Lehman Brothers, das viertgrößte Investmenthaus weltweit, muss Konkurs anmelden. Gespräche über einen Notverkauf sind über das Wochenende gescheitert.

Was aber soll aus Lehman werden? 158 Jahre ist das Investmenthaus alt, es zählt zu den bislang renommiertesten und ehrwürdigsten Adressen der Wall Street. »Vor der Entscheidung der Amerikaner gab es eine Telefonkonferenz mit europäischen Bankenaufsehern, die die US-Regierung mit Nachdruck aufgefordert haben, Lehman nicht pleitegehen zu lassen«, erinnert sich Klaus-Peter Müller, damals Präsident des Bundesverbandes deutscher Banken. »Der Grund war, dass sie sehr wohl das systemische Risiko einer Lehman-Pleite gesehen haben.«

»Masters of the Universe« – Meister des Universums – wurden die Chefs der mächtigen Investmentbanken noch vor Kurzem genannt. Sie waren in der Lage, auf Knopfdruck Dutzende von Milliarden US-Dollar rund um den Globus zu bewegen. Richard Fuld, der damalige Chef von Lehman Brothers, war eindeutig mächtiger als die Regierungschefs vieler Länder.

Nun steht er im Weißen Haus und fordert, von der Regierung gerettet zu werden. Er erklärt Paulson, mit wem seine Bank alles Geschäfte macht, wer alles Lehman-Anlagen in den Büchern hat. Würde sein Haus in Konkurs gehen, wären die Schockwellen weltweit zu spüren. Lehman leiht Gelder an obskure isländische Banken, finanziert Infrastrukturprojekte in Schottland und Fabriken in China. Umgekehrt gilt auch das Investmenthaus als sichere Adresse: Die Evangelisch-Lutherische Kirche in Oldenburg hat Lehman-Zertifikate gekauft, ebenso wie Hunderttausende Kleinanleger weltweit. Sie alle sind davon überzeugt, dass für die Investmentbank die Doktrin »too big to fail« gilt – zu groß zum Scheitern.

Das soll sich als einer der teuersten Irrtümer des noch so jungen 21. Jahrhunderts erweisen. Denn US-Finanzminister Hank Paulson hat inzwischen zwei dicke Probleme. Zum einen kennt der frühere Chef eines anderen großen Investmenthauses, Goldman Sachs, seine Branche sehr genau. Fast sein ganzes Berufsleben hatte der 62-Jährige an der Wall Street verbracht, als ihn George W. Bush im Jahr 2006 zu seinem Finanzminister machte. Paulson fürchtet, dass die Banker einfach so weitermachen wie früher, wenn er und Bush nun auch noch Lehman retten. »Moral hazard«, moralisches Risiko, nennen das die Ökonomen in ihrem Fachjargon. Einfacher ausgedrückt geht es darum, dass die Banker und auch die Anleger zu hohe Risiken eingehen würden, wenn die Regierung und die Steuerzahler alle Kosten dafür übernähmen. Die Parlamentarier im US-Repräsentantenhaus und ihre Kollegen im US-Senat reden bereits sehr häufig von »moral hazard«. Sie sind verärgert, dass von der Branche kaum ein Wort der Entschuldigung, des Bedauerns kommt. Noch immer fliegen die Größen der Investmentbranche mit ihren Jets durch die Gegend und feiern teure Partys, während die Rechnung für die ständigen Rettungsaktionen für den Steuerzahler immer teurer wird.

Paulson und auch US-Präsident George W. Bush wissen deshalb nicht, ob sie ein erneutes Rettungspaket für Lehman überhaupt durch den Senat und das Abgeordnetenhaus bekommen würden. Wäre es nicht vielleicht doch an der Zeit, an Lehman ein Exempel zu statuieren?

Merkels Wirtschaftsberater Jens Weidmann erfährt am Telefon, dass sich die US-Regierung gegen die Rettung von Lehman entschieden hat. »Es war Sonntagabend, ich bin ins Kinderzimmer meiner Tochter, um dort zu telefonieren«, erinnert er sich. Sein britischer und französischer Kollege hatten angerufen, alle waren in heller Aufregung. »Ich war fassungslos«, sagt Weidmann. Er habe sich nicht vorstellen können, dass die Amerikaner wirklich die »Too big to fail«-Doktrin testen wollten. Weidmann ist klar, dass dies der entscheidende Wendepunkt der Finanzkrise ist. »Aus der US-Krise wurde damit eine weltweite Krise. Der Grund dafür ist die globale Verflechtung von Lehman Brothers. Die Geschädigten waren über die ganze Welt verteilt«, sagt er.

Auch Angela Merkel ist zutiefst besorgt, als sie von der Entscheidung hört. »Uns im Bundeskanzleramt war klar, dass Lehman der Knall war, der die Blase endgültig zum Platzen bringen würde«, sagen alle damit Befassten im Kanzleramt. Ab nun ist alles möglich – auch das Überspringen der Finanzkrise in eine Weltwirtschaftskrise.

Als die Deutschen am Montagmorgen aufwachen, ist die Lehman-Pleite in allen Radionachrichten die Top-Meldung. Dennoch dürfte nur wenigen Insidern zu diesem Zeitpunkt bewusst sein, dass der 15. September 2008 in die Geschichtsbücher eingehen wird.

Klaus-Peter Müller ist so einer. Der Bankenpräsident und langjährige Vorstandsvorsitzende der Commerzbank ist einer der wenigen Frankfurter Banker, die sich auch im Berliner Politikbetrieb hervorragend auskennen. Das CDU-Mitglied hat auch enge Kontakte zu Kanzlerin Merkel. »Ich war fassungslos«, erinnert sich Müller an die Nachricht vom Lehman-Konkurs, »am Tag danach begann ein Wertverfall, den die Wirtschaft so noch nicht erlebt hat.« Allein am Montag wurden Börsenwerte im Volumen von 600 Milliarden Euro vernichtet, hat Müller nachrechnen lassen.

Auch Finanzminister Peer Steinbrück kann sich noch genau daran erinnern, wie ihn die Nachricht von der Lehman-Pleite erreichte. Sein Staatssekretär Jörg Asmussen hat ihn angerufen. Steinbrück ist einer der Ersten, welche die Zeitenwende auch in ihrem Sprachgebrauch kenntlich machen. »Vor Lehman« und »nach Lehman« werden Standardvokabeln in seinen Reden und Äußerungen.

Noch wird die Finanzmarktkrise in Deutschland aber als US-Problem gesehen. Es werden allerdings die ersten Fragen gestellt, welche Auswirkungen die US-Krise auf das deutsche Wirtschaftswachstum haben wird. In seiner Haushaltsrede am 16. September nennt Peer Steinbrück einen Korridor von

1,0 bis 1,2 Prozent für das Wachstum im Jahr 2009. Die Stellung der US-Banken werde »relativiert«, sagt er.

Etliche Beobachter lesen in dieser Äußerung mehr als ein Körnchen »Schadenfreude« – einer der wenigen deutschen Begriffe wie »Angst« und »Kindergarten«, die es sogar ins englische Vokabular geschafft haben. In manchen Kommentaren wird sogar darauf hingewiesen, dass Paulson Steinbrück bei einem seiner Besuche in Washington im Jahr 2006 nur »für elf Minuten und im Stehen« empfangen hätte, nachdem der deutsche Finanzminister verspätet bei seinem US-Kollegen eingetroffen war. Steinbrück weist den Vorwurf der Schadenfreude empört zurück: »Sie glauben doch nicht im Ernst, dass solche Kleinigkeiten irgendeine Rolle spielen bei meiner Einschätzung eines Kollegen und der Lage!«

Am Freitag, dem 19. September, stellt Paulson einen Rettungsplan über 700 Milliarden US-Dollar vor. Eine beispiellose Summe, die dem kombinierten Bruttosozialprodukt von Österreich und Dänemark entspricht. Doch es dauert über eine Woche, bevor der Kongress dem Plan zustimmt. Noch nie seit der Großen Depression in den 30er-Jahren hat der Staat in diesem Umfang in die Wirtschaft eingegriffen. Die US-Regierung kann nun faule Kredite aufkaufen und problematische Wertpapiere übernehmen. Sie kann Hausbesitzern helfen, die ihre Hypotheken nicht mehr bedienen konnten. Wenige Wochen später wird sogar debattiert, ob die US-Autoindustrie mit dem Geld gerettet werden soll.

In Deutschland reiben sich nicht wenige die Augen über die Zeitenwende in den USA. Die Welt werde nicht mehr dieselbe wie vorher sein, sagt Finanzminister Peer Steinbrück in einem Interview. Als das Gespräch wenige Tage später erscheint, hat Steinbrück gemeinsam mit Merkel selbst eine deutsche Großbank retten müssen.

Denn in Deutschland geht es in den letzten Septembertagen vor allem um die anstehende Landtagswahl in Bayern. Je näher der Wahlsonntag am 28. September rückt, desto offensichtlicher wird das Debakel, das der CSU droht. Fast täglich werden die Prognosen nach unten revidiert. Als sich CSU-Chef Erwin Huber und der bayerische Ministerpräsident Günther Beckstein am Sonntagmorgen den Wählern stellen, ist sogar der Verlust der 46-jährigen Alleinregierung der CSU denkbar. Dass die Partei ihr anvisiertes Wahlziel von 50 Prozent plus x erreichen kann, glaubt zu diesem Zeitpunkt kaum einer mehr.

Noch am Freitag ist Merkel das letzte Mal auf Wahlkampftour in Bayern unterwegs. Mit ihrem Generalsekretär Ronald Pofalla tritt sie in München auf dem Marienplatz auf. Beide wissen, dass das Wahlergebnis unter den Erwartungen sein wird.

Denn der Generalsekretär kennt die internen Zahlen der Demoskopen. Sie sind schlecht, sehr schlecht. Und am Samstag werden sie noch übler. Die Meinungsforscher befragen bis in den Wahltag hinein weiter die Wähler nach ihren Absichten. Öffentlich gemacht werden diese letzten Zahlen jedoch nicht. Normalerweise liegen die ersten verlässlichen internen Ergebnisse am Wahltag gegen 16 Uhr vor.

Um diese Zeit treffen sich Pofalla und seine Mitarbeiter wie bei jeder Landtagswahl in der Berliner Parteizentrale der CDU. Alles sieht danach aus, als ob die Schwesterpartei in Bayern unter 45 Prozent fallen würde.

Merkel kommt bei Landtagswahlen nie ins Konrad-Adenauer-Haus. Sie ist zu Hause, wird aber laufend informiert. In normalen Zeiten wären die befürchteten Zahlen das Desaster schlechthin. Eine derart geschwächte CSU würde Monate brauchen, um wieder zu sich zu kommen. Schwierige Zeiten kommen auf uns zu, fürchtet die Kanzlerin. Und natürlich ist die Schwäche der CSU ein schlechter Vorbote für das Superwahljahr 2009.

Den Großteil der Aufmerksamkeit der Kanzlerin beansprucht zu diesem Zeitpunkt jedoch schon ein Thema, das nichts mit dem Wahlkampf zu tun hat.

Es geht um eine Bank mit einem komplizierten Namen, die in Berlin nur wenige kennen. Die Hypo Real Estate, die größte Hypothekenbank Deutschlands und Europas. Es sollte nur wenige Stunden dauern, bis ihr Kürzel HRE allen problemlos über die Lippen kam.

Die 2003 aus mehreren Banken fusionierte Institution finanziert vor allem gewerbliche Immobilien in ganz Europa – Flughäfen, Fabriken, Bürogebäude. Projekte für gut 125 Milliarden Euro laufen zu diesem Zeitpunkt über die HRE. Anders als die Sparkasse um die Ecke finanziert die HRE die Immobilienprojekte jedoch nicht, indem sie dafür die Spareinlagen ihrer Kunden nutzt, sondern indem sie am Kreditmarkt Geld aufnimmt. In normalen Zeiten ein absolut normales Geschäft: Zu jeder Stunde des Tages leihen sich Banken irgendwo in der Welt von anderen Banken oder am Kapitalmarkt Geld, das dann nach einer bestimmten Frist mit den jeweiligen Zinsen zurückgezahlt wird.

Zumindest war es vor der Krise so. Mit dem Zusammenbruch von Lehman und der folgenden Vertrauenskrise erfasst jedoch eine Bank nach der anderen die Panik. Wem kann man noch trauen? Wer wird die Kredite auch zurückbezahlen? Das Wort »Kredit« selbst stammt von dem lateinischen »credere«, das heißt glauben, vertrauen. Alles dahin. Jeden Tag wird es schwerer, Anschlussfinanzierungen zu bekommen. Jeden Tag trocknet der überlebenswichtige Geldmarkt ein wenig mehr aus.

Auch für die HRE wird es so immer schwerer, sich neues Geld zu leihen. Kern des Problems ist das Tochterunternehmen Depfa. Die 2007 ins Niedrigsteuerparadies Irland ausgelagerte Bank gibt Pfandbriefe heraus, ein speziell deutsches Instrument zur Finanzierung von Immobilien. Früher war das ein vorhersehbares, sehr traditionelles Geschäft, in das es nur die Bürokraten unter den Bankern zog. Denn Pfandbriefe hatten üblicherweise sehr lange Laufzeiten und waren erstklassig besichert, meist mit dem jeweiligen Grund und Boden. Kreditausfälle waren praktisch unbekannt, die letzte Pfandbriefbank ging 1901 in Konkurs.

Doch wie sich nun herausstellt, haben die Finanzjongleure mit ihren komplizierten neuen Instrumenten auch vor den Pfandbriefbanken nicht haltgemacht. Die Depfa ging dazu über, ihre langfristigen Ausleihungen immer kurzfristiger zu finanzieren. Mit dem Zusammenbruch des Geldmarkts droht nun auch der Zusammenbruch der im irischen Dublin angesiedelten Pfandbriefbank. Rund 180 Milliarden Euro schwer ist das Volumen der ausstehenden Depfa-Pfandbriefe zu dieser Zeit.

Die ganze Woche über hat sich die Lage der HRE zugespitzt. Für Donnerstagnachmittag hat Finanzminister Steinbrück ein Treffen mit den wichtigsten Bankern des Landes anberaumt. Er will sich darüber informieren, wie die Lage zwei Wochen nach der Lehman-Pleite ist.

Was er hört, alarmiert ihn zutiefst. Fast alle haben Probleme, ihre auslaufenden Kredite zu verlängern. Die Banken trauen sich gegenseitig nicht mehr über den Weg, der Geldmarkt stockt.

Noch beunruhigter wird Steinbrück, als ihn die fünf wichtigsten Banker des Landes nach dem Treffen beiseite nehmen. Deutsche-Bank-Chef Josef Ackermann, Martin Blessing, der Vorstands-Sprecher der Commerzbank, Bankenpräsident Klaus-Peter Müller, BaFin-Vorsteher Jochen Sanio und Bundesbankpräsident Axel Weber informieren Steinbrück über das drohende Desaster bei der HRE. Sie bieten ihm an, auch finanziell an einer Lösung mitzuarbeiten. »Wir wussten um die Dominoeffekte«, sagt Martin Blessing, »das hätte uns alle, nicht nur die Banken, getroffen.«

Die Bankenvertreter vereinbaren, am Freitag in Frankfurt erneut zusammenzukommen. Deutsche-Bank-Chef Josef Ackermann hat inzwischen auf Bitten der Bundesbank ein Team von Spezialisten in die HRE-Zentrale nach München und zur Depfa nach Dublin entsandt, die dort die Bücher einsehen. Sie sollen herausfinden, wie viel frisches Geld die Bank benötigt. Das aber wird sich als unglaublich schwierig erweisen. Zum einen hat die HRE mehrere Tochterfirmen mit jeweils unterschiedlichen IT-Systemen. Zum anderen scheint das Risikomanagement der Bank mehr als mangelhaft zu sein. Es ist außerordentlich schwer, sich einen Überblick über den Geldfluss, die Liquidität, zu verschaffen. »Die Konsistenz der Zahlen der HRE hielt oft nur 72 Stunden«, sagt Bankenpräsident Müller Monate später. So werden im Lauf der nächsten Wochen immer neue Finanzlöcher auftauchen.

Nun drängt die Zeit. Wenn bis zur Öffnung der Börsen am Montag keine Lösung gefunden wird, wird die HRE kollabieren. Das könnte auch den gesamten Pfandbriefmarkt mit sich reißen und damit die traditionelle Refinanzierungsquelle der deutschen Banken.

»Wenn die HRE umgefallen wäre, hätte das eine dramatische Wirkung für den Finanzplatz Deutschland und die Eurozone gehabt«, ist sich Deutsche-Bank-Chef Josef Ackermann sicher. »Die Dimension war bei unserer ersten Warnung überhaupt noch nicht erkennbar«, sagt Bankenpräsident Müller. »Aber wir wussten, dass es schon allein wegen der Bilanzsumme systemische Ausmaße annehmen konnte.«

Die Banker treffen sich am Freitag in Frankfurt mit Vertretern der Börsenaufsicht BaFin und der Bundesbank. Am Samstag nehmen auch Bundesbankchef Axel Weber und BaFin-Aufseher Jochen Sanio an einem weiteren Treffen teil. Sie schicken ein erbostes Fax an Steinbrücks Staatssekretär Jörg Asmussen. Der Finanzminister solle umgehend einen Emissär mit Verhandlungsvollmacht nach Frankfurt entsenden.

Als Asmussen das Schreiben zu Hause aus dem Faxgerät zieht, muss er schmunzeln. »Natürlich waren wir die ganze Zeit im Gespräch«, sagt er, »aber am Samstag lag noch kein tragfähiges Konzept vor.« Es geht immerhin um Bürgschaften über 35 Milliarden Euro, die zwischen dem Staat und den privaten Banken aufgeteilt werden sollen. Je früher die Regierung Einverständnis signalisiert, desto höher wird der Anteil des Steuerzahlers werden. Eigentlich war es Aufgabe der Banken, die Rettung alleine zu schaffen.

Deutsche-Bank-Chef Ackermann kann sich noch heute darüber empören, dass anfangs kein Vertreter des Finanzministeriums zu einem erneuten Krisentreffen am Sonntag nach Frankfurt gekommen ist. Es findet bei der BaFin in der Lurgiallee statt, einem tristen Bürogebäude weit von den Bankentürmen der Innenstadt entfernt. So soll verhindert werden, dass Journalisten Wind von dem Termin bekommen.

Drinnen sitzen die Banker und regen sich immer mehr auf. Bis abends haben die Bundesbank und die BaFin mit allen Mitteln versucht, das Finanzministerium ins Boot zu bringen.

Erst am Sonntagnachmittag erscheint Finanzstaatssekretär Jörg Asmussen in Frankfurt. Er hatte die erste Hälfte des Tages mit Telefonaten zugebracht. Merkels Wirtschaftsberater Weidmann will eigentlich in Hamburg einen freien Tag mit seiner Frau genießen. Stattdessen verbringt er den Tag mit Telefonaten – und der ständigen Suche nach Steckdosen in Cafés, um sein Handy aufzuladen.

Die Kanzlerin ist über alle Bemühungen in Sachen HRE das ganze Wochenende informiert. Parallel dazu beobachtet Merkel, wie die CSU mit den ersten Prognosen um 18 Uhr in die Tiefe stürzt. Von 60,7 Prozent rauschen die Christsozialen auf 46, 45, 44 Prozent. Kaum jemand kann sich an ein derartiges Wahldebakel erinnern. Die bayerische Schwesterpartei verliert ein Drittel ihrer Wähler und landet zum Schluss bei nur 43,8 Prozent der Stimmen.

Am Abend lässt sich die Kanzlerin in die Regierungszentrale fahren. Sie hat diejenigen ihrer Berater, die bereits in Berlin sind, in ihr Büro gebeten. Inzwischen haben sich auch die europäischen Partner gemeldet. Sie alle drängen, die HRE unbedingt zu retten.

»Damit wurde ein Druck auf die Bundesregierung aufgebaut, der in den Verhandlungen nicht hilfreich war. Wir waren uns unserer Verantwortung vollkommen bewusst«, analysiert Jens Weidmann. Aber die in Frankfurt versammelten Banker haben die jeweiligen Interventionen natürlich auch mitbekommen und machen sich wieder Hoffnungen, ihren Anteil am Rettungspaket drücken zu können.

Und so entwickeln sich die Verhandlungen in Frankfurt äußert zäh. Jörg Asmussen sagt, der Bund allein werde die Lasten nicht tragen. Daraufhin droht Deutsche-Bank-Chef Ackermann mit Abbruch. »Dann sollten wir hier nicht mehr länger unsere Zeit verschwenden, sondern schauen, wie wir morgen die Probleme auffangen«, sagt er und verlässt gegen 22 Uhr den Raum. Auch das Verhandlungsteam der Commerzbank zieht sich daraufhin zurück. Martin Blessing, der Vorstands-Sprecher, und Aufsichtsratschef Klaus-Peter Müller fahren zurück in ihre Zentrale am Kaiserplatz in Frankfurt. In der Vorstandsetage im 48. Stock sind ihre eigenen Experten damit beschäftigt, die Folgen einer HRE-Pleite für die Commerzbank abzuschätzen.

Als Blessing und Müller oben ankommen, hören sie von Ackermanns Spielchen und dass er wieder in den Verhandlungssaal zurückgekommen ist. Bankenpräsident Müller unterstreicht, wie ernst die Situation war. »Das sind Stunden gewesen, in denen wir unter äußerster Anspannung nach Lösungen gesucht haben.«

Staatssekretär Asmussen, der den Bund vertritt, kennt diese Verhandlungstaktik. Er ist sich sicher, dass die Bankchefs früher oder später zurückkehren werden. Genau für einen derartigen Fall wurde der Einlagensicherungsfonds eingerichtet, sagt er den versammelten Bankern. Die HRE-Pleite sei zunächst mal ihr Problem, und natürlich das der Gläubiger. Bis zu 18 Milliarden Euro hätten durch eine Insolvenz der

Hypo Real Estate auf die Einlagensicherung zukommen können. Kaum vorstellbar, dass die privaten Banken das hätten auffangen können.

Auch Asmussen ist klar, dass sich der Bund beteiligen muss. Egal ob die Sozialversicherungsträger, Dutzende von Krankenkassen, Hunderte von Kommunen, etliche Bundesländer: Alle haben sie Teile der von ihnen verwalteten Gelder vor allem bei der HRE-Tochter Depfa in vermeintlich absolut krisensicheren Pfandbriefen angelegt. Aber Asmussen will den Preis für den Bund so niedrig wie möglich halten.

Auch nach der Auszeit schaffen die Kontrahenten keine Einigung. Nach Mitternacht telefonieren Finanzminister Peer Steinbrück und Deutsche-Bank-Chef Ackermann.

»Herr Minister, Sie werden morgen um zehn eine Pressekonferenz abhalten und der Welt erklären müssen, dass der Finanzplatz Deutschland mehr oder weniger verstaatlicht werden muss.«

»Was heißt das?«, fragt Steinbrück.

Er hört, dass ein Rettungsschirm von mindestens 35 Milliarden Euro notwendig sei, sonst wäre die Hypo Real Estate nicht zu retten.

Steinbrück sagt, dann müsse er die Bundeskanzlerin anrufen.

Viertel vor eins am Montagmorgen meldet sich Angela Merkel per Handy bei Josef Ackermann. Wiederum warnt er vor dem Zusammenbruch des deutschen Finanzsystems. Merkel fordert, dass die Banken einen Beitrag von zehn Milliarden Euro leisten müssten. »Sieben«, gibt Ackermann zurück. Die beiden debattieren die Optionen. Dann sagt Merkel: »Achteinhalb.«

Merkel und Ackermann müssen eine Lösung finden.

Wenn nicht, wird Jochen Sanio die Bank schließen. Das hat der Chef der Bankenaufsicht BaFin klipp und klar verkündet. Er hätte keine Wahl, sagt er den Verhandelnden, das Gesetz zwinge ihn zu dieser Maßnahme. Er gibt beiden Parteien

Zeit bis zur Öffnung der Börse in Japan, um eine Lösung zu finden.

Ackermann sagt Merkel, er würde zurückrufen. Der Deutsche-Bank-Chef berät sich mit Axel Weber von der Bundesbank und Klaus-Peter Müller, dem Präsidenten des privaten Bankenverbandes. »Wir müssen das machen«, sagt er, »sonst ist die Wirkung verheerend.« Müller steht vor dem Problem, diesen Vorschlag den mehr als 200 Mitgliedern des Bankenverbandes gegenüber vertreten zu müssen. Er willigt schließlich ein, damit ist der Weg frei.

Um viertel nach eins ruft Ackermann wieder bei der Kanzlerin an. »Wir machen das«, sagt er ihr.

Eine Lösung, immerhin. 26,5 Milliarden Euro der Garantien des insgesamt 35 Milliarden Euro umfassenden Rettungspaketes gehen auf Kosten des deutschen Steuerzahlers. Der Staat und die Privatbanken werden eine Bürgschaft für die HRE übernehmen. Merkel hofft, dass ihre Experten recht haben und es unwahrscheinlich ist, dass der Bund für die Bürgschaft in voller Höhe in Anspruch genommen wird. Aber sie weiß auch, dass diese Feinheiten der Öffentlichkeit kaum zu vermitteln sein werden. Die Schlagzeilen werden lauten, dass der Bund der Bank mit Milliarden helfe – und gleichzeitig das Geld für Kitas, Lehrer und Schlaglöcher in den Straßen fehle. Und zwar Summen, die sehr deutlich unter denen liegen, die jetzt im Gespräch sind.

Als sich Merkel am Montagmorgen ins Kanzleramt fahren lässt, erreichen sie fast im Minutentakt neue SMS-Nachrichten – und alle sind schlecht.

Belgien und die Niederlande müssen die in ihren beiden Ländern beheimatete Finanzgruppe Fortis mit 11,2 Milliarden Euro stützen, ein Teil davon wird verstaatlicht. In Großbritannien muss die Regierung die britische Hypothekenbank Bradford & Bingley vor der Pleite retten, auch hier steigt der Staat als Miteigentümer ein. In Island wird die Glitnir Bank verstaatlicht.

Wirklich übel wird die Situation aber, als am späten Nachmittag in Washington das US-Repräsentantenhaus den Paulson-Plan ablehnt. Noch während die letzten Stimmen ausgezählt werden, verliert der Dow Jones 777 Punkte. Das ist der bislang höchste Punktverlust in der Geschichte der Wall Street. Im Gefolge der USA kollabieren erneut weltweit die Aktienmärkte.

Merkel und ihr Finanzminister Peer Steinbrück informieren die Spitzen der Bundestagsfraktionen von Union, SPD, FDP, Grünen und Linken über das HRE-Rettungspaket. Es war ihnen wichtig, dies schnellstmöglich zu tun. Fritz Kuhn, der Fraktionsvorsitzende der Grünen, fragt sofort, warum ausgerechnet nach der Bayern-Wahl ein Notpaket geschnürt worden sei. »Ich kann das Bundesfinanzministerium nur davor warnen, vor der Befassung des Bundestags Fakten schaffen zu wollen«, sagt er in mehrere Mikrofone. Auch FDP-Chef Guido Westerwelle ist irritiert. Die Parteien seien nicht ausreichend informiert worden: »Wir haben sehr viele Fragen.«

Die Kanzlerin arbeitet ihre Termine weitgehend planmäßig ab, doch jede Lücke dazwischen wird genutzt, um die Lage bei der HRE zu klären. Auch wenn Wirtschaftsberater Jens Weidmann zu diesem Zeitpunkt noch keinen System-Kollaps diagnostizieren will, ist allen klar, dass die HRE nicht die letzte Bank mit Problemen in Deutschland sein wird. »Zwei Banken an einem Tag können wir nicht retten«, warnt Weidmann, »so viele Stunden hat der Tag gar nicht.«

In München kochen derweil die Gerüchte hoch. Kann sich CSU-Chef Erwin Huber halten? Wann schmeißt der bayerische Ministerpräsident Günther Beckstein hin? Putscht Bundeslandwirtschaftsminister und CSU-Vize Horst Seehofer?

Am Dienstag herrscht blanke Panik in den Bankhäusern in Frankfurt. Der Crash beschleunigt sich, weltweit tauchen die Märkte ab.

In Nürnberg kann Frank-Jürgen Weise, der Chef der Bundesagentur für Arbeit, noch gute Zahlen präsentieren. Im

September ist die Arbeitslosenzahl um 115 000 auf 3,08 Millionen gesunken. Weise macht Hoffnungen, noch in diesem Jahr unter die magische Schwelle von drei Millionen zu kommen. Die Kanzlerin kennt die Zahlen bereits seit dem Vorabend. Immerhin ein Lichtblick. Doch die Entwicklung auf dem Arbeitsmarkt hinkt der Situation in der realen Wirtschaft um gut ein halbes Jahr hinterher.

Die Auswirkungen der Finanzkrise werden erst im Wahljahr 2009 bei der Beschäftigung zu spüren sein. Dann aber massiv: Nichts beeinflusst die Stimmung der Deutschen so sehr wie die Lage am Arbeitsmarkt. Von fünf Millionen auf nun drei Millionen ist die Zahl der Arbeitslosen während der Regierung Merkel gesunken. Das ist auch eine Folge der Agenda-2010-Reformen ihres Vorgängers Gerhard Schröder. Doch der sich nun abzeichnende Abschwung am Arbeitsmarkt würde ihr eigener sein.

Die Kanzlerin kann sich noch gut erinnern, wie groß der Schock in Deutschland war, als sich die Zahl der Arbeitslosen im Februar 2005 ohne Vorwarnung durch den damaligen Wirtschafts- und Arbeitsminister Wolfgang Clement auf über fünf Millionen erhöhte. Für Rot-Grün war diese Entwicklung der Anfang vom Ende.

Merkel und Steinbrück müssen in die Bundestagsfraktionen, um dort ihr HRE-Rettungspaket zu erläutern. Nicht nur in der Unionsfraktion ist die Stimmung aufgeheizt. Fast alle 223 Abgeordneten sind anwesend. Manche erzählen, sie hätten ihr Geld von der Sparkasse geholt und würden es unter die Matratze stecken. Merkel versucht, die hochschießenden Emotionen zu beruhigen. »Wir tun alles, dass die deutschen Banken gesichert werden«, erklärt sie ihren Parteifreunden.

Peer Steinbrück schlägt sich derweil mit der Links-Fraktion herum. Doch Parteichef Oskar Lafontaine ist überraschend mild mit dem Nachfolger seines Nachfolgers. Er hat seine Parteigenossen bereits auf die Schwere der Lage eingestimmt. Und Steinbrück hat das Fax dabei, das ihm Sanio und Weber am Samstag geschickt haben.

Währenddessen beschließt die Regierung in Irland eine unbegrenzte Garantie für die Banken des Landes. Die Kanzlerin ist erbost. Das sei hochgradig unsolidarisch von den Iren. Denn kaum dass die Nachricht über die Agenturen tickert, beginnen die Banken aus aller Welt, liquide Mittel an ihre irischen Tochterfirmen zu überweisen. Auch ein paar deutsche Versicherungsunternehmen sind dabei.

Dass das kleine Irland mit einem Bruttoinlandsprodukt von gerade mal 200 Milliarden Euro im Notfall wohl gar nicht in der Lage wäre, die Garantie zu honorieren, zählt in der aufgeheizten Stimmung dieses Dienstags nicht.

Merkel spürt, dass sie sich an die Bürger wenden muss. Mit ihrem Team debattiert sie, wie das geschehen soll. In der Kommunikationspolitik der Regierung gibt es mehrere Stufen der Eskalation. Beginnt etwas anzubrennen, meldet sich meist Regierungssprecher Ulrich Wilhelm in den Redaktionen, um die Regierungssicht zu erklären. Je nach Lage gibt er dann ab und zu ein exklusives Zitat der Kanzlerin frei. Hat die Kanzlerin den Eindruck, Zusammenhänge erklären zu müssen, wählt Merkel meist Interviews als Kommunikationsmittel aus.

Ihr Sprecher hat zu jeder Zeit eine lange Liste von Interviewwünschen. Wenn möglich, werden sie in chronologischer Reihenfolge abgearbeitet. Manchmal wird aber auch eine Zeitung ausgewählt, weil in ihrem Verbreitungsgebiet eine wichtige Veranstaltung stattfindet, um die es in dem Interview gehen soll. So wird Merkel vor dem Ostkongress der CDU in der nächsten Woche beispielsweise mit der *Leipziger Volkszeitung* reden. Vor dem CDU-Parteitag in Stuttgart im Dezember wird die *Stuttgarter Zeitung* für ein Interview ausgeguckt.

In diesem Fall ist jedoch klar, dass Merkel die Menschen über die *Bild*-Zeitung beruhigen will. Mit über sechs Millionen Lesern schlägt das Blatt alle Wettbewerber in puncto Reichweite um Längen. Und anders als im Fernsehen kann ein Print-Interview vor dem Druck noch korrigiert werden. Denn es muss »autorisiert« werden, alle Zitate also dem Zitatgeber noch einmal vorgelegt werden.

Noch mehr Menschen erreicht Merkel nur mit einer Regierungserklärung, die dann von allen Medien aufgenommen wird. Dieses Stilmittel will sich die Kanzlerin in der jetzigen Situation allerdings noch offenhalten. Schon eine Woche später wird sie dann darauf zurückgreifen.

In Frankfurt wird derweil der Präsident der Europäischen Zentralbank, Jean-Claude Trichet, als »Banker des Jahres« geehrt. Eine Jury aus Finanzjournalisten hatte den Franzosen schon vor Monaten ausgesucht, nun wird im Kaisersaal des Rathauses gefeiert. Auch der Deutsche-Bank-Chef Ackermann und der luxemburgische Ministerpräsident Jean-Claude Juncker sind unter den Gästen. Gegen halb elf muss Trichet seine Party, die zwischenzeitlich zum Essen ins Hotel Interconti gewechselt ist, verlassen. Er hat einen Anruf bekommen. Die Zeitungen werden später berichten, dass der Geldmarkt in diesen Stunden fast komplett zum Erliegen gekommen ist. Knapp über vier Prozent Zinsen müssen Banken normalerweise zahlen, wenn sie über Nacht US-Dollar leihen wollen. Nun verlangen die Banken gegenseitig elf Prozent für Kurzkredite von einem Tag, ein bislang noch nie da gewesener Risikoaufschlag.

Allen ist klar, dass die Lebensader des Finanzsystems, der Geldmarkt, nicht mehr funktioniert. Dementsprechend panisch kommen die Banker weltweit am Mittwochmorgen in ihre Büros. Weil der Geldmarkt ausgetrocknet ist, kann es nun jeden erwischen, der kurzzeitig refinanzieren muss und Liquidität braucht – auch die solideste aller Banken.

Ein wenig Hoffnung verspricht ein *Handelsblatt*-Interview, in dem die französische Finanzministerin Christine Lagarde einen 300-Milliarden-Euro-Schutzschirm für die europäische

Finanzbranche vorschlägt. Als der Krisenstab im Kanzleramt das Lagarde-Interview sieht, reagiert Merkel eindeutig abweisend. Sie will auf keinen Fall einen Fonds, aus dem sich alle europäischen Länder bedienen können, der nur nach langwierigster Abstimmung administriert wird und wo die Verantwortlichkeiten bis zur Unkenntlichkeit verwischt sind. Die Zuständigkeiten seien unklar, die Zusammenarbeit mit dem eigenen Parlament unmöglich.

Noch im Kabinett, das wie jeden Mittwoch um neun Uhr tagt, sagt sie, dass ein derartiger Schirm die Deutschen 75 Milliarden Euro kosten würde. Ob er etwas bringen würde, sei völlig unklar, ebenso wie die Zuständigkeiten.

Dennoch machen am frühen Nachmittag Gerüchte die Runde, dass Merkel in dem *Bild*-Interview einen Blankoscheck für die Banken ausstellen wird. Die Branche, die sonst für Politiker nur kaum verschleierte Verachtung übrig hat, betet, dass dem so sein möge. »Andernfalls kracht hier alles«, werden Top-Banker zitiert. Als zwischen 18 und 19 Uhr die ersten Merkel-Zitate aus dem Interview bekannt werden, sind die Banker schockiert: Merkel lehnt Blankoschecks dezidiert ab – sie sagt mithin das Gegenteil dessen, was in Frankfurt erwartet wird.

Josef Ackermann ist zu dieser Zeit auf dem Weg ins Städel-Museum. 600 hochkarätige Kunstwerke aus der Sammlung der Deutschen Bank hat er dem Frankfurter Museum dauerhaft übergeben, heute Abend sollen er und seine Bank dafür gefeiert werden. Eine »Stunde der Besinnung« sei willkommen in derart aufgeheizten Zeiten, wird er wenig später in seiner kurzen Ansprache sagen. Aber auch, dass er am Wochenende mehrfach bis zwei Uhr in der Nacht gearbeitet habe, um eine deutsche Bank zu retten. Und er deutet an, dass nun eigentlich die Regierung am Zug sei. »Wenn die USA ein solches Paket verabschieden, sollte Europa bereit sein, eine vergleichbare Lösung zu finden«, sagte er über den amerikanischen Rettungsschirm und den Lagarde-Vorschlag. Sein Zitat wird schon Minuten später von der Nachrichtenagentur Reuters als erste Forderung eines Top-Bankers nach einem staatlichen Hilfsprogramm über die Drähte gejagt.

In Berlin schütteln Merkels Mitarbeiter nur die Köpfe, als sie die Ackermann-Forderung hören. »Die Banker, die uns jetzt zu Riesenschirmen drängen, sind die gleichen, die uns vor einer Woche noch Sozialismus vorgeworfen haben«, sagt einer wenig später in einem Telefonat. Ein Schirm wäre zum jetzigen Zeitpunkt, als ob »wir drei Stufen die Treppe auf einmal hochspringen«. Weder die Bürger noch die Abgeordneten im Parlament, welche die Steuermilliarden dafür genehmigen müssten, würden das verstehen. Wirtschaftsberater Weidmann ist ebenfalls gegen einen derart konstruierten europäischen Fonds, weil dadurch die Verantwortlichkeiten verwischt worden wären. Er sieht die Motivation der Franzosen, aber auch der Briten zu diesem Zeitpunkt vor allem darin, dass sie Angst vor einem zweiten Fall Lehman Brothers haben, ohne dies durch direkte Mitsprache verhindern zu können.

Im Lauf des Mittwochs erreichen das Kanzleramt immer mehr Informationen, die vermuten lassen, dass die Hypo Real Estate weit größere Löcher stopfen muss, als Vorstandsvorsitzender Georg Funke am Wochenende zugegeben hatte. Weidmann bestärkt das in seiner Ablehnung gegenüber einem europäischen Schirm, weil er die Verhandlungsposition der Regierung gegenüber den Banken geschwächt hätte.

Im Paris lässt Präsident Nicolas Sarkozy derweil dementieren, dass das Interview seiner Finanzministerin mit ihm abgesprochen war. Dennoch wird es in der Rückschau der Moment werden, als es dem Franzosen gelungen ist, die Führung in Europa zu übernehmen. Zumindest kurzzeitig, aber in einer durchaus kritischen Phase.

Merkel lehnt den Vorschlag Sarkozys ab, schon am Donnerstag oder Freitag einen eiligen Gipfel der europäischen G8-Staaten einzuberufen. Sie sagt dem Franzosen, sie werde erst dann zu einem Treffen nach Paris kommen, wenn das 300-Milliarden-Euro-Paket vom Tisch sei. Außerdem seien am Donnerstag deutsch-russische Regierungskonsultationen in St. Petersburg. Am Freitag wird die deutsche Einheit gefeiert.

Am Donnerstag, dem 2. Oktober, fliegt Merkel zum zehnten deutsch-russischen Dialog nach St. Petersburg. Sie reist nur mit kleiner Ministerdelegation. Geprägt sind die Diskussionen von der Georgien-Krise. Merkel ist vorsichtig optimistisch, was den anstehenden Rückzug der Russen aus Georgien angeht. Sie habe den Eindruck, dass die Russen auch angesichts der großen Probleme auf ihrem eigenen Finanzmarkt Signale an den Westen schicken wollten, dass sie wieder kooperieren.

Die Kanzlerin erzählt, dass sie ihr Abendessen mit dem russischen Präsidenten Dmitri Medwedjew dazu nutzen will, eine breite Palette von Themen anzusprechen. »Das sind die Gespräche, bei denen man sich am besten kennenlernt. Ich habe auch mit Putin viele gemacht.«

Beim deutsch-russischen Dialog gibt sich Medwedjew von Anfang an sehr konziliant, sehr bemüht um Merkel. Natürlich nutzt er die Gelegenheit auch, um das Ende der Weltmacht USA auszurufen: »Die Zeit der Dominanz einer Wirtschaft und Währung ist unumkehrbar vorbei. Es bedarf künftig kollektiver Lösungen. Keine Wirtschaft, wie stark und gewaltig sie auch sei, kann die Funktion eines Mega-Reglers übernehmen.« Die Kooperation mit Deutschland sei eine der »Schlüsselkooperationen von Russland«.

Während Merkel mit Medwedjew auf der Newa zu Abend isst, fliegen die Minister nach Berlin zurück. Auf dem Rückflug kommt Außenminister Frank-Walter Steinmeier nach hinten zu den Journalisten. Er erzählt von seinen Gesprächen in St. Petersburg.

Steinmeier und die Journalisten stehen am linken Gang, da kommt Finanzminister Peer Steinbrück und will mit seiner

Referentin auf der rechten Seite des Flugzeugs sprechen. Sie reden und tauschen irgendwelche Papiere aus. Schnell formieren sich auch um Steinbrück ein paar Journalisten. So hält der Vizekanzler links Hof, der Finanzminister rechts. Wer in der Mitte steht, kann beiden eine Zeit lang folgen. Steinbrück erregt sich über die Haltung der Banker in Frankfurt, die jetzt einen Schirm fordern: »Das wäre ja noch schöner, wenn wir alle Banken retten würden.«

Kapitel 4

Das teuerste Versprechen der Republik –

warum die Kanzlerin alle Spargelder garantiert

Als Angela Merkel am Sonntagmorgen ins Kanzleramt fährt, kommt sogar ab und zu ein Sonnenstrahl durch. Es ist bewölkt, aber das eine oder andere Fleckchen blauer Himmel ist zu sehen. Keine fünf Minuten braucht ihre gepanzerte Audi-Limousine von ihrer Privatwohnung ins Kanzleramt. Zehn, zwölf Grad werden an diesem 5. Oktober erwartet, doch Merkel wird den ganzen Tag drinnen verbringen. Sie muss ein zweites Mal die HRE retten und das kostspieligste Versprechen ihrer Amtszeit verkünden. Und dann ist da noch der Koalitionsgipfel mit Streitpunkten wie der Erbschaftssteuer, über die sich SPD, CDU und CSU seit Monaten erbittert fetzen.

Wie immer wird Merkel von einer weiteren Limousine begleitet, in der neben dem Fahrer drei Sicherheitsbeamte sitzen. Zusätzlich gilt: Fällt ein Transportmittel aus welchem Grund auch immer aus, muss ein weiteres bereitstehen, um die Kanzlerin zu befördern. Wenn Merkel mit dem Hubschrauber oder Flugzeug unterwegs ist, muss am jeweiligen Besuchsort eine gepanzerte Limousine zur Verfügung stehen. Beobachter verblüfft das gelegentlich, wenn die Kanzlerin beispielsweise mit dem Hubschrauber nach Hamburg zu einer Werksbesichtigung fliegt und dann auf dem eigentlich geschützten Werksgelände dennoch die letzten 300 Meter zwischen Hubschrauber und Fabrikeingang mit ihrer gepanzerten Limousine gefahren wird.

An diesem Morgen sitzt Merkel wie immer hinten rechts. Für die Kanzlerin sind die Autofahrten eine Art geschützter Raum. Minuten, in denen sie ungestört nachdenken kann und nicht von den Kameras und Mikrofonen verfolgt wird. Nur sehr wenige Menschen lässt sie zu sich hinten in den Fond.

In seltenen Fällen wird sie zu Ausnahmen gezwungen, wie beispielsweise auf Auslandsreisen. In einigen Ländern ist es üblich, dem Staatsgast eine Ehrenbegleitung zu stellen. Meist ein hochrangiger Minister begleitet Merkel dann nach dem Empfang am Flughafen zur jeweiligen Residenz oder dem Präsidentenpalast. Oft kommt es im Fond der Kanzler-Limousine dann nur zu belanglosem Small Talk. Manchmal hat Merkel aber auch Gesprächspartner, die ihr Interessantes über das jeweilige Gastland erzählen. Die Wirtschaftsministerin der Vereinigten Arabischen Emirate, Sheika Lubna bint Khaled Al Qassimi, war so ein Fall. Dass eine Frau in einem muslimischen Land Ministerin wird, ist noch sehr selten. Und dass sie dann das Wirtschaftsministerium übernimmt, ist noch ungewöhnlicher. So hatten die beiden Frauen einiges zu bereden.

In Europa wird auf die Ehrenbegleitung im Allgemeinen verzichtet.

Am Vortag war die Kanzlerin sehr unangenehm überrascht worden, als die Hypo Real Estate bekannt gab, sie benötige weitere Hilfen. Die Prüfung der HRE-Bücher durch die Bankenaufsicht und die Deutsche Bank hatte im Verlauf des Freitags und des Samstags zu einem weit größeren Finanzierungsbedarf geführt als bisher erwartet. Auch hatten sich die Marktbedingungen weiter verschlechtert. Der Kreditrahmen, den die Banken zugesagt hatten, würde nicht reichen.

Angela Merkel kennt die neuen Probleme, als sie am Samstag zum Treffen mit ihren Kollegen aus Italien, Großbritannien und Frankreich nach Paris fliegt. Ihr Regierungssprecher Ulrich Wilhelm begleitet sie, ebenso Wirtschaftsberater Weidmann und Finanzstaatssekretär Asmussen.

Die Regierung weiß, dass die Banken auf einen globalen Rettungsschirm drängen. Noch jedoch ist Merkel dazu nicht bereit. Sie will, dass die Banken selbst Gelder zur Verfügung stellen.

Die aber sind mindestens ebenso gut im Pokern wie das Kanzleramt. Und so sickert am Samstag langsam durch, dass das HRE-Paket nicht trägt. Die Bank braucht weit mehr Geld als gedacht. Um 16 Uhr 36 verschickt die *Welt am Sonntag* eine Agenturmeldung mit diesem Inhalt. Alles sieht danach aus, als ob Merkel ein weiteres Krisen-Wochenende bevorsteht.

Merkel sitzt zu diesem Zeitpunkt schon mit Nicolas Sarkozy, dem britischen Premier Gordon Brown, Silvio Berlusconi aus Italien und dem Eurogruppenvorsitzenden Jean-Claude Juncker zusammen. Italien, Großbritannien, Frankreich und Deutschland sind die vier europäischen G8-Mitglieder und sehen sich gern als führende Vertreter der Europäischen Union.

Deshalb wählte Nicolas Sarkozy als amtierender EU-Ratspräsident dieses Format für eine erste Krisensitzung der Europäer zu der Finanzkrise. Eine Alternative wäre die Eurogruppe gewesen, also die 15 Länder Europas, die bereits den Euro als Gemeinschaftswährung haben. Doch weil diese Gruppe den Franzosen zu groß erschien, wurde lediglich der Eurogruppenvorsitzende Jean-Claude Juncker hinzugebeten. Anwesend waren auch EU-Kommissionspräsident José Manuel Barroso und Jean-Claude Trichet, der Präsident der Europäischen Zentralbank.

In München bei der Hypo Real Estate brennen derweil alle Sicherungen durch. HRE-Vorstandschef Georg Funke lässt eine sogenannte Ad-hoc-Mitteilung vorbereiten, mit der börsennotierte Firmen per Gesetz vor allem warnen müssen, was den Kurs ihrer Unternehmen beeinflussen kann. Viele werden später rätseln, warum Funke nicht bis Sonntag gewartet hat. Keine einzige Börse weltweit ist zu diesem Zeitpunkt offen.

Noch immer informiert er weder die Bundesregierung noch die Bankenaufsicht BaFin oder die Bundesbank über das, was er vorhat.

»Es waren nur fünf Sätze. 66 Worte, die einem Erdbeben gleich Deutschlands Finanzsystem erschüttert haben«, wird der Berliner *Tagesspiegel* am Montag beschreiben, was sich am Samstagabend abspielt.

Jörg Asmussen hat sein Mobiltelefon auf stumm gestellt, doch er sieht, wie ein Anruf von BaFin-Präsident Jochen Sanio bei ihm ankommt. Während er zurückruft, versucht Jens Weidmann, mit Bundesbankpräsident Axel Weber zu telefonieren. Bei Regierungssprecher Ulrich Wilhelm und der Kanzlerin ist die Ad-hoc-Meldung inzwischen ebenfalls als SMS auf den Mobiltelefonen angekommen.

Die Hypo Real Estate bestätigt darin, dass das Rettungspaket über 35 Milliarden Euro gescheitert sei und die Banken ihre Finanzierungszusage nicht mehr aufrechterhalten würden. Erneut droht der Kollaps der Bank, die mit sich das gesamte Finanzsystem in Deutschland und Europa in den Abgrund reißen könnte.

Die Kanzlerin informiert ihre Kollegen beim Abendessen über die erneuten Probleme bei der HRE. Einer beweist Galgenhumor: »Ihr habt Glück, die Börsen sind geschlossen.«

Auf dem Rückflug lässt die kleine Delegation um Angela Merkel ihrem Ärger über das HRE-Management freien Lauf. Wirtschaftsberater Weidmann und Finanzstaatssekretär Asmussen haben während des Abendessens und auf dem Weg zurück zum Flughafen fast pausenlos telefoniert. Die Kanzlertruppe ist enttäuscht, dass auch die Einschätzung der Bankchefs über die notwendigen Rettungsmaßnahmen bei der HRE unvollständig waren.

Deutsche-Bank-Chef Ackermann sieht das ganz anders: Die Regierung zu informieren sei die Sache der Aufsichtsbehörden.

Der damalige Bankenpräsident Müller sagt, dass auch die Banker inzwischen stark über die HRE verärgert waren: »Wir haben mehrfach Pakete geschnürt und gesagt, das war es jetzt. Und dann tauchen wieder neue Probleme auf. Als Banker fühlten wir uns hinter die Fichte geführt.«

Merkel wird also eine erneute Rettungsaktion aushandeln und verkünden müssen. Bei der ersten Milliarden-Garantie reagierten die Deutschen noch bemerkenswert ruhig. Inzwischen sind aber weitere Banken weltweit zusammengekracht, die Börsen in die Tiefe gerauscht.

Bei der Landung in Berlin ist klar, dass die Runde sich am Sonntagmittag wiedersieht. Vor dem Koalitionsgipfel empfehlen Bundesbankpräsident Axel Weber und Jochen Sanio, dass eine Spareinlagen-Garantie richtig sein könnte. Frankreich und Italien haben diesen Schritt bereits unternommen. Die Summen, um die es dabei geht, überschreiten jede Vorstellungskraft: 1600 Milliarden Euro, die gesamten Spareinlagen in Deutschland. Eine Summe, die doppelt so hoch ist wie die Staatsschulden der Bundesrepublik. Eine Summe, die wenn sie fällig würde, allein jährliche Zinszahlungen in Höhe von 50 Milliarden Euro auslösen würde.

Wirtschaftsberater Jens Weidmann berichtet Merkel, dass die Bundesbank sehr wohl registriere, dass die Menschen Bargeld horteten. Die Nachfrage nach 500-Euro-Scheinen habe deutlich zugenommen. Aus einzelnen Bankfilialen wird berichtet, dass Kunden ihr Girokonto leerten, um das Geld dann am nächsten Schalter wieder einzuzahlen. Für einen Beteiligten ist eindeutig: »Es war klar, dass sie so testen wollten, ob das Geld noch da war.« Manche nahmen die abgehobenen Beträge allerdings auch mit nach Hause.

Als in Ost- und Mitteldeutschland sogar etliche Bankautomaten durch einen Marderbiss ausfallen, wird schnellstens dafür gesorgt, dass überall ein Bankmitarbeiter steht und die Kunden an die Schalter verweist. »Wir hatten alle die Bilder von Northern Rock im Kopf«, erzählt einer, »im Zweifel hätten in einer derartigen Situation 20 Leute am Bankautomat und eine Kamera, die filmt, wie sie kein Geld mehr bekommen, schon ausgereicht, um eine Massenpanik auszulösen.«

Merkel und Steinbrück entscheiden sich, die Garantie auszusprechen. Angela Merkel ist sicher, dass die Deutschen ihr vertrauen werden.

Sie wird gemeinsam mit ihrem Finanzminister die gesamten Spareinlagen der Bundesrepublik Deutschland garantieren. Keine Zahlen, keine Fristen, keine Gesetze. Ihr Wort, sonst nichts.

Für 15 Uhr 30 ist der Koalitionsgipfel terminiert, die Fernsehteams wurden deswegen für 14 Uhr 30 ins Kanzleramt bestellt. Also entscheiden Merkel und Steinbrück, dass beide gemeinsam vor die Kameras treten werden, um die Sparer-Garantie abzugeben.

Merkel und Steinbrück machen ihr kurzes Statement in der Sky-Lobby auf der Kanzleretage. Ausgerechnet vor dem Gemälde »Nach dem Knall« von Bernd Zimmer treten die beiden vor die Kameras. Das in Blau- und Grüntönen gehaltene Ölbild zeigt eine Hügellandschaft nach einem Gewitter. Doch weder Steinbrück noch Merkel haben zu diesem Zeitpunkt einen Sinn für besondere Inszenierung. Die beiden wollen die Bürger und Bürgerinnen beruhigen – und das, ohne vorher Panik aufkommen zu lassen.

Keiner hat einen Sprechzettel dabei, beide reden frei. »Wir sagen den Sparerinnen und Sparern, dass ihre Einlagen sicher sind. Dafür steht die Bundesregierung ein«, sagt Merkel. »Das ist ein wichtiges Signal, damit es zu einer Beruhigung kommt und nicht zu Reaktionen, die unverhältnismäßig wären«, fügt Steinbrück hinzu.

Der Auftritt der beiden dauert wenige Minuten, Nachfragen sind keine gestattet. Merkel und ihr Finanzminister drehen sich um und gehen die wenigen Schritte ins Kanzlerbüro zurück.

Vor dem Kanzleramt kommen derweil die Limousinen mit den Teilnehmern des Koalitionsgipfels an: Außenminister Frank-Walter Steinmeier, erstmals auch in seiner Rolle als Kanzlerkandidat, und SPD-Fraktionschef Peter Struck. Der designierte Vorsitzende der SPD, Franz Müntefering, ist noch nicht dabei. Als Merkel mit ihren Leuten im Esszimmer im achten Stock des Kanzleramts ankommt, ist keinem nach Streit und Ärger zumute. Die Kanzlerin hat ihre Seite schon kurz über die Sparer-Garantie informiert, nun fasst sie die Diskussion auch noch einmal für die Sozialdemokraten zusammen.

Steinbrück-Sprecher Torsten Albig telefoniert noch mal die Agenturen ab. »Das ist eine politische Garantie«, erklärt Albig am Telefon. Wenig später steht dann auch bei Ulrich Wilhelm das Telefon nicht mehr still. »Für was genau gilt die Garantie?«, wollen die Journalisten wissen. Was zählt als Spareinlage? Fallen auch Investmentfonds darunter? Was ist mit Tagesgeldern?

Im Finanzministerium wird zur gleichen Zeit um eine Lösung für die Hypo Real Estate gerungen. Weil Steinbrück im Kanzleramt geblieben ist, leiten sein Staatssekretär Jörg Asmussen und Merkels Berater Jens Weidmann die Verhandlungen. Alle wichtigen Akteure aus Frankfurt sind in die Hauptstadt gekommen: Deutsche-Bank-Chef Josef Ackermann, Martin Blessing von der Commerzbank und Sparkassenpräsident Heinrich Haasis. Bankenpräsident Klaus-Peter Müller ist da, ebenso wie Bundesbankchef Axel Weber und BaFin-Aufseher Jochen Sanio.

Immer wieder werden die Verhandlungen unterbrochen, damit die Banker mit ihren Teams in Frankfurt telefonieren können. Sie haben sich einen strengen Vortrag von Asmussen anhören müssen. Er kann noch immer nicht verstehen, warum die Regierung nicht über die erneuten Finanzprobleme der HRE informiert wurde, die Presse aber sehr wohl.

Gegen 20 Uhr scheint es, als ob eine Einigung gelungen sei. Dann aber tauchen wieder neue Zahlen auf. Erneut sind sie schlimmer als die vorherigen. Im Finanzministerium wird die Zusammenfassung der Einigung wieder beiseitegelegt, auf die sich alle bereits geeinigt hatten. Die Runde muss neu verhandeln.

In den Nachrichtensendungen laufen inzwischen die Bilder von Merkel und Steinbrück. Überall ist die Sparer-Garantie die Top-Meldung. Sie holt die Deutschen aus ihrer Sonntagsruhe. Eine Garantie für die Spargroschen? Von der Kanzlerin selbst? Steht es denn so schlimm um die Banken? Sollen wir nicht doch morgen zur Bank gehen?

In Millionen Wohnzimmern finden diese Gespräche statt. Von ihrem Ergebnis wird abhängen, ob es am Montagmorgen zu einer Wiederholung der schlimmsten Szenen aus der Weltwirtschaftskrise kommt – den langen Schlangen vor gesperrten Bankfilialen, wo verzweifelte Sparer ihr Geld abheben wollen.

Im Finanzministerium bedarf es derweil eines äußerst emotionalen Appells von Bundesbankpräsident Weber und Chefaufseher Sanio, damit die Bankchefs nachgeben. Beide fürchten, dass bei einer HRE-Pleite der ohnehin schon kaum mehr funktionsfähige Geldmarkt und damit der Zahlungsverkehr zusammenbrechen würden.

Gegen 23 Uhr lenken die Banker ein. Sie stellen weitere 15 Milliarden Euro für die HRE bereit. Der Garantierahmen des Bundes muss nicht erhöht werden. Steinbrück fordert den Rücktritt von HRE-Chef Georg Funke und seinem Chefaufseher Kurt Viermetz.

Merkel wird am Montag um elf Uhr in Wiesbaden auf einem Kongress der Senioren-Union erwartet. Sie hat keinen ihrer Termine für diesen Tag verändert, alles soll so normal wie nur irgend möglich ablaufen. In den Bankfilialen bleibt es ruhig.

Nicht jedoch an den Börsen. Schon in der Nacht bricht der Handel in Shanghai erneut ein. Chinas Großbanken und der Staatsfonds ICI hatten bekannt gegeben, dass sie wegen des Börsencrashs über 300 Milliarden US-Dollar abschreiben müssen. Die australische Notenbank senkt in Panik ihre Zinsen. In Moskau muss der Börsenhandel mehrfach ausgesetzt werden, am Ende des Tages werden die dort gehandelten Unternehmen ein Fünftel ihres Wertes eingebüßt haben. In Brasilien stürzen die Kurse um 15 Prozent.

Auch in Frankfurt beginnt ein schwarzer Tag. Gleich in den ersten Sekunden geht die Dax-Kurve senkrecht nach unten. Der Wert der Hypo Real Estate halbiert sich. Über sieben Prozent minus fährt der Dax am Ende des Tages ein, der zweitgrößte Tagesverlust seit den Terrorangriffen in New York im September 2001.

In Wiesbaden lässt Merkel ihrem aufgestauten Ärger freien Lauf. In für ihre Verhältnisse sehr deutlichen Worten geißelt sie, »was unverantwortliche Banker überall auf der Welt angerichtet haben«. Sie wiederholt ihre Sparer-Garantie und bittet die Deutschen um Besonnenheit. Zur gleichen Zeit erklären Regierungssprecher Wilhelm und Steinbrück-Sprecher Albig, dass die Bundesregierung mit all ihren Möglichkeiten hinter der politischen Garantie steht.

Im Parlament in Berlin sind die Fraktionschefs der Opposition empört, dass sie wie alle anderen aus den Nachrichten von der Sparer-Garantie und dem Rettungspaket erfahren haben. FDP-Chef Guido Westerwelle rügt öffentlich, dass die Kanzlerin einen Termin bei der Senioren-Union in Wiesbaden offensichtlich für wichtiger halte, als die gewählten Volksvertreter zu informieren. »Wenn die Regierung eine solche Garantie ausspricht, ist es völlig undenkbar, das ohne das Parlament zu machen«, sagt Westerwelle, »das ist ein kapitaler Fehler der Regierung.«

Merkel lässt sich sofort mit Westerwelle verbinden. Sie erklärt ihm, dass dies tatsächlich im Entscheidungsdruck des vergangenen Tages untergegangen sei. Der FDP-Chef akzeptiert und sagt sein Kommen für den gleichen Abend zu. Für 18 Uhr 30 hat das Kanzleramt ihn und die anderen Fraktionschefs zu einer Unterrichtung durch die Kanzlerin eingeladen. Am Dienstag wird Merkel zudem eine Regierungserklärung abgeben. Auch das hatte Westerwelle gefordert.

Der erneute Börsencrash lässt überall in Europa die Nervosität weiter steigen. Das Kernproblem aber ist, dass kaum einer wirklich weiß, wie man der Finanzkrise Herr werden soll – und das aber nicht zugeben darf. So versucht auch EZB-Chef Trichet am Abend, die Märkte und die Menschen zu beruhigen: »Zuerst wurden die Risiken vom Markt unterschätzt, und jetzt werden sie überschätzt«, sagt er auf einer Pressekonferenz in Luxemburg. Dort treffen sich an diesem Abend die Finanzminister der Euroländer. Noch während des Treffens wird bekannt, dass Island in einem Notgesetz alle Banken des Landes verstaatlichen wird, um einen Staatsbankrott abzuwenden.

Kanzleramtsminister Thomas de Maizière hat derweil gemeinsam mit Finanzminister Peer Steinbrück den HRE-Chef Georg Funke zu sich ins Kanzleramt bestellt. Seit Tagen schon fordern etliche Parlamentarier und die Öffentlichkeit seinen Rücktritt.

De Maizière hat auch Josef Ackermann, den Chef der Deutschen Bank, ins Kanzleramt gebeten. Er will ihn fragen, ob die größte deutsche Privatbank einen Nachfolger für Funke stellen könnte.

In Merkels Team ist die Skepsis inzwischen stark gestiegen, ob die Krise auch weiterhin mit Einzelfalllösungen zu bewältigen ist. In ganz Europa taumeln die Banken, müssen die Regierungen als Retter einspringen. Die Kanzlerin will zusammen mit ihren Ministern noch einmal mit Ackermann reden. Wie schätzt der Deutsche-Bank-Chef das Risiko einer systemischen Krise ein? Ackermann plädiert für eine grundsätzliche Lösung, einen Bankenschirm für alle.

Vorher hat die Kanzlerin die Fraktionschefs der Opposition empfangen. »Verfassungen und das Parlament sind nicht nur für Schönwetterzeiten da, sondern gerade für den Konfliktfall«, erneuert Westerwelle seine Kritik an der fehlenden Information des Parlaments. Die FDP-Fraktion werde die Sparer-Garantie mittragen, sie sei »absolut richtig«. »Aber bei einer derart wichtigen Sache muss das Parlament einbezogen werden«, sagt er.

»Die haben einfach bis zum Schluss geglaubt, dass Deutschland immun ist«, geißelt Grünen-Fraktionschef Fritz Kuhn die vermeintliche Untätigkeit der Kanzlerin als »Lehnstuhl-Politik«. Nun müssten die angeschlagenen Banken zumindest teilverstaatlicht werden, fordert er. Ein Ansinnen, dem auch die Linken nur zustimmen können, haben sie es doch schon immer so vorhergesehen und gefordert.

Am Dienstag tagt um 9 Uhr 30 das Kabinett, auf der Tagesordnung stehen die Verlängerung des Isaf-Mandats in Afghanistan um 14 Monate sowie die Aufstockung des deutschen Kontingents um 1000 Soldaten. Auch der Beitrag zum Gesundheitsfonds, der im Januar startet, wird durchgewinkt. Mit Erleichterung wird registriert, dass HRE-Chef Georg Funke endlich zurückgetreten ist. Nur Aufsichtsratchef Kurt Viermetz weigert sich noch.

Merkels Büroleiterin Baumann und ihr Wirtschaftsberater Weidmann feilen derweil am Manuskript für die Regierungserklärung, die für 17 Uhr angesetzt ist. Regierungserklärungen werden normalerweise innerhalb der Bundesregierung abgestimmt, doch dafür bleibt in diesem Fall keine Zeit. Auch das Verteilen des Manuskripts an die Minister und die Presse vor Beginn der Rede unterbleibt. Die Ereignisse überschlagen sich so sehr, dass der Text mit dem Titel »Zur Lage auf den Finanzmärkten« buchstäblich erst Minuten vor Merkels Auftritt im Plenarsaal fertig wird. Inzwischen haben auch Großbritannien und Spanien milliardenschwere Rettungspakete für ihre Banken angekündigt.

Um 17 Uhr 24 beginnt Merkel ihre Rede, sie hält sich genau an den Redetext. Zu groß ist die Gefahr eines unbedachten Halbsatzes. Die Kanzlerin erwähnt zum ersten Mal, dass die Finanzkrise auf die produzierenden Unternehmen übergreifen wird. Sie beschreibt die Lage, versucht die große Zeitnot zu schildern, unter der derzeit gehandelt werden muss. Sie drängt auf Regeln für die Finanzmärkte, am besten international koordiniert.

Viel Applaus bekommt sie nicht für die Regierungserklärung. Vielen Parlamentariern fehlt die konkrete Ansage, wie es denn nun weitergehen soll. »Eine Rede im Ungefähren«, ist das vorherrschende Kommentarecho am nächsten Tag.

Besprochen wird es in der sogenannten Morgenlage. Von dienstags bis freitags treffen sich hier die engsten Mitarbeiter Merkels zu 30 Minuten Presseschau durch Regierungssprecher Wilhelm, Tagesausblick und Manöverkritik. Normalerweise beginnt sie um 8 Uhr 30, vor dem Treffen des Kabinetts aber auch schon um 7 Uhr 45.

Bis zu zwölf Leute sitzen dann um den runden Tisch im Besprechungsraum LE 7.101. LE steht für Leitungsebene, die 7 für den siebten Stock – die Etage, in der auch Merkel, ihr Kanzleramtschef Thomas de Maizière und Büroleiterin Beate Baumann ihre Büros haben.

Beide flankieren ihre Chefin in der Morgenlage. Eine wichtige Rolle spielen Regierungssprecher Ulrich Wilhelm und die Medienberaterin Merkels, Eva Christiansen. Der Planungschef Matthias Graf von Kielmannsegg nimmt an der Runde teil und Hermann Gröhe. Der Staatsminister hat seinen Büroleiter dabei, ebenso wie de Maizière. Auch Michael Wettengel ist ständiger Gast. Er leitet die Abteilung 1 im Kanzleramt und berät Merkel seit über einem Jahrzehnt bei den meisten Personalentscheidungen. Oft kommt CDU-Generalsekretär Ronald Pofalla morgens zu der Runde ins Kanzleramt, freitags manchmal auch der Parlamentarische Geschäftsführer der Unionsfraktion Norbert Röttgen.

Wilhelm trägt nach allgemeiner Begrüßung kurz die wichtigsten zehn bis 15 Themen vor, die in den überregionalen Zeitungen Schlagzeilen gemacht haben. Muss Wilhelm Verrisse der Kanzlerin vortragen, tut er auch dies. »Die Runde ist absolut angstfrei«, sagen in fast identischen Worten zwei der Teilnehmer, »sie ist ein geschützter Raum, in dem wir alle sehr offen sagen, was wir denken.«

Tatsächlich ist in den ersten drei Jahren der Kanzlerschaft Merkels nichts aus der Morgenlage an die Öffentlichkeit gedrungen. Es gibt in der Presse keine Schilderungen der Runde. Keiner der Teilnehmer hat je über die Morgenlage geplaudert. Diese fast absolute Loyalität ist die Bedingung für die offene Atmosphäre in Merkels engster Umgebung. Und so kann die Kanzlerin dort nach einer kurzen Nacht auch zugeben, dass sie noch müde ist. Manchmal weckt sie das Geklapper der Müllmänner in ihrem Hinterhof: »Jeden Morgen zwischen halb sieben und sieben wird dort eine andere Mülltonne geleert.«

Kapitel 5

Das schnellste Gesetz der Geschichte und ein Fauxpas –

was die Causa Tietmeyer über die Große Koalition aussagt

Angela Merkel hat während der Konzeption des Banken-schirms in den vergangenen Tagen so oft mit Peer Stein-brück telefoniert, dass sie ganz einfach von seiner Zustim-mung ausgegangen ist. 480 Milliarden Euro haben die Kanzlerin und der Finanzminister zusammen bewegt und die Märkte weltweit beruhigt. An diesem Mittwochmorgen, dem 15. Oktober, wollen die beiden nun dem Parlament und den Bürgern erklären, wie die Finanzmärkte reformiert wer-den sollten. Für Merkel ist es bereits die zweite Regierungs-erklärung in einer Woche. Sie ist zufrieden, wie gut unter den schwierigen Umständen alles geklappt hat. Der Koaliti-onspartner zieht mit, die Fraktionen hatten gestern sogar stürmisch applaudiert, die Opposition meckerte ausnahms-weise mal nicht rum. Alles ist auf dem Weg. Alles sieht danach aus, dass ein derart kompliziertes Gesetz wie das Finanzmarktstabilisierungsgesetz es in nur drei Tagen von der ersten Lesung bis ins Gesetzblatt schaffen wird.

Und so liest sie auch die Sätze in den eckigen Klammern vor. Eckige Klammern, das sind Passagen des Redetextes, die noch nicht endgültig abgestimmt und freigegeben sind. Sie signalisieren »Achtung, aufpassen«. In diesem Fall steht der Name Hans Tietmeyer in den eckigen Klammern. Die Kanzlerin will den früheren Bundesbankpräsidenten zum Chef einer neuen Expertengruppe berufen. Beides ist noch nicht öffentlich bekannt, sie will es zuerst im Parlament vortragen.

Dass es eine Expertengruppe geben soll, war mit Steinbrück telefonisch abgestimmt, den Namen sagt ihm Merkel kurz vor der Regierungserklärung. Mit der Nennung von Tietmeyer als Chef der Expertengruppe schon jetzt in der Regierungserklärung will sie signalisieren, dass es nach der aktuellen Bewältigung der Krise auch um Reformen gehen wird. Um weitreichende Änderungen des Handlungsrahmens der globalen Finanzmärkte. Merkel streitet seit einigen Jahren für mehr Transparenz, ist bislang damit aber am Widerstand vor allem der USA und Großbritanniens gescheitert. Beide lehnten mehr Regulierung immer ab, da sie der eigenen Finanzbranche schaden könnte. Das alles gilt nun nicht mehr. Und so sieht Merkel inmitten der Krise auch eine neue Chance für eine andere, wie sie hofft bessere Regulierung der Finanzmärkte. Deshalb soll es, in Absprache mit Steinbrück, eine Expertengruppe geben.

Die Kanzlerin ist deshalb ganz und gar unvorbereitet auf das, was nach den ersten zehn Minuten ihrer Regierungserklärung im Parlament passiert. »Zur Vorbereitung ... werden der Finanzminister und ich eine Expertengruppe einberufen, die parallel dazu Vorschläge für diesen zweiten Baustein macht, damit wir auch mit Expertenwissen ausgestattet in diese Beratungen gehen«, sagt sie. Noch ist es ruhig. Sie fährt fort: »Ich habe Professor Tietmeyer gebeten, diese Expertengruppe zu führen ...« Kaum fällt der Name, ist höhnisches Gelächter bei den Sozialdemokraten, den Grünen und der Linken zu hören. »Das ist ja genau der Richtige«, ruft Grünen-Fraktionschefin Renate Künast.

Merkel ist irritiert, denn es handelt sich um den früheren Bundesbankpräsidenten und einen ausgewiesenen Kenner der internationalen Finanzmärkte. Sie bringt ihre Regierungserklärung zu Ende und geht unter flauem Applaus an ihren Platz auf der Regierungsbank zurück. FDP-Chef Guido Westerwelle redet als Nächster. Kein Wort zur Personalie Tietmeyer. Erst Linkspartei-Chef Oskar Lafontaine erwähnt sie wieder: Tietmeyer sei der Mann, der bereits 1996 davon geredet habe, dass die Finanzmärkte die Politik beherrschten und die Politiker das endlich einsehen sollten.

In der Zwischenzeit hat sich der junge SPD-Haushaltsexperte Carsten Schneider mit Fraktionschef Peter Struck besprochen. Der 32-jährige Thüringer gilt als großes Talent in seiner Partei. Er ist einer der wenigen, die überhaupt verstehen, um was es bei der Finanzkrise genau geht. Und er weiß, dass Tietmeyer im Aufsichtsrat eben jener Bank sitzt, welche die Krise in Deutschland dramatisch verschärft hat – der Münchner Hypothekenbank Hypo Real Estate.

Eben das teilt Schneider der Kanzlerin wenig später dann auch vom Rednerpult mit: »Deshalb sage ich ganz klar, meine Fraktion trägt diesen Vorschlag nicht mit.« Da werde der Bock zum Gärtner gemacht.

Doch es gibt noch einen anderen Grund für die spontane Ablehnung Tietmeyers. Er liegt 27 Jahre zurück, damals war Schneider noch nicht mal eingeschult. Was seinerzeit passierte, wurde bei den Sozialdemokraten zur Legende – und wird wohl auch noch von Generation zu Generation weitergereicht.

Merkel erfährt es wenig später, beim Abflug zum EU-Rat in Brüssel. »Sagen Sie mal, ist Tietmeyer für Sie auch so schwierig?«, fragt sie Steinbrück, der in Finanzdingen deutlich konservativer als seine Partei ist und von dem sie eigentlich glaubte, dass er einen Spezialisten wie Tietmeyer schätzen würde. Der Finanzminister sagt nur trocken: »Lambsdorff-Papier.«

Hans Tietmeyer ist der Mann, der für den damaligen Wirtschaftsminister Otto Graf Lambsdorff im Herbst 1982 eben jenes Papier aufgeschrieben hat, mit dem die sozialliberale Koalition zwischen Bundeskanzler Helmut Schmidt und FDP-Chef Hans-Dietrich Genscher abrupt beendet wurde. Der Mann also, der dem damaligen Unionsfraktionsführer Helmut Kohl den Weg zur Machtübernahme ebnete. Kurz und gut – eine noch immer offene Wunde für Sozialdemokraten.

Das Papier findet sich heute auf der Webseite von Hans Tietmeyer unter der Rubrik »Überzeugungen«. Es hat folgende Einführung: »Als Abteilungsleiter im Bundeswirtschaftsministerium schrieb Hans Tietmeyer den ersten Entwurf für das ›Konzept für eine Politik zur Überwindung der Wachstumsschwäche und zur Bekämpfung der Arbeitslosigkeit‹, das Otto Graf Lambsdorff Bundeskanzler Helmut Schmidt vorlegte.«

Das am 9. September 1982 vorgestellte Papier gilt vielen Linken als eine Art »Ur-Papier« dessen, was sie als Neoliberalismus geißeln. Der französische Soziologe Pierre Bourdieu hat daraus sogar den Kampfbegriff des »penseé Tietmeyer« geprägt. »Das ›Modell Tietmeyer‹ steht ... für ein Menschheitsideal, dem nichts Humanistisches eigen ist: das Ideal eines überarbeiteten Managers, auf Kalkül und Karriere bedacht. ... Er kleidet eine Wirtschaftspolitik in schönfärberische Worte – ›Sozialplan‹ für Massenentlassungen, ›treibende Kräfte‹ für die Unternehmerschaft, ›Deregulierung‹ für einen wilden Kapitalismus –, die, neben anderen Folgen, womöglich eine Zivilisation zerstört, die mit der Entstehung des Staates, dieser entschieden modernen Idee, verbunden ist.«

In der Berliner *tageszeitung* erschien zum 25. Geburtstag des Lambsdorff-Papiers sogar eine erneute Kritik des Soziologie-Professors Christoph Butterwegge: »Die in diesem ›Konzept‹ beschriebene Analyse und die dort gemachten Lösungsvorschläge prägten in den letzten 25 Jahren bis hin zur Agenda 2010 mehr und mehr den politischen Kurs, sie beherrschten die öffentliche Debatte und lenkten den

Mainstream der Medien. Ein Vierteljahrhundert lautete die Rezeptur immer nur: mehr ›marktwirtschaftliche Politik‹, ›Konsolidierungskonzepte für die öffentlichen Haushalte‹, ›Anpassung der sozialen Sicherungssysteme‹, ›Verbilligung des Faktors Arbeit‹.«

Merkel kannte Tietmeyer hingegen als den Mann, der als Sonderbeauftragter von Helmut Kohl große Teile der Finanzpolitik der deutschen Einheit managte. Und als jemanden, der sich für die neuen Eigenkapitalregeln der Banken, das sogenannte Basel II, eingesetzt hatte. Als den Bundesbankpräsidenten, der den Deutschen den Wechsel von ihrer geliebten D-Mark hin zum Euro schmackhaft machte. Und als den »engagierten Verfechter der Geldwertstabilität«, als den ihn der SPD-Politiker und Ex-Finanzminister Hans Eichel 2001 lobte. Auf dem Foto dazu auf der Webseite Tietmeyers ist Angela Merkel als damalige CDU-Generalsekretärin links zu sehen, in der Mitte Eichel und rechts Tietmeyer.

An der Causa Tietmeyer lässt sich einiges über den Zustand der Großen Koalition ablesen.

Bei der SPD wird die Personalie von vielen als neuerlicher Beweis angeführt, dass Merkel die Bühne ganz allein für sich haben will. Die *Berliner Zeitung* schreibt: »Sozialdemokraten aber halten den Vorgang für entlarvend. Sie hegen schon geraume Zeit den Verdacht, dass Merkel die Finanzkrise zu ihrem ganz persönlichen Vorteil nutzt. Sie beute das Können ihres sozialdemokratischen Finanzministers aus, lasse ihn aber an der öffentlichen Darstellung erfolgreichen Krisenmanagements nicht richtig teilhaben, lautet die Analyse.«

Zu diesem Zeitpunkt sind tatsächlich wichtige Achsen in dem schwierigen Verhältnis zwischen Union und Sozialdemokraten entweder zerbrochen oder schwer beschädigt. Obwohl es vorkommt, dass einzelne Abgeordnete der beiden Fraktionen befreundet sind, gab es vor der Großen Koalition nur sehr wenige Kontakte zwischen den Lagern.

Die Koalition selbst ist eine reine Vernunftsache, kopfgesteuert, weil nichts anderes geht. Und weil damals bei den Sozialdemokraten alles auf SPD-Chef Franz Müntefering ankam und dessen Grundüberzeugung: »Opposition ist Mist!« Er und Merkel waren es, die wesentliche Weichenstellungen für den Koalitionsvertrag aushandelten. Beide sind durchaus ähnliche Charaktere. Eher pragmatisch als ideologisch. Weit mehr ihrem Kopf als ihrem Bauch vertrauend. Sehr konsequent, manche nennen es stur, wenn sie eine Sache einmal als richtig eingestuft haben. Ein Sauerländer und eine Uckermärkerin.

Natürlich kannte Merkel den damaligen SPD-Chef von der normalen politischen Arbeit und aus einem harten Wahlkampf. Wirklich schätzen lernte sie ihn aber während dieser ersten, entscheidenden Phase der Großen Koalition. Vor allem seine Zuverlässigkeit und seine Verschwiegenheit haben Merkel beeindruckt. Was die beiden vertraulich beredeten, blieb vertraulich. Und was sie beschlossen hatten, wurde umgesetzt. So entwickelte sich ein Vertrauensverhältnis, das in der ersten Hälfte der Großen Koalition zwar immer wieder belastet wurde, aber eben auch belastbar war.

Beide wollten den Erfolg der Koalition – und verzichteten darauf, kurzfristige Vorteile zulasten des jeweils anderen herauszuholen.

Franz Müntefering ist besonders stolz auf das 25-Milliarden-Programm, mit dem die Regierung schon 2006 die Konjunktur gestützt hat. Unter dem sperrigen Namen »Sanieren, Reformieren, Investieren« floss damals bereits viel Geld in die ökologische Modernisierung des Landes und in die Forschung. Die SPD ist stolz darauf, viele Arbeitsplätze in zukunftsweisenden Bereichen geschaffen zu haben. Manche glauben sogar, dass die Historiker die Große Koalition einmal dafür loben werden.

In der Union wurde das damals keineswegs so gesehen. Viele hatten Probleme mit der deutlichen Mehrwertsteuererhöhung, mit der das Ausgabenprogramm finanziert wurde.

Allerdings hatte Merkel als Kanzlerkandidatin bereits ange-kündigt, sie wolle die Mehrwertsteuer erhöhen. Nun wurden aus der geplanten Erhöhung um zwei Prozentpunkte einfach drei Punkte – und damit die größte Steuererhöhung der Nachkriegsgeschichte. Ein Drittel der Summe wurde aller-dings für die Senkung der Lohnnebenkosten eingesetzt.

Für die Kanzlerin zählte vor allem, dass damit auch die Möglichkeit eröffnet wurde, den Haushalt zu konsolidieren und die Lohnnebenkosten unter 40 Prozent zu bringen. Ihr Ziel war es, in absehbarer Zeit keine neuen Schulden aufzu-nehmen. Finanzminister Peer Steinbrück dachte ab dem Jahr 2007 bis zum Ausbruch der Krise, dass dies 2011 dann auch der Fall sein könnte.

Der impulsive Hanseat ist in seiner Partei nicht gerade beliebt. Immer wieder fühlen sich viele Genossen von ihm brüskiert. Legendär, wie er im August 2007 seine Partei-freunde als »Heulsusen« beschimpft hatte. »Den Leuten kom-men wir im Moment wie eine Heulsuse vor: Wir ziehen einen Flunsch wegen der Popularität der Kanzlerin. Wir gucken verkniffen auf das Phänomen der Linkspartei. Wir klagen darüber, dass die Globalisierung uns erwischt, obwohl Deutschland davon profitiert. Wir heulen, weil wir Reform-politik machen müssen. Wir heulen ein bisschen über Hartz IV und über die Agenda 2010«, sagte er damals.

Viele haben den Eindruck, dass sich der 1947 geborene Diplom-Volkswirt eher mit Merkel als mit der SPD versteht. In der Finanzkrise wird diese gute Beziehung der beiden ganz besonders wichtig. Sie ist damit ein ähnliches Schwungrad für die Große Koalition, wie es das Verhältnis zwischen Mün-tefering und Merkel zumindest im ersten Jahr war.

Der erste Knacks kam dann im Herbst 2006, als der nord-rhein-westfälische Ministerpräsident Jürgen Rüttgers die Bezugsdauer des Arbeitslosengeldes I verlängern wollte. In der SPD wurde das als eindeutiger Versuch des CDU-Politi-kers gewertet, die Sozialdemokraten links zu überholen.

Rüttgers hatte 2005 die jahrzehntelange sozialdemokratische Herrschaft in Nordrhein-Westfalen beendet und tat nun alles, um die Basis für seine Wiederwahl 2010 zu legen. Müntefering erwartete von Merkel, dass sie ihren Parteifreund zur Ordnung ruft. Für die CDU-Chefin war es schwer, das Ansinnen zu boykottieren, weil es Teil der Leipziger Parteitagsbeschlüsse war. Die CDU hatte diesen Teil der Hartz-Reformen schon immer anders gesehen. Als ein Jahr später auch SPD-Chef Kurt Beck mit der Forderung antrat, wehrte sich die Kanzlerin nicht. Stattdessen zog sie mit einem Blatt Papier in einer Klarsichthülle durch die Gegend. Darauf waren detaillierte Berechnungen für eine Variante zu lesen, bei der die Verlängerung des Arbeitslosengeldes für Ältere kostenneutral gemacht werden könnte.

Müntefering sah das ganz anders – nämlich als strategischen Dammbruch. Dass Ältere länger Geld bekommen sollten, weil sie auch länger einzahlten, sei zwar in der Bevölkerung überaus populär. Tatsächlich aber schade es den Jobchancen der Älteren ganz ungemein, wie früher leicht zu beobachten gewesen sei, als es diese Regel noch gab. Weil die Arbeitgeber ganz genau wussten, dass die Älteren länger Arbeitslosengeld bekamen, drängten sie sie in Scharen aus den Betrieben und mit Sonderzahlungen versüßt dann in die Frührente. Seit die Große Koalition damit Schluss gemacht hatte, stiegen auch die Beschäftigungsquoten Älterer wieder an.

Doch der SPD-Politiker konnte sich damit selbst in seiner eigenen Partei nicht durchsetzen, zumal die Koalition bereits andere Varianten der Frühverrentung gestrichen hatte. Bei ihm war es sein Nachfolger Kurt Beck, der das Thema ein Jahr später wieder auf die Agenda setzte – und Müntefering damit eine entscheidende Niederlage versetzte. Nur wenig später schied der Vizekanzler im Herbst 2007 aus der Regierung aus, um seine todkranke Frau Ankepetra zu pflegen. Doch auch die Verbitterung über den Coup von Beck und die fehlende Unterstützung durch die Bundeskanzlerin dürften zumindest eine Nebenrolle gespielt haben.

Eine andere Achse der Großen Koalition entstand zwischen den beiden Fraktionsführern, dem CDU-Mann Volker Kauder und seinem SPD-Pendant Peter Struck. Beiden haben ihre Eckbüros übereinander und können einander über die Treppe im Jakob-Kaiser-Haus schnell und unkompliziert besuchen – was sie oft auch tun. »Volker, soll ich hochkommen oder kommst du runter?«, sagt Struck dann zu Kauder. In den Koalitionsrunden sind die beiden mit dem CSU-Landesgruppenchef Peter Ramsauer die Einzigen, die sich zwischen SPD und CDU/CSU duzen. Alle drei sind zwar knorrige, aber vor allem auch kumpelige Typen. Sie haben dienstagmorgens ihre gemeinsamen Frühstücksrunden, wenn Sitzungswoche im Parlament ist. Dann bereiten sie die wichtigen Fraktionssitzungen vor. Kauder, Struck und Ramsauer haben die nicht immer leichte Aufgabe, die oft bockigen Fraktionen von den Entscheidungen der Großen Koalition zu überzeugen. Die Zusammenarbeit zwischen ihnen – und ein frühes Sensorium für Probleme in ihren Fraktionen – ist deshalb absolut unverzichtbar für die reibungslose Arbeit in der Großen Koalition.

Der joviale Badener Kauder lädt den impulsiven Niedersachsen Struck schon mal zu sich nach Hause zur alemannischen Fasnacht ein oder geht nach umgekehrter Einladung mit Struck Motorradfahren.

Zunehmende Probleme gibt es allerdings in beiden Fraktionen. Je näher die Wahlen 2009 rücken, desto mehr sorgen sich die Abgeordneten um ihre Wiederwahl. Die SPD liegt im Herbst 2008 deutlich unter ihrem Ergebnis von 2005, die Union allenfalls knapp darüber. Bleibt das so, könnte es für viele Abgeordnete mit der Wiederwahl eng werden. Auch gibt es bei vielen Abgeordneten grundsätzliche Bedenken gegen die Politik der Großen Koalition. Das äußert sich immer mal wieder mit eruptivem Ärger in den Fraktionssitzungen. Im dritten und vierten Jahr der Großen Koalition nehmen die Streitereien kontinuierlich zu. Das schwächt dann auch die eigentlich intakte Achse Kauder/Struck.

Und nie wirklich entwickelt hat sich die Achse zwischen Merkel und Münteferings Nachfolger als Vizekanzler, Frank-Walter Steinmeier. Obwohl auch der Außenminister in seinem Politikstil eher nüchtern und pragmatisch ist, sind Merkel und er über professionelle gegenseitige Achtung nicht hinausgekommen. Zwar sind beide von ihrer Persönlichkeit her sehr ähnlich strukturiert und können sich auf Absprachen untereinander verlassen. Doch haben sie in zentralen Politikfragen durchaus unterschiedliche Ansichten. Ganz offensichtlich wird das im Umgang mit Russland, wo sich Merkel deutlich kritischer und distanzierter als Steinmeier äußert. Für den Außenminister setzt sie damit das gewachsene Vertrauensverhältnis unnötig aufs Spiel.

Ein anderer Kristallisationspunkt des schwierigen Verhältnisses zwischen dem 1956 geborenen Juristen Steinmeier und der zwei Jahre älteren Physikerin Merkel war die Kontroverse um den Dalai Lama, das geistige Oberhaupt der Tibeter. Die Kanzlerin empfing ihn im September 2007 als erste Regierungschefin im Kanzleramt und nahm eine monatelange Eiszeit mit China in Kauf. Die kommunistische Regierung in Peking tut alles, um das Autonomiestreben der Tibeter immer wieder brutal zu unterdrücken. Steinmeier fand Merkels Geste falsch. Dissens zwischen beiden gab es auch über Merkels Weigerung, den demokratischen US-Präsidentschaftsbewerber Barack Obama im Sommer 2008 in Berlin am Brandenburger Tor reden zu lassen.

Unterschwellig dürfte sicher auch die Tatsache eine Rolle spielen, dass Steinmeier sieben Jahre lang als Kanzleramtsminister von Gerhard Schröder das zweitgrößte Eckbüro im Kanzleramt belegt hatte. Dass er seit Oktober 2008 nun auch darauf aus ist, nach der nächsten Wahl ins Kanzlerbüro einzuziehen, macht das Verhältnis der beiden nicht einfacher.

Die meisten Probleme gibt es jedoch unterhalb der Führungsebene der Großen Koalition. Viele SPD-Abgeordnete haben Merkel noch immer nicht verziehen, dass sie und nicht Gerhard Schröder im Kanzleramt sitzt. Und während die Minister und die Fraktionsspitzen regelmäßigen Kontakt haben, sehen die normalen SPD-Abgeordneten die Kanzlerin nicht oft – und wenn, dann als Rednerin im Parlament und in den Medien.

Zwar war Merkel in zwei Fraktionssitzungen der Sozialdemokraten. Immer wieder lädt sie Ausschussvorsitzende ins Kanzleramt ein oder trifft sich mit einzelnen Parlamentarier-Gruppen. Doch wirklich bekannt gemacht hat sie sich nicht mit den 222 Abgeordneten der Fraktion, die noch dazu in mehrere Flügel gespalten ist. Merkel hat auch den Eindruck, dass es von der SPD nie wirklich gewollt wurde.

So gibt es einen beträchtlichen Teil der SPD-Fraktion, der sofort bereit ist, Merkel bei der Tietmeyer-Personalie einen bewussten Affront zuzutrauen.

Der Tietmeyer-Fauxpas dominierte die Berichterstattung über die Regierungserklärung, obwohl der frühere Bundesbankpräsident gleich danach erklärte, er stünde nicht mehr zur Verfügung. Damit war die Angelegenheit schon vor Merkels Abflug nach Brüssel erledigt. Im Kanzleramt waren vor allem Merkels Büroleiterin Beate Baumann und ihr Wirtschaftsberater Jens Weidmann mit der Personalie befasst.

Baumann macht sich schwere Vorwürfe, dass sie die Kanzlerin nicht vor dieser Falle hat bewahren können. Bereits 17 Jahre arbeitet die ursprünglich als Philologin ausgebildete Baumann für Merkel. Als »Merkels Misstrauen« wird sie in der *Süddeutschen Zeitung* beschrieben. Der *Stern* nennt sie »Merkels Schatten« – nicht ohne genüsslich all die anderen Beinamen zu zitieren, die Baumann angehängt werden: »Rasputina«, »Königskobra«, »Zerbera«.

Wenn sie gut gelaunt ist, amüsiert sich die gebürtige Osnabrückerin über derartige Zuschreibungen. Denn hinter den

Schmähungen verborgen ist eine Art Kompliment – die Anerkennung, dass Baumann ihre Arbeit perfekt erledigt. Und die ist nun mal, alles vorzusortieren, was die Bundeskanzlerin vorgelegt bekommt. Und alles auszusortieren, was Merkel stören, belasten oder beschädigen könnte.

Baumann war 28, als sie die neun Jahre ältere Merkel kennenlernte. Das war am 15. Februar 1992. Die damalige Frauen- und Jugendministerin hatte sich das Bein gebrochen und war wochenlang außer Gefecht gesetzt. Helmut Kohl hatte seine Ostberliner Neuentdeckung Merkel kurz zuvor zur einzigen stellvertretenden Parteivorsitzenden berufen, nachdem Lothar de Maizière zurückgetreten war. Für diese eigentlich überdimensionierte Aufgabe durfte Merkel einen Mitarbeiter in der Parteizentrale neu einstellen, bevor dann beim nächsten Parteitag wieder vier Stellvertreter gewählt werden sollten.

Christian Wulff, ein aufstrebendes Talent in der niedersächsischen CDU, hatte ihr Baumann empfohlen. Der Nachwuchspolitiker hatte die junge Anglistin 1985 bei der Jungen Union kennengelernt und Kontakt mir ihr gehalten. Nun machte er einen Termin bei Merkel für sie.

Die beiden Frauen verstanden sich auf Anhieb. Beide sind vom Typus her überaus nüchtern. Nicht emotionslos, aber im Einsatz von Gefühlen kühl kalkulierend. Beide sind glänzende Analytikerinnen, ausgestattet mit einem scharfen Verstand und überdurchschnittlicher Intelligenz. Das lässt beide sehr schnell lernen, eine nicht zu unterschätzende Fähigkeit in der Politik. Anders als Merkel ist Baumann an einer Rolle in der Öffentlichkeit nicht interessiert – und so geradezu prädestiniert für die Aufgabe, die Merkel ihr noch während des ersten Treffens vorgeschlagen hat.

So wird die 28-jährige Beate Baumann Mitarbeiterin der damals 37-jährigen Ministerin und stellvertretenden Parteivorsitzenden Angela Merkel – und hat sie bis heute in alle Funktionen begleitet. Noch immer siezen sich die beiden, auch wenn die eine die Gedanken der anderen mittlerweile mitdenkt. Freunde wie auch Feinde Merkels dürften damit recht haben, wenn sie die Büroleiterin der Bundeskanzlerin die zweitmächtigste Frau Deutschlands nennen, auch wenn Baumann das sofort aufs Energischste dementieren würde. Aus ihrer Sicht sogar berechtigt. Denn Baumann ist zwar ein durch und durch politisch denkender Mensch, weiß aber sehr genau um ihre zuarbeitende Funktion.

Merkel achtet sehr auf eine möglichst offene Atmosphäre in ihrem engsten Zirkel – um den Preis absoluter Loyalität. »Transparenz gegen Loyalität«, sagt ein enger Mitarbeiter Merkels, »das ist das Gebot im Kanzleramt.« Tatsächlich ist die Regierungszentrale im Gegensatz zu den Fraktionen und den Ministerien sicher der Ort, aus dem am wenigsten Indiskretionen nach außen dringen. Merkel hat dies in der Öffentlichkeit auch schon den Vorwurf eingetragen, sie habe nur »Leisetreter« ohne »erhöhten Testosteronwert« *(Spiegel)* in ihrer engsten Umgebung.

Die meisten der Betroffenen lächeln nur müde, wenn sie auf dieses Klischee angesprochen werden: »Was daran stimmt, ist, dass es keine Selbstdarsteller im Kanzleramt gibt wie zu Zeiten Gerhard Schröders, als alle sich ständig belauerten, wer in der Gunst des Meisters am weitesten oben steht«, meint einer. Ein anderer bestätigt, dass Merkel »mit Selbstdarstellern nicht arbeiten würde«. »Die Kanzlerin hat sehr wohl eine breite Auswahl an Meinungen, und das Wichtigste ist, dass wir sie offen sagen. Das können wir aber nur, weil die Chefin auch absolut sicher sein kann, dass nichts davon nach draußen dringt«, beschreibt einer den Arbeitsstil im Kanzleramt.

Auch wenn sich die Kanzlerin riesig über den Tietmeyer-Fehler geärgert hat, weiß sie, dass er vor allem der unglaublichen Hektik dieser Tage geschuldet ist.

Nach ihrer Rückkehr aus Brüssel am folgenden Tag, einem Donnerstag, ist ein Treffen mit den Ministerpräsidenten terminiert. Die Bayern waren am Montag die Ersten gewesen, die sich lautstark gegen die auf sie zukommenden Belastungen aus dem 480-Milliarden-Euro-Schirm gewehrt hatten. Nun war noch eine Reihe anderer Bundesländer hinzugekommen. Alle hatten inzwischen den Gesetzestext gelesen und wussten, dass beträchtliche finanzielle Lasten auf sie zukommen würden.

Auf der anderen Seite hatten aber viele auch noch Beteiligungen an den neun deutschen Landesbanken, von denen sich etliche wenig später als die Ersten unter den Schirm der Bundesregierung retten sollten. Gerade die bayerische Lautstärke verblüffte deshalb viele Insider, die um die milliardenschweren Risiken der Bayerischen Landesbank wussten – oder sie zumindest ahnten. Für die eher politisch versierten Beobachter jedoch war der Widerspruch aus Bayern nicht verwunderlich: Die noch amtierenden CSU-Regenten, Ministerpräsident Günther Beckstein und Parteichef Erwin Huber, wollten von ihrem Wahldebakel ablenken. Der neue starke Mann der CSU, Horst Seehofer, überlegte noch, ob er sich mit dem Thema profilieren sollte.

Weitestgehend unterstützt wird Merkels Kurs von Baden-Württemberg und Hessen. Sowohl Günther Oettinger als auch Roland Koch haben Merkel frühzeitig Zustimmung für den Milliardenschirm signalisiert – beide aus ähnlichen Gründen, nämlich sachlichen. Koch ist bestens in der Frankfurter Bankenszene verdrahtet und weiß genau, wie brisant die Lage am vorigen Wochenende gewesen ist. In mehreren Telefonaten mit Merkel diskutiert er die Ausnahmesituation bei den Banken. Selten habe er die Bankchefs so ratlos gesehen, eigentlich noch nie, erzählt er später. Ähnlich ergeht es Günther Oettinger, der in Stuttgart mit der Landesbank Baden-Württemberg (LBBW) eines der größten Institute dieser Art hat. Wie nur wenige andere CDU-Ministerpräsidenten ist Oettinger an Wirtschaftsfragen interessiert.

Andere Ministerpräsidenten wie der Berliner Regierungschef Wowereit haben eher Probleme mit der Art und Weise, wie das Gesetzespaket in Windeseile durch Parlament und Bundesrat gepeitscht wurde. Angesichts derartiger Dissonanzen schaffen es die 15 Länderchefs in ihren Vorberatungen nicht, rechtzeitig fertig zu werden. Eigentlich sollen sie um 15 Uhr mit Merkel zusammentreffen. Dann verschieben sie den Termin auf 15 Uhr 30, später noch einmal auf 16 Uhr. Es geht bei den Verhandlungen um knallharte Interessenpolitik. Es steht einfach sehr viel Geld auf dem Spiel.

Anfangs beharken sich vor allem die Unions-Ministerpräsidenten, die noch mehr Landesbanken haben als die sozialdemokratischen Länderchefs. Dann aber geht Kurt Beck, der Regierungschef von Rheinland-Pfalz, auf den Schwaben Günther Oettinger los. Jeder will mehr Geld für seine eigene Landesbank herausholen. Nach zwei Stunden einigen sich Merkel und die Ministerpräsidenten, die Lastenverteilung zwischen Bund und Ländern bei 65 zu 35 zu belassen. Die Länder tragen auch die Verantwortung für ihre Landesbanken selber, allerdings nur bis zu einem Volumen von 7,7 Milliarden Euro.

Sofort danach geht es erneut in die Fraktionen, die am Folgetag dann in zweiter und dritter Lesung dem Gesetzespaket zustimmen müssen. Merkel geht zur Union, Steinbrück zur SPD, Kanzleramtsminister Thomas de Maizière zur FDP, Staatsminister Hermann Gröhe findet sich bei den Grünen ein. Jörg Asmussen aus dem Finanzministerium steht der Fraktion der Linkspartei für Fragen zur Verfügung.

Mittlerweile ist es sehr spät am Abend. Eigentlich hätte die letzte Sitzung des Tages, die des Haushaltsausschusses, schon um 19 Uhr starten sollen. Es wird über vier Stunden später werden. So bleibt den Mitgliedern dieses überaus wichtigen Gremiums nur das Warten. Der Haushaltsausschuss hat das letzte Wort über alle Finanzfragen, die vom Bundestag behandelt werden. Seine Mitglieder gehören zu den angesehensten und wichtigsten Abgeordneten im Parlament. Sie tagen unter anderem in der »Papierkneipe«, der Registratur des Haushaltsausschusses. Dort wird inzwischen ein Kasten Bier angeliefert. Als der Haushaltsausschuss seinerseits das Finanzmarktstabilisierungsgesetz abnickt, ist schon der nächste Tag angebrochen. Es ist 1 Uhr 30 am Freitagmorgen.

Angela Merkel und Peer Steinbrück sind am nächsten Morgen bei der entscheidenden Abstimmung so müde, dass fast alle Zeitungen Fotos abdrucken, wie sich beide die Augen reiben. Nur kurzzeitig kann Linksfraktionschef Gregor Gysi für ein wenig Aufregung sorgen, weil er in seiner Rede das Gesetz nicht nur ablehnt, sondern die Regierung auch heftig dafür beschimpft. Auch die Grünen stimmen nicht zu. Doch den 99 Neinsagern steht eine Mehrheit von 476 Ja-Stimmen der Koalition und der FDP entgegen. Um 9 Uhr 41 stimmt der Bundestag dem Gesetz zu. Bundestagspräsident Norbert Lammert schließt die Abstimmung mit einem interessanten Versprecher:»Ich schließe die Abstimmung und bitte die Schriftführerinnen und Schriftführer, mit der Auszahlung zu beginnen.« Er meint natürlich die Auszählung der Stimmen.

Auch im Bundesrat geht alles fix, bereits um 12 Uhr 43 gibt die Länderkammer einstimmig grünes Licht. Nun hat der Bundespräsident das letzte Wort. Horst Köhler unterschreibt um 14 Uhr 40. Danach geht das Finanzmarktstabilisierungsgesetz in Druck. Ist auch das erledigt, kann es in Kraft treten.

Ständig fallen in dieser Woche historische Vergleiche. Unionsfraktionschef Volker Kauder spricht am Dienstag in der Sitzung der Unionsabgeordneten von »Zeiten, in denen nichts mehr so ist, wie es war«. Wie es 1990 um die deutsche Einheit gegangen sei, gehe es jetzt darum, »unser Wirtschaftssystem und unser Gesellschaftssystem zu retten«.

Im Nachhinein klingen viele dieser Sätze zu pathetisch. Als sie gesprochen werden, sind sie authentisch. Die tägliche Zuspitzung der Krise ist so dramatisch, dass wirklich alles vorstellbar ist. Anders als bei Naturkatastrophen ist diese

Krise eine nicht sichtbare, was sie für die nicht unmittelbar Betroffenen so schwer fassbar macht. Der SPD-Abgeordnete Dieter Wiefelspütz beschreibt dies als einer der Ersten: »Dies ist ein ungleich tieferer Einschnitt für uns alle als die Terroranschläge vom 11. September«, sagt er. »Aus New York sahen wir die Bilder, die wir nie vergessen werden. Aber diesmal gibt es keine Bilder. Man kann nichts sehen.«

Erst Monate später wird die tiefe Wirtschaftskrise die Menschen treffen, werden die Arbeitslosenzahlen hochschnellen, wird das Ausmaß des globalen Schadens sichtbar.

Der damalige Wirtschaftsminister Michael Glos ändert am Donnerstag zum ersten Mal die Wachstumsprognose der Bundesregierung für 2009. Schon zuvor hatten die sogenannten Fünf Weisen in ihrem am Dienstag vorgelegten Jahresgutachten darauf hingewiesen, dass aus der Finanzkrise bald eine Wirtschaftskrise werden würde. Die Wachstumsprognose der Bundesregierung ist die Richtgröße, welche die Bundesagentur für Arbeit und die Sozial- und Rentenversicherungen für ihre Schätzungen verwenden. Glos erwartet, dass die Wirtschaft im kommenden Jahr kaum mehr wächst. Um jedoch halbwegs im positiven Bereich zu bleiben, legen seine Experten sich auf ein Wachstum von 0,2 Prozent fest.

Für Angela Merkel ist der Freitag der erste Abend, an dem sie wieder etwas Luft hat. Ihre Nachrichtenzentrale schickt Ticker-Meldungen, dass nach Deutsche-Bank-Chef Josef Ackermann nun auch der neue Vorstandsvorsitzende der Commerzbank, Martin Blessing, Fehler einräumt. »Die gesamte Bankbranche trägt große Verantwortung an der Krise – auch ich als Chef der zweitgrößten Bank in Deutschland«, sagt er der *Bild*-Zeitung. Es sei schlimm, dass sich die Menschen im Land Sorgen um ihr Geld machen. »Da haben wir uns als Branche wahrlich nicht mit Ruhm bekleckert. In Zukunft werden wir das besser machen müssen.« Der 45-Jährige kündigt an, dass seine Bank das Rettungspaket »in Ruhe« ansehen wird: »Ich glaube, es ist die Pflicht eines jeden Bankers, eine Teilnahme an dem Paket zu prüfen«, sagt Blessing.

Das ist ein klarer Seitenhieb gegen seinen Kollegen Josef Ackermann, der zu diesem Zeitpunkt für die Deutsche Bank bereits ausgeschlossen hat, Geld vom Staat zu nehmen. Von vielen als Primus inter Pares der Frankfurter Bankenszene gesehen, hatte Ackermann sich sehr dafür eingesetzt, dass in der EU auch die Bilanzierungsregeln der Banken geändert wurden. Die Bundesregierung setzte das gegen die anfänglichen Widerstände der Briten durch. Das ermöglicht der Deutschen Bank, Anleihen, Aktien und anderes Anlagevermögen im Milliardenbereich neu zu bewerten. Ackermann kann dadurch wenige Tage später zumindest für das dritte Quartal einen Verlust ausschließen.

So gibt er der *Bild am Sonntag* ein Interview, in dem er mitteilt, die Deutsche Bank werde kein Geld vom Staat nehmen. Schon diese Ankündigung sorgt für heftiges Kopfschütteln im Kanzleramt, zumal Ackermann dann auch noch mit großer symbolischer Geste auf seinen Bonus für das Jahr 2008 verzichtet. Nur wenige Deutsche können sich zu diesem Zeitpunkt vorstellen, dass auch nur ein Banker für das Jahr 2008 überhaupt einen Bonus erhalten wird. 2007 hatte Ackermann neben rund 1,2 Millionen Euro Grundgehalt einen Bonus in Höhe von weiteren zwölf Millionen Euro verdient.

Doch es sollte noch viel heftiger kommen: Im gleichen Interview greift der Deutsche-Bank-Chef heftig die Regeln des Rettungspaketes an, vor allem die Gehaltsbeschränkung auf 500 000 Euro am Jahr. Auf die Frage der Redakteure, ob die harten Bedingungen der Regierung im Hilfspaket zu weit gingen, antwortet Ackermann: »Je strikter die Auflagen sind, desto geringer ist die Bereitschaft, von der Hilfe Gebrauch zu machen. Oder die besten Kräfte, die gerade in schwierigen Zeiten gebraucht werden, suchen sich woanders einen Job.« Auf die Nachfrage, ob die Besten für 500 000 Euro arbeiten würden, sagt der Deutsche-Bank-Chef: »Die Besten bekommen Sie dafür nicht.«

Merkel erreicht die Meldung auf dem Landesparteitag der CDU in Karlsruhe in Baden-Württemberg, wo sie am Samstagmorgen spricht. Öffentlich kommentiert sie die Ackermann-Aussagen nicht, doch die Kanzlerin ist entsetzt. Eigentlich schätzt sie den Schweizer sehr, sie hat sogar seinen 60. Geburtstag zum Anlass für ein privates Abendessen mit 25 Vertretern aus Wirtschaft und Gesellschaft genommen. Auch die Zusammenarbeit mit ihm während der Krise war konstruktiv, das Eigeninteresse der Branche immer eingerechnet.

Dass er nun das von ihm mit ausgehandelte Rettungspaket madig macht, kann Merkel weder verstehen noch tolerieren. Wirklich ärgerlich wird sie aber, als sie eine weitere Ackermann-Meldung, diesmal im *Spiegel*, sieht: In einer internen Ansprache an seine Führungskräfte weltweit habe Ackermann sogar davon gesprochen, es sei eine »Schande« für die Deutsche Bank, wenn sie Geld vom Staat nehmen müsste.

Das nun ist ein so gravierender Affront, dass er das ganze Paket in Verruf bringen kann. »Wir haben uns bei dem Paket immer bemüht, jeglichen Anklang an Moral und Ehre zu vermeiden«, heißt es im Kanzleramt. »Es gibt kaum etwas Schlimmeres in der Politik, als über den Begriff der ›Ehre‹ zu gehen. Das wird dann so schnell so persönlich, dass es fast immer schiefgeht. Für uns war unglaublich, dass Ackermann nun seinerseits das Paket auf die Frage der Ehre zieht.«

Die Leute im Kanzleramt halten das für ein Reden mit gespaltener Zunge. Selbst wenn er keine staatlichen Hilfen in Anspruch nimmt, nutzt er doch die neuen Bilanzierungsregeln. Aber Merkel und ihre engsten Mitarbeiter wissen auch, dass manche Zitate in den Medien aus dem Zusammenhang gerissen oder falsch interpretiert werden. »Entweder ist er absolut rücksichtslos und hat nur die Interessen der Deutschen Bank im Blick«, ist die eine Interpretationsmöglichkeit. »Oder er ist völlig naiv und weiß nicht, welche Wirkung seine Worte haben«, ist die andere Lesart. Und dann gibt es natürlich noch die Variante, dass es sich um eine Mischung aus beidem handelt.

Solange dies nicht klar ist, verzichtet Merkel darauf, Ackermann ihre Verärgerung persönlich mitzuteilen. Dann taucht die Rede im Original auf. Und tatsächlich, da steht es. »We can proudly say we don't need that … it would be a shame if we had to concede that we need money from the taxpayers«, sagte Ackermann über die Staatsgarantien. Die Bank könne stolz sagen, sie brauche keine Staatshilfen. Und es wäre eine »Schande, wenn wir zugeben müssten, dass wir Geld von den Steuerzahlern brauchen«.

So entschließt sich die Kanzlerin, am folgenden Montag auf einer neuerlichen Sondersitzung des Kabinetts zu reagieren. Sie wurde einberufen, um die notwendigen Verordnungen zu verabschieden, ohne die Gesetze administrativ nicht durchgeführt werden können. »Merkel war am Montag im Kabinett so kühl, was die Frage von Ackermann angeht, dass er vor Eiseskälte umgefallen wäre, wenn er neben ihr gestanden hätte«, sagt ein Teilnehmer der Sitzung. Und sie sorgt dafür, dass dies auch öffentlich bekannt wird.

Wenn die Kanzlerin wirklich verärgert ist, wird sie sehr ruhig und still. Und kühl: »Da fällt die Temperatur im Zimmer dann in Bruchteilen von Sekunden um 20 Grad«, erzählt einer, der das mehrfach miterlebt hat.

Der stellvertretende Regierungssprecher Thomas Steg gibt den Unmut der Kanzlerin wenig später in der Bundespressekonferenz so eindeutig zu Protokoll, dass bereits 20 Minuten danach sein Handy klingelt.

Ein Pressesprecher der Deutschen Bank ist dran. Er setzt gerade zu einer Beschwerde an, als Steg ihm ebenfalls sehr kühl seine Verwunderung über die diversen Ackermann-Zitate mitteilt. Wie denn der normale Bürger das verstehen solle, dass die Bank für 500 000 Euro nicht die »besten« Mitarbeiter bekäme? Und ob es nicht gerade diese Besten gewesen seien, welche die Krise ausgelöst hätten?

Josef Ackermann ist noch Monate später verwundert über die Debatte, die er ausgelöst hat. Wie kann das sein, dass diejenigen gelobt werden, die Geld vom Staat nehmen, und diejenigen beschimpft, die das nicht tun, fragt er sich.

»Natürlich sind wir der Regierung dankbar dafür, dass sie anderen Banken hilft. Davon profitieren auch wir. Aber es läuft doch auch niemand langsamer, nur damit alle gleichzeitig über die Ziellinie kommen.«

Für Merkel geht es darum nicht. Sie sorgt sich, dass die Ackermann-Äußerungen die Banken stigmatisieren, die das Paket nutzen. Und genau das wird in der Folgewoche passieren.

Kapitel 6

Vom Bankenpaket zum Bildungsgipfel –

Schadensbegrenzung und neuer Ärger in Dresden

Welchen Schaden der Deutsche-Bank-Chef Josef Ackermann angerichtet hat, wird schnell sichtbar. Kein Bankchef wagt sich aus der Deckung, in den Medien wird Ackermann fast unisono angegriffen. »Es entsteht der problematische Eindruck, dass Ackermann intern anders spricht, als er es nach außen hin für opportun hält«, kommentiert Martin Hesse in der *Süddeutschen Zeitung* unter dem Titel »Wer sich schämen muss«. Werde eine Inanspruchnahme des Notplans für eine Bank zum Stigma, bestehe die Gefahr, dass er sein Ziel verfehle.

Genau danach sieht es aus. Nur die BayernLB hatte schon am Sonntag, dem 21. Oktober, angekündigt, sich retten zu lassen. Doch eine Aktion der Landesbanken scheitert, das Paket gemeinsam in Anspruch zu nehmen und so den Ansehensverlust zu minimieren.

In Frankfurt ist am folgenden Mittwochabend der damalige Chef der Landesbank Baden-Württemberg (LBBW), Siegfried Jaschinski, zu Gast beim Club der Wirtschaftsjournalisten. Er spricht sich als erster deutscher Bankchef für Zwangsmaßnahmen der Regierung aus, um alle Banken unter den Rettungsschirm zu bekommen. Ansonsten würden diejenigen stigmatisiert, welche die Staatshilfe annehmen würden: »Dann rufen alle an und denken, es geht der Bank schlecht. Geld fließt ab.«

Jaschinski, der auch Präsident des Bundesverbands Öffentlicher Banken ist, hat bereits schlechte Erfahrungen gemacht. Seine Bank hatte bereits in der Vorwoche öffentlich angekündigt, eine Inanspruchnahme des Schirms zu prüfen. Das nutzen die Konkurrenten sofort aus. »Die LBBW möchte offensichtlich als Erste in den Fonds kommen«, sagte der nordrhein-westfälische Finanzminister Helmut Linssen vor dem Landtag in Düsseldorf. Daraufhin hätten Anleger Geld bei der LBBW abgezogen, erklärt Jaschinski: »In dem Umfeld hatte ich gar keine andere Möglichkeit, als zu sagen: ›Nein, das haben wir nicht nötig.‹«

Der Durchbruch für den Schirm kommt erst, als mit der Commerzbank die erste Privatbank zwei Wochen später die staatliche Hilfe beantragt. Denn anders als erwartet wird Commerzbank-Chef Martin Blessing für diesen Schritt von der Börse nicht abgestraft, sondern bejubelt. Um 12,5 Prozent in der Spitze steigt der Aktienkurs der zweitgrößten deutschen Privatbank nach der Ankündigung.

Wieder ist es ein Sonntag, an dem die entscheidenden Verhandlungen bis spät in die Nacht in Frankfurt stattfinden. Der 45-jährige Blessing führt die Bank seit Mai. Er ist damit der erste Privatbankier, dessen Gehalt im Jahr 2008 auf 500 000 Euro begrenzt wird. »Ich bekomme im November und Dezember kein Gehalt, sondern eine Lastschrift«, sagt er denn auch lächelnd. Der Bankchef muss also Geld zurückzahlen, da seine Bezüge in den ersten zehn Monaten des Jahres die staatlich festgesetzte Summe schon überschritten haben. 760 000 Euro Grundgehalt stehen in seinem Vertrag. Blessings Vorgänger Klaus-Peter Müller hatte im Vorjahr inklusive Bonus 3,2 Millionen Euro erhalten. Auch zahlt die Bank ihren Managern ab jetzt keinen Bonus mehr.

Die Dividende für die Aktionäre fällt für die Jahre 2008 und 2009 aus.

Zwar findet mancher Banker in Frankfurt die Bemerkungen des Deutsche-Bank-Chefs »seltsam, weil es der Politik die Arbeit viel schwerer macht«. Martin Blessing glaubt allerdings nicht, dass dadurch die Inanspruchnahme des Bankenschirms verzögert wurde. »Einen derartigen Schritt können Sie nur am Wochenende machen«, sagt er. »Wenn die Börse schließt, geht es los, und wenn die Börse wieder aufmacht, müssen Sie fertig sein.« Denn die Börsengesetze sind hierzulande außerordentlich strikt. Alles, was kursrelevant sein könnte, muss in sogenannten Ad-hoc-Mitteilungen sofort den Aufsichtsbehörden und der Öffentlichkeit gemeldet werden. Am Wochenende jedoch bleibt der Commerzbank immerhin der Zeitraum von Freitagabend bis Montagfrüh, um die Details festzuzurren.

Die Commerzbank bekommt vom Bund 8,2 Milliarden Euro als stille Einlage. »Damit haben wir eine im internationalen Vergleich angemessene Kapitalquote, um die heimischen Unternehmen weiterhin mit Krediten versorgen zu können«, sagt Commerzbank-Chef Martin Blessing. Schon im Januar jedoch braucht die Commerzbank wieder Geld, um die Übernahme der Dresdner Bank abzusichern. Für die zusätzlichen zehn Milliarden Euro beteiligt sich der Staat nun doch an dem Bankhaus und benennt zwei Vertreter im Aufsichtsrat.

Die Kanzlerin kann in der letzten Oktoberwoche erstmals den Zeitanteil etwas zurückfahren, den die Finanzkrise in ihrem Kalender beansprucht. Am Mittwoch fliegt sie nach Dresden zu einem Bildungsgipfel mit den Ministerpräsidenten. Für die Kanzlerin ist das Thema sehr wichtig, obwohl der Bund hier kaum mehr etwas zu sagen hat. Bildung ist Ländersache. Merkel findet jedoch, dass es vor allem eine Zukunftsfrage ist. Um den Jahreswechsel 2007/2008 herum entscheidet sich Merkel, die Rede zum 60. Geburtstag der sozialen Marktwirtschaft dafür zu nutzen. »Wohlstand für alle« war das Versprechen Ludwig Erhards, der die soziale Marktwirtschaft in Deutschland durchgesetzt hat. Was müsste ein heutiger Kanzler tun, um das Wohlstandsversprechen halten zu können? Für Merkel ist die Antwort eindeutig: »Wohlstand für alle heißt Bildung für alle«, sagt sie in ihrer Rede. Deutschland müsse zu einer »Bildungsrepublik« werden.

Im Sommer 2008 bricht die Kanzlerin dann zu einer Bildungsreise durch Deutschland auf. Die Idee dazu stammt noch aus den Anfängen von Merkels Kanzlerschaft: Damals hat sie die sechs Abteilungen ihres Amtes gebeten, ihr wichtige Themen für Reisen im Land vorzuschlagen. Bildung stand bereits auf der Liste. »Wir sind noch nie so mit Einladungen überflutet worden wie bei der Bildungsreise«, sagt Merkels Büroleiterin.

In der Union interessierten sich nur wenige dafür. »Bildung galt über Jahre als weiches Thema, das kaum jemand vom Hocker riss«, meint Bildungsministerin Annette Schavan. Im Gegenteil, meist gibt es Ärger, weil immer irgendjemand protestiert und jede Familie im eigenen Bundesland betroffen ist. Zudem dauert es Jahre, bis Bildungsreformen wirken. Doch der Ärger damit muss jetzt ertragen werden.

Weiter verkompliziert wird das Thema durch das föderale System in Deutschland. Und so lassen die Ministerpräsidenten Merkel in Dresden auch auflaufen. Statt den geplanten anderthalb Stunden muss sich die Kanzlerin fast doppelt so lange mit den Länderchefs auseinandersetzen.

Schon Minuten nach dem Ende des Treffens wird Klaus Wowereit, der Regierende Bürgermeister von Berlin, vor der Presse die Ergebnisse herunterreden. »Wichtige Fragen sind leider noch nicht geklärt«, sagt er. Schmunzelnd steht er links neben einer sehr genervten Kanzlerin. Auf die Frage, ob das nun ein Erfolg der Kanzlerin war, sagt er nur lapidar: »Das müssen andere beurteilen.« Doch sein Grinsen ist eindeutig.

Merkel verzichtet auf eine Retourkutsche. Aus ihrer Sicht wäre der Ertrag allenfalls kurzfristig befriedigend. Mittelfristig aber scheint ihr der politische Preis zu hoch, weil eine solche Art des Vorgehens schwierige Verhältnisse immer weiter eskalieren lässt.

Für diesen Langmut wird die Kanzlerin immer wieder angegriffen. Sie müsse mit der Faust auf den Tisch hauen, »Basta« schreien oder Ähnliches, wird dann immer wieder gefordert.

Doch zum einen liegt diese Verhaltensweise Merkel nicht. »Ich habe sie noch nie schreien hören«, sagt einer, der sehr viel Zeit mit ihr verbringt. Und zum anderen hält sie ein derartiges Verhalten für wenig zielführend. »Wer Aufsehen erregen will, legt sich mit der Kanzlerin an«, analysieren ihre Mitarbeiter, »reagiert sie darauf, wertet sie denjenigen und sein Ansinnen noch weiter auf. Bleibt sie stumm, geht der Angriff vielleicht für ein paar Tage zu ihren Lasten, letztlich aber ins Leere.«

Viele der Ministerpräsidenten wüssten eigentlich, dass sie im Bildungsbereich ein ganz dickes Problem hätten, sagt Bundesbildungsministerin Annette Schavan. Zehn Jahre war sie für den Themenbereich in Baden-Württemberg zuständig und hat unzählige Schulen in dieser Zeit besucht. Doch weil der politische Ertrag erst in Jahren, manchmal sogar Jahrzehnten zu messen sei, würden sich viele scheuen, das Thema überhaupt anzufassen. »Das ist manchen von denen wie Spitzgras«, sagt sie.

Spitzgras heißt botanisch korrekt Gemeines Rispengras (Poa trivialis L.) und wird bei Bauern als schnell wachsendes Unkraut außerordentlich ungern gesehen. Wenn etwas jemandem »wie Spitzgras« ist, ist es also außerordentlich unangenehm. Volker Kauder hat den Begriff in das deutsche Polit-Vokabular eingeführt, die mit ihm befreundete Rheinländerin und spätere Baden-Württembergerin Schavan hat ihn übernommen. Und auch von der Uckermärkerin Merkel ist er in kleinen Runden manchmal zu hören, wie Kauder berichtet.

Zur Verärgerung der Länderfürsten hat beigetragen, dass Schavan ihnen am Wochenende vor dem Bildungsgipfel angekündigt hatte, der Bund werde darauf bestehen, dass schon bald zehn Prozent des Bruttoinlandsprodukts für Bildung und Forschung ausgegeben werden sollten.

So ist es ein Zustand der tiefen Verärgerung und »Grundmauligkeit«, so ein Teilnehmer später, in dem die Länderchefs nach Dresden fahren. Sie haben den Eindruck, die Kanzlerin wolle sich für ihre Bildungsinitiative feiern lassen, während die Länder bezahlen sollen. Ganz besonders verärgert sind die SPD-Länderchefs, die zudem befürchten, dass ihnen die Kanzlerin ein ursprünglich klassisches sozialdemokratisches Thema für die Bundestagswahl klauen will.

Aber auch die Unions-Ministerpräsidenten sind sauer. Mehrfach hatten sie Merkel direkt oder über Emissäre zu verstehen gegeben, dass eine Einigung nur auf dem üblichen Weg zustande kommen würde – der Bund fordert, also zahlt er auch.

Doch die Kanzlerin hat bewusst keine finanziellen Angebote mit nach Dresden gebracht. Sie ist überzeugt davon, dass die Bürger eine Nicht-Einigung der Politik insgesamt, also auch den Länderchefs anlasten würden. Vor allem aber ist sie sicher, dass das Bildungsthema auf dem besten Weg ist, von einem ehemals »weichen« zu einem harten Standortfaktor zu werden: Wer keinen Schulabschluss hat, hat schon heute ein fast vier Mal so hohes Risiko, arbeitslos zu werden, als ein Abiturient. In wenigen Jahren würden Kinder mit Migrationshintergrund die Mehrheit in den meisten innerstädtischen Schulen des Landes sein. Und spätestens ab 2015 wird die Demografie Deutschland so sehr verändern, dass Bildung in allen Lebenslagen und Gesellschaftsschichten die Schlüsselqualifikation für ein rohstoffarmes Hightech-Land wie das hiesige wird. Wenn die einzelnen Ministerpräsidenten das heute noch nicht einsehen wollten, würde der Lauf der Dinge sie dazu zwingen. Davon jedenfalls ist Merkel fest überzeugt.

Die Länderchefs können nicht fassen, dass Merkel dieses Mal wirklich hart bleiben will. Merkel und Schavan sehen schnell, dass sie keine konkreten Ergebnisse erreichen werden. Damit haben sie allerdings auch nicht gerechnet, als sie gemeinsam mit Kanzleramtsminister Thomas de Maizière im Hubschrauber nach Dresden geflogen sind. Was sie jedoch wie geplant durchsetzen können, ist ihr Zehn-Prozent-Ziel. Zwar erst im Jahr 2015, dann aber sollen zehn Prozent des Bruttosozialprodukts für Bildung und Forschung ausgegeben werden.

Merkel hat die langen Linien in der Politik studiert. Sie weiß, welche normative Kraft des Faktischen derartige Zielmarken entwickeln. Das hat sie bei den Klimaschutzzielen als Umweltministerin schon erlebt. Und sie ist davon überzeugt, dass ihre Gegner den in der Bevölkerung vorhandenen Paradigmenwechsel in der Bildungspolitik in den nächsten Jahren selbst nachvollziehen werden. »Mit so einer Zielmarke sind die Geisterfahrer bestimmt«, sagt Schavan. Künftig würden sich diejenigen rechtfertigen müssen, die das Geld für Bildung nicht bereitstellen. Bislang waren es diejenigen, die es forderten. Außerdem gibt es eine Vielzahl von Verabredungen, von der Berufsberatung in den Schulen bis zur Halbierung der Schulabsolventen ohne Abschluss.

In der veröffentlichten Meinung jedoch wird der Gipfel als Flop von Merkel zerrissen. Das hat vor allem mit der schlechten Stimmung, aber auch mit den nach Meinung der meisten Kommentatoren fehlenden Ergebnissen zu tun.

Zwar wird eine Strategiegruppe eingerichtet, die Ergebnisse werden mit Blick auf die Koalitionsverhandlungen aber erst für die Zeit nach der Bundestagswahl 2009 angekündigt. Im elfseitigen Abschlussdokument wird der Dissens offenkundig. Die Länder fordern, der Bund solle entweder ihnen mehr Geld geben oder selbst mehr für Bildung ausgeben. Daraufhin lässt Merkel folgenden Satz in das Papier einfügen: »Der Bund widerspricht dem zum jetzigen Zeitpunkt.«

Nachdem der Gipfel länger als geplant gedauert hat, muss sich Merkel beeilen, nach Berlin zurückzukommen. Unmittelbar nach der Landung geht es weiter zum Asien-Europa-Gipfel nach Peking. 40 Staats- und Regierungschefs aus der Europäischen Union und Asien werden erwartet, das alles überlagernde Thema wird die Finanzkrise sein.

Kapitel 7

Auf Reisen mit Merkel –

wie die Kanzlerin Außenpolitik macht und warum sie
daran besonders viel Freude hat

Zum dritten Mal fliegt die Kanzlerin in die chinesische
Hauptstadt. Eigentlich wird sie auf dieser kurzen, nur dreitä-
gigen Reise vor allem im Flugzeug sitzen. Doch derartige
Mammuttreffen wie dieses mit 40 Staats- und Regierungschefs haben für Merkel große Vorteile. Statt formelle Telefonate zu führen, kann sie in kurzen, oft auch spontan arran-
gierten Gesprächen die Stimmung ausloten. Gerade in der
derzeitigen Finanzkrise ist ihr das besonders wichtig. Auch
will die Kanzlerin herausfinden, was auf dem in knapp drei
Wochen geplanten Finanzmarktgipfel in Washington möglich sein wird. Wie weit sind die einzelnen Länder bereit zu
gehen? Wie viel Kooperation könnte möglich sein?

Bereits im Mai 2006, also ein halbes Jahr nach Amtsantritt,
ist Merkel zum ersten Mal nach Peking und Shanghai geflogen. Auch dieser Trip dauerte insgesamt nur 63 Stunden, von
denen die Kanzlerin einen Großteil im Flugzeug verbrachte.
Doch Merkel wollte ein Gespür für die chinesische Führung
bekommen und sie deshalb bei sich zu Hause besuchen. Der
chinesische Ministerpräsident Wen Jiabao wusste das zu
schätzen und lud Merkel zu einem Spaziergang in der Park-

anlage von Changpuhe und zum Frühstück im dortigen Tee-pavillon ein. Dass er dabei ohne Krawatte auftauchte, wurde in der von strengsten Regeln geprägten Welt der Diplomatie von den Merkel-Mitarbeitern als außerordentlich bewertet. Selten zuvor habe er einen Staatsgast so freundlich und fast schon privat behandelt.

Auch Merkel wird Wen knapp drei Jahre später bei einem seiner Gegenbesuche zum Frühstück in das Speisezimmer des Kanzleramts einladen, bevor sie ihn später mit militärischen Ehren im Ehrenhof des Bundeskanzleramts offiziell begrüßt.

Zwei bis drei große Auslandsreisen unternimmt die Kanzlerin in der Regel pro Jahr. Dutzende von Tagesreisen kommen hinzu, oft auch durch die Aktualität veranlasst. Merkel liebt die Außenpolitik, auch wenn Erfolge hier noch schwerer zu erringen sind als im Inland. Doch die Fragestellungen, die komplizierten Verhältnisse, die unterschiedlichen Charaktere – diese Puzzleteile in ein großes Ganzes zu fügen, manchmal sogar die Lage vor Ort zu verbessern, das alles macht der Kanzlerin große Freude. Dafür erträgt sie auch die Frustration, hinterher dann immer wieder lesen zu müssen, dass diese oder jene Reise bis auf Worthülsen nun wirklich gar nichts gebracht habe.

Merkel ist der Ansicht, dass das nicht stimmt. Zumindest nicht für sie. Weil die Zahl der Akteure – und auch der Konflikte – größer ist, dauern Lösungen noch länger, sind noch vertrackter. Dutzende, oft Hunderte von Gesprächen der unterschiedlichsten Handelnden sind notwendig. Das alles fasziniert die Wissenschaftlerin in Merkel. Was passiert, wenn man beispielsweise den türkischen Ministerpräsidenten bittet, bei den Palästinensern und den Israelis anzurufen? Wäre eventuell der litauische Präsident ein guter Vermittler im Kaukasus-Konflikt, weil er mit dem georgischen Präsidenten befreundet ist? Wie muss ich mich in Südafrika verhalten, um den Präsidenten dort zu offizieller Kritik an den unhaltbaren Zuständen in Simbabwe zu bringen?

Bei all diesen Aktionen werden im besten Fall Positionen um wenige Zentimeter verschoben. Die Öffentlichkeit registriert das normalerweise nicht.

Für das Ansehen eines Politikers kann die Außenpolitik hingegen sehr wohl eine entscheidende Rolle spielen. Konrad Adenauer hat seinen Platz in den Geschichtsbüchern wegen der Aussöhnung mit Frankreich. Willy Brandt wird immer mit seinem Kniefall in Warschau und der Ostpolitik verbunden werden. Bei Helmut Kohl sind es die europäische Einigung und der Euro. Von Gerhard Schröder wird bleiben, was er nicht getan hat – seine Weigerung, sich am Irak-Krieg zu beteiligen.

Bei Angela Merkel gibt es einen derartigen bleibenden Moment noch nicht. Extrem wichtig sind ihr das Verhältnis zu Israel und die Existenzgarantie für den jüdischen Staat. An wenigen Reden hat sie so sehr gefeilt wie an derjenigen in der Knesset, dem israelischen Parlament. Auch dass sie sich einige Monate später, im Februar 2009, in eine Konfrontation mit Papst Benedikt begeben wird, hat mit ihrem Verständnis von der immerwährenden Verantwortung für die Geschichte zu tun. »Das Bekenntnis zu Israel und zur Schoah ist ganz zentral für Merkel. Sie wird hier nie Zweideutigkeiten zulassen«, sagt Annette Schavan, ihre Stellvertreterin im CDU-Parteivorsitz.

Bei der Auseinandersetzung ging es um einen Bischof der sogenannten Pius-Bruderschaft, der den Holocaust geleugnet hatte. Fast gleichzeitig hatte Papst Benedikt die Exkommunikation der Bruderschaft aufgehoben. Als der Bischof in einem Interview auf deutschem Boden erneut den Holocaust leugnete, forderte Merkel eine Klarstellung von Papst Benedikt. Viele Katholiken in der Union waren empört. Annette Schavan, die jahrelang auch Vizepräsidentin des Zentralkomitees der Katholiken war, hörte abends in den Nachrichten von der Forderung der Kanzlerin. »Ich fand das richtig«, erinnert sie sich. Ohne mit Merkel darüber gesprochen zu haben, wusste sie, dass dies für die Protestantin Merkel keine Kirchenfrage, sondern eine Frage der Staatsräson war. »Kein Kanzler der Bundesrepublik Deutschland kann schweigen, wenn es um die mögliche Verharmlosung des Holocaust geht«, sagt Schavan.

Ein weiterer Ansatz der Merkelschen Außenpolitik ist die Klimapolitik. Sie bestimmte den von Merkel geleiteten G8-Gipfel in Heiligendamm im Juni 2007. Noch ist es zu früh, um zu sagen, ob er später mal als Wendepunkt gesehen werden wird.

Vor der Finanzkrise nannte Angela Merkel den Kaukasus-Konflikt als die bislang schwierigste außenpolitische Herausforderung ihrer Amtszeit. Er dominierte eine Reise nach Schweden, Estland, Lettland und Litauen in der letzten Augustwoche 2008. Sie ist ein gutes Beispiel dafür, wie Auslandsreisen von Merkel verlaufen.

Zwölf Plätze hat die VIP-Kabine im Regierungsairbus Theodor Heuss. Angela Merkel wird sich gleich an die linke meist frei. Ihr gegenüber sitzt ihr außen- und sicherheitspolitischer Berater Christoph Heusgen, neben ihm Regierungssprecher Ulrich Wilhelm. Auf dem mit hellbraunem Lederimitat bezogenen Tisch stehen fein säuberlich abgezählt zwei Pralinen, Nüsse und ein Glas mit Salzstangen.

Auf der anderen Seite das gleiche Arrangement. Hier ist der Platz auf der rechten Stirnseite für Beate Baumann reserviert, die Büroleiterin der Kanzlerin. Sie fliegt nur selten mit, meist ist ihr Stellvertreter dabei. Auch sie hat niemanden neben sich, nur gelbe Aktendeckel mit dem Aufdruck »Bundeskanzleramt« stapeln sich auf dem Sitz. Jens Weidmann, der wirtschafts- und finanzpolitische Berater der Kanzlerin, wird ihr auf dieser Reise gegenübersitzen, neben ihm nimmt der europapolitische Berater Uwe Corsepius Platz.

Die restlichen vier Plätze bleiben frei, manchmal werden auch Parlamentarier in die Kabine der Kanzlerin gebeten. Doch bei dieser Reise nach Schweden, Estland und Litauen sind keine dabei.

Es ist kurz vor neun Uhr am Dienstagmorgen, dem 26. August 2008, als der Kapitän mit einem »Boarding completed« meldet, dass die Bundeskanzlerin an Bord gekommen ist. Renate Heiderich vom Protokoll trägt ein Foto der Bundeskanzlerin nach hinten, das Merkel beim Einsteigen noch schnell signiert hat: Wie üblich wird es in einen mit dem goldenen Bundesadler bedruckten blauen Rahmen gesteckt und mit einer Aufschrift für den jeweiligen Anlass versehen – dieses hier ist für den litauischen Präsidenten Valdas Adamkus, den Merkel am nächsten Tag in seiner Residenz in Wilna treffen wird. Begrüßt wird die Kanzlerin an Bord aber immer vom jeweils amtierenden Protokollchef, der neben den Stewardessen oben am Eingang der Maschine auf die Kanzlerin wartet.

Bei dieser Reise ist es Karl-Albrecht Wokalek, der stellvertretende Protokollchef. Er gehört dem Auswärtigen Amt an, also dem Ministerium von Außenminister und Vizekanzler Frank-Walter Steinmeier. Auch er hat – wie alle Protokollchefs – einen festen Platz auf der Reise. Die 1A, den Sitz im Regierungsflieger mit dem besten Blick auf den vorderen Gang und auch der größten Beinfreiheit. Wann immer sich etwas tut in der Kabine, in der die Bundeskanzlerin sitzt, der amtierende Protokollchef ist der Erste, der es sieht. Und natürlich ist dieser Platz optimal, um am vorderen Eingang die Bundeskanzlerin begrüßen zu können, wenn sie die Maschine betritt.

Wokalek sitzt im Business-Class-Sessel, doch der Komfortlevel ist eine Stufe tiefer als bei der Bundeskanzlerin und ihrer unmittelbaren Umgebung. 22 Plätze hat das Business-Class-Abteil der Theodor Heuss. Dort werden Merkels Mitarbeiter aus dem Kanzleramt platziert und die offizielle Delegation – also Bundestagsabgeordnete und oft auch Wirtschaftsvertreter.

Durch einen Vorhang abgetrennt kommt dann die Holzklasse mit normalen Economy-Sitzen. Dort werden die mitreisenden Journalisten, die Mitarbeiter des Bundespresseamts, die Beamten der Sicherheit und die Flugzeugbesatzung untergebracht. Gerade auf längeren Reise wird für jede Eventualität vorgeplant: Immer ist ein Arzt des Auswärtigen Amtes dabei, meist auch ein Sanitäter. Ein oder mehrere Funker halten ständig den Kontakt mit dem Lagezentrum in Berlin. Sie haben einen eigenen kleinen Raum zwischen dem Business-Class-Abteil und der vorderen Kabine, ausgerüstet mit Satellitentelefon, Fax und anderen Kommunikationsmöglichkeiten.

Weil die größeren Reisen bis zu sechs Monate im Voraus geplant werden, kann sich der Fokus beim Antritt der Reise durchaus ändern. Das gilt auch für den Besuch in Schweden, Estland und Litauen. Merkel hatte schon bei ihrem Amtsantritt Ende 2005 betont, wie wichtig ihr auch die kleinen Länder in Europa seien und dass sie alle möglichst rasch bereisen wolle. Nun, im dritten Jahr ihrer Kanzlerschaft, fehlen nur noch ganz wenige, und so kam es dann zu den Terminen in Stockholm, Tallin und Wilna.

In Stockholm warten der Chef des schwedischen Protokolls, die Botschafterin des Königreichs Schweden in Deutschland, der Geschäftsträger der deutschen Botschaft in Schweden und Mitarbeiter und Mitarbeiterinnen der Botschaft auf Merkel. Militär ist nicht aufgezogen, der Besuch ist als Arbeitsbesuch deklariert. Wäre es ein offizieller Besuch, müsste Merkel mit militärischen Ehren empfangen werden. In Deutschland findet das immer im Ehrenhof des Kanzleramts statt und ist ein durchaus farbenprächtiges Spektakel.

Beispielsweise, als Merkel Ende August 2008 den ghanaischen Staatspräsident John Agyekum Kufuor empfängt. 20 Minuten, bevor er erwartet wird, entfernen drei Arbeiter die letzte Plastikfolie vom roten Teppich im Ehrenhof. Sieben Minuten später zieht die Ehrengarde ein, kurz danach folgt das Musikcorps. Die Kolonne von Kufuor wird um 12 Uhr 30 im Kanzleramt erwartet, und so kommt Merkel fünf

Minuten vorher, um die Soldaten zu begrüßen. 30 aus jeder Waffengattung sind heute aufgezogen, dazu 45 Soldaten des Musikcorps. Wer Geburtstag hat, dem gratuliert die Kanzlerin persönlich. Doch heute ist keiner dabei und so bleibt es bei einem möglichst beherzten »Guten Tag, Soldaten« der Bundeskanzlerin. Und einem zackigen, aber silbentreu und einigermaßen melodiös zurückgebrüllten »Gu-ten Tag, Frau Bun-des-kanz-ler-in« aus 135 Männerkehlen.

Danach geht Merkel ins Foyer des Kanzleramts zurück und wartet auf den Ghanaer. Mit fünf Minuten Verspätung biegen die sieben Motorräder in den Ehrenhof, die amtierende Präsidenten auf Deutschlandbesuch begleiten. Ministerpräsidenten bekommen fünf, Außenminister drei. Dann geht alles sehr schnell: In kaum fünf Minuten begrüßt Merkel ihren Gast, stellt ihm ihre Delegation vor, hört sich mit ihm die beiden Hymnen an, schreitet den roten Teppich ab und verschwindet mit Kufuor im Aufzug.

Auch der schwedische Ministerpräsident Fredrik Reinfeldt hat das diplomatische Procedere schon hinter sich, er war bereits mehrfach bei Merkel in Deutschland. Der Presseattaché der Botschaft teilt eine Kopie eines fünfseitigen Artikels in der Sonntagsbeilage der führenden Tageszeitung *Dagens Nyheter* aus. »Von der Pfarrerstochter in der DDR zur Königin von Europa« lautet der Titel des reich bebilderten Stücks, das der Deutschlandkorrespondent der liberalen Zeitung geschrieben hat.

Merkels Gesprächspartner Reinfeldt hat sich extra interviewen lassen für den Artikel: »Tüchtig, informiert, hart, strategisch« beschreibt er die Kollegin. Das sei ihm ganz besonders 2007 aufgefallen, als Merkel mithalf, den Vertrag von Lissabon unter Dach und Fach zu bringen. »Wenn man eine Gruppe, die aus 27 Regierungen besteht, leitet, muss man manchmal zuhören und manchmal einfach sagen ›so wird es sein‹. Es sind schwierige Abwägungen, die sie sehr gut gemeistert hat«, sagt der schwedische Regierungschef. Merkel sei eine

»sehr treibende Kraft« der Verhandlungen gewesen. »Aber es ist auffallend, wie unkompliziert und ohne Prestige sie nur ein paar Minuten später am Rande sein kann.«

2006 hatte er sie zum ersten Mal getroffen, damals noch als Oppositionschef. »Ich hatte vom ersten Moment an das Gefühl, dass die Chemie zwischen uns sehr gut war«, sagt der 43-jährige Chef der Moderaten Sammlungspartei (MS).

Rund 19 Stunden wird Merkel in Schweden bleiben. Für Estland sind nur fünfeinhalb Stunden vorgesehen, die Litauer müssen sich mit viereinhalb Stunden begnügen. Die Kanzlerin hat sich von Reinfeldt auf seinen Landsitz 120 Kilometer südlich von Stockholm einladen lassen. Am Montagabend werden die beiden dort in Harpsund in privatem Ambiente viel Zeit für Gespräche haben. Und Reinfeldt hat sich etwas ganz Besonderes einfallen lassen: Er wird Merkel persönlich über den See vor dem Landgut rudern – in dem Boot, in dem schon Nikita Chruschtschow 1964 über den See ruderte. Merkel ist der erste Staatsgast seit dem Amtsantritt Reinfeldts vor zwei Jahren, dem diese Behandlung zuteil wird.

20 Minuten nach zwei Uhr begrüßt Reinfeldt seinen deutschen Gast dann vor seiner Staatskanzlei Rosenbad. Er tut es in Englisch, und das werden die beiden auch den Großteil ihrer gemeinsamen Zeit miteinander reden. Ob die beiden per Du sind, will der *Dagens Nyheter*-Journalist im Interview noch wissen, Merkel sei doch dafür bekannt, dass sie sehr zurückhaltend sei, und im Englischen sei das nicht so klar. Reinfeldt lacht, als er die Frage des Journalisten hört, und erklärt, daran habe er nicht gedacht: »Aber meine Auffassung ist, dass wir ›per Du‹ sind.«

Eine zutreffende Einschätzung, wie sich im Lauf des Staatsbesuchs in vielen Momenten zeigt. Etwa, als die beiden in trautem Gespräch nach ihrer Pressekonferenz noch ein paar Minuten im Nachbarraum sitzen bleiben und sich unterhalten. Rings um sie herum stehen Dutzende Mitarbeiter, ein paar Kameras verfolgen das Geschehen – doch die beiden tun, als ob sie nichts von der Geschäftigkeit um sie herum bemerken würden. Keiner reagiert auf die Rufe der sie belagernden Journalisten, beide scheinen sich konzentriert zu unterhalten. Und das, obwohl sie wissen, dass sie hier eigentlich nur eine Lücke im Protokoll füllen: Ein anderer Teil der Fotografen braucht Zeit, um das Gebäude zu verlassen und sich vor der Staatskanzlei aufzubauen, wo Merkel und Reinfeldt wenige Minuten später erwartet werden, um einen knapp viertelstündigen gemeinsamen Spaziergang zum Gustav-Adolf-Platz zu unternehmen.

Zuerst allerdings steht nach der Begrüßung ein Gespräch im ersten Stock der Jugendstil-Staatskanzlei an. Merkel hat Reinfeldt schon am Eingang bei der Begrüßung ihre Begleiter vorgestellt und er ihr die seinigen. Gemeinsam geht der ganze Tross durch die Staatskanzlei, an strategischen Punkten wie Treppen und Gangabzweigungen sind immer wieder ein paar Polizisten stationiert. Im Kamillen-Saal bekommt Merkel den Ehrenplatz. Sie wird in der Mitte des Tisches so platziert, dass sie aus dem Fenster auf den gegenüberliegenden schwedischen Reichstag, das klassizistische Parlament, sehen kann. Wer neben ihr sitzt, bestimmt sie, die Sitzordnung wird lange im Voraus festgelegt. Die »Formel« nennt das Protokoll dies – ein in seiner Bedeutung kaum zu überschätzender Teil der Treffen von Regierungschefs. Die wichtigste Grundregel dabei lautet, dass von jeder Seite immer die gleiche Anzahl Personen am Tisch sitzen muss. »Ein Gebot der Höflichkeit«, erklärt der Protokollchef.

Jenseits dessen beginnt dann aber oft schon der Streit, gerade bei großen Delegationen: Wer darf mit rein? Wie viel Platz ist überhaupt da? Bei manchen Reisen ist die Formel so kompliziert, dass auf ein Gespräch in großem Kreis unmittelbar eines in kleinerem Kreis folgt, um alle zufriedenzustellen. Ein Format, das beispielsweise beim Staatsbesuch Angela Merkels in Äthiopien im Herbst 2007 gewählt wurde.

In Stockholm ist alles ganz einfach, auch weil die Delegation nicht groß ist und man sich kennt. »1 + 8« lautet die Formel für das erste Gespräch der Bundeskanzlerin mit dem schwedischen Ministerpräsidenten: Sie und acht Begleiter, das Gleiche auf der schwedischen Seite. Jeweils einer davon übersetzt, doch weite Teile des Gesprächs finden in englischer Sprache statt. Das spart Zeit und steigert die Effizienz.

Es ist jedoch selbst in Europa nicht immer möglich: Nicht alle Regierungschefs sind des Englischen mächtig, und manche bestehen auch aus Prestigegründen auf eine Übersetzung. Merkel verzichtet meist darauf, ihr ist es lieber, möglichst viele Punkte auf ihrer Themenliste abzuarbeiten. Neben ihr sitzen ihre drei Berater, der Regierungssprecher, ihre Bürochefin, ein Referatsleiter und der deutsche Geschäftsträger in Stockholm.

Eine knappe Stunde ist für dieses erste Gespräch zwischen Merkel und Reinfeldt eingeplant, es wird sich vor allem um den Kaukasus-Konflikt drehen. »Man kann sich sehr unsicher fühlen mit den autoritären russischen Tendenzen«, wird der schwedische Regierungschef später auf der Pressekonferenz sagen. Merkel hält sich an die Formulierungen, mit denen sie bereits seit Tagen die Vorgänge in Georgien kommentiert. Erst am Folgetag wird sie in Estland zu deutlich stärkeren Vokabeln greifen, nachdem bekannt wurde, dass der russische Präsident Dmitri Medwedjew die abtrünnigen georgischen Gebiete Südossetien und Abchasien anerkannt hat.

Für Journalisten und auch die Öffentlichkeit ist diese oft als formelhaft empfundene Sprache ermüdend. Doch für den jeweiligen Regierungschef und seine Berater, vor allem aber die Insider auf der anderen Seite – in diesem Fall in Russland und den anderen europäischen Nationen –, ist das »Wording« von essenzieller Bedeutung und Sache kontinuierlicher und ständiger gegenseitiger Absprachen. So telefoniert Christoph Heusgen, der außen- und sicherheitspolitische Berater Merkels, derzeit fast täglich mit seinen Kollegen aus den wichtigsten EU-Staaten. Mit »der Präsidentschaft«, also den Franzosen, die seit Juli für sechs Monate die EU-Ratspräsidentschaft innehaben, spricht sich Heusgen oft mehrfach am Tag ab.

Die Russen würden alle Schritte der Europäer sehr aufmerksam beobachten, wird Merkel kurze Zeit später bei einem Hintergrundgespräch in der Deutsch-Schwedischen Handelskammer sagen. Deshalb sei es so wichtig, einig aufzutreten und sich nicht auseinanderdividieren zu lassen – eine Botschaft, die sie in den kommenden Stunden immer wieder wiederholen wird.

Zunächst aber muss sie einen weiteren beliebten Programmpunkt bei Kanzlerreisen abarbeiten, den Gang irgendwohin. Das Ziel ist nicht wichtig, nur der Akt selbst. Als gemütlicher Spaziergang geplant, soll er vor allem gute Fernsehbilder liefern – und tut das zumindest bei gutem Wetter wie hier in Stockholm auch. Wenn es ganz besonders gut geht, sind auch noch ein paar deutsche Touristen am Wegesrand, die begeistert »Angie, Angie« rufen. Am Kap der Guten Hoffnung, der Südspitze Südafrikas, hat Merkel einmal drei Dutzend Chinesen in Aufregung versetzt, als sie festgestellt hatten, dass die deutsche Bundeskanzlerin nach ihnen mit der Kabinenseilbahn auf die Bergspitze gefahren war.

Im Gegensatz zu ihrem Vorgänger Gerhard Schröder gibt Merkel allerdings selten Autogramme auf ihren Auslandsreisen oder lässt sich knipsen. Auch hier in Stockholm geht sie nicht auf die Touristen aus Süddeutschland zu. Sie hält das für unhöflich gegenüber ihrem Gastgeber Fredrik Reinfeldt, der sie von seiner Staatskanzlei den knappen Kilometer bis zum Gustav-Adolf-Platz begleitet hat und sich jetzt von ihr verabschiedet. Nur anderthalb Stunden später werden sie sich wiedersehen, wenn sie im Hubschrauber gemeinsam zum Landsitz Reinfeldts fliegen. Das ist das Protokoll: Begrüßung, Verabschiedung, Begrüßung, Verabschiedung – manchmal mehrfach am Tag.

Merkel absolviert derweil einen Programmpunkt, der auf

den meisten Auslandsreisen zu finden ist. Sie trifft sich mit Vertretern der deutschen und der heimischen Wirtschaft, in diesem Fall mit knapp zwei Dutzend hochrangigen deutsch-schwedischen Managern. Ihr Gastgeber ist Vattenfall-Chef Lars Josefsson. Er spricht nicht nur sehr gut Deutsch, sondern ist auch Berater der Kanzlerin in Energie- und Klimafragen.

Nachdem er Merkel auf Deutsch begrüßt hat, wechselt er ins Englische, um Zeit zu sparen. Einen Simultandolmetscher stellt die Handelskammer, Merkel hat ihre eigene Dolmetscherin mitgebracht. Die Kanzlerin wird während des einstündigen Gesprächs immer wieder vom Deutschen ins Englische und umgekehrt wechseln, manchmal mitten im Satz. Als ein Manager die Folgen der globalen Finanzkrise für die deutschen Landesbanken wissen will, leiht Merkel sich einen Stift von ihrem wirtschaftspolitischen Berater und sagt dann: »Das ist eine so schwierige Frage, da antworte ich lieber auf Deutsch.«

Insgesamt aber ist ihr Englisch solide. Selbst über das Außenwirtschaftsgesetz kann sie in fließendem Englisch referieren. Als die Rede auf die deutsche Hochschullandschaft und die internationale Attraktivität der deutschen Universitäten kommt, zitiert sie sogar einmal ihren Mann, den Chemieprofessor Joachim Sauer – etwas, was sie in der deutschen Öffentlichkeit niemals tut.

Egal, ob es um die Zeitarbeit in Deutschland, die Atomkraft oder die Bandbreite der Mobilfunkfrequenzen geht: Wenn Merkel sicher sein kann, dass ihre Worte nicht sofort in die Öffentlichkeit gelangen, antwortet sie ohne verbale Schnörkel und sehr direkt. In einem Fall verblüffend direkt für den Fragenden, wie der hinterher zugibt. Sie rät ihm, seine »Rechtsposition« in einer bestimmten Frage zu nutzen, also gegen eine staatliche Institution vor Gericht zu ziehen. »Manchmal braucht die Wirtschaft da etwas Aufmunterung«, sagt sie und lächelt: »No risk, no fun.«

Zumindest für einige der anwesenden Manager überraschend ist auch, wie uneitel Merkel zu sein scheint. Als sie eine komplizierte Frage nach den finanziellen Ungleichgewichten der baltischen Währungen nicht so richtig beantworten kann, sagt sie: »Besonders erhellend ist meine Antwort jetzt nicht«, und dreht sich zu ihrem Wirtschaftsberater: »Haben Sie dem noch etwas hinzuzufügen, Herr Weidmann?«

Wenige Minuten vor dem Ende der angesetzten Zeit steckt ihr Protokollchef den Kopf durch die Tür. Merkel und ihre Gastgeber kommen schnell zum Schluss. Schließlich muss noch ein Foto gemacht werden, oft genug eines der wichtigsten Erinnerungsstücke derartiger Treffen. Familienfoto wird es bei Gipfeltreffen der Regierungschefs genannt, jeder hat dort seinen vorbestimmten und am Boden markierten Platz.

Als Merkel das Gebäude der Deutsch-Schwedischen Handelskammer verlässt, wartet wie immer ihre Limousine samt der Kolonne. Auch im urdemokratischen Schweden werden die Ampeln auf rot gestellt, damit die Kolonne der Bundeskanzlerin ohne Stopp von einem Ort zum nächsten gefahren werden kann. Vier Motorräder eskortieren Merkel, dazu drei blau-weiß lackierte Polizeifahrzeuge. Sie bringen die Kanzlerin zum Hubschrauberlandeplatz Gärdet. »Es ist kein großer Helikopter«, sagt ihr Fredrik Reinfeldt entschuldigend, nachdem er sie erneut begrüßt hat. Und tatsächlich dauert es eine Weile, bis sich alle 14 Fluggäste in die Maschine gequetscht haben. Jeweils sieben sitzen Rücken an Rücken auf Nylonsitzen, Merkel und Reinfeldt haben nebeneinander Platz genommen.

Ein schwedischer Offizier gibt sogar noch dieser kleinen Truppe ein Sicherheitsbriefing: »Sie können den Hubschrauber im Notfall durch das Cockpit verlassen oder an den roten Strippen ziehen«, brüllt er gegen den ansteigenden Lärm der Rotoren an. Und auch dieser Satz muss noch sein: »Smoking is not allowed and please switch off your mobiles.« Merkel fragt den Ministerpräsidenten, wie lange der Flug dauert.

25 Minuten, sagt er. Das dürfte auszuhalten sein, selbst in diesem engen Hubschrauber. Als erfahrene Hubschrauberfliegerin greift sich Merkel gleich die gelben Ohrstöpsel. Die nicht so versierten Flieger lassen sich die Kopfhörer geben – und sind so zwar gegen den Hubschrauberlärm abgesichert, kommen aber auch in den Genuss der schwedischen Kommandos der Hubschrauberbesatzung.

Die Kanzlerin hingegen kann zum ersten Mal an diesem Tag für ein paar Minuten abschalten. Sie habe sich antrainiert, auf Hubschrauberflügen zu schlafen, erzählt sie später. Das tut sie in Schweden nicht – zu schön ist die Seenlandschaft auf dem kurzen Flug zum Landsitz des Ministerpräsidenten. Reinfeldt zeigt Merkel noch Schloss Drottningholm, den Sitz der schwedischen Königsfamilie. Aber ansonsten lässt er sie in Ruhe die Landschaft betrachten, beide sitzen direkt vor der Helikoptertür und haben eine hervorragende Aussicht.

Um Punkt 18 Uhr landet der Hubschrauber in Harpsund, rund 120 Kilometer südwestlich von Stockholm. Mildes Abendlicht bestrahlt die Anlage, die aus dem Gut selbst und vier kleinen Gästehäusern besteht. Als Reinfeldt und Merkel die wenigen Hundert Meter vom Hubschrauberlandeplatz zum Herrenhaus gehen, erklärt er ihr, dass der damalige Besitzer die Anlage 1952 dem schwedischen Staat hinterlassen habe, als »Ehrenwohnung für den jeweiligen Ministerpräsidenten«. Reinfeldt verbringt mit seiner Frau und den drei gemeinsamen Kindern viele Wochenenden hier, auch den Sommer über war die Familie auf dem überaus idyllischen Landsitz. Ursprünglich aus dem 17. Jahrhundert, stammen heute nur noch die Nebengebäude aus dieser Zeit. Das zweistöckige Haupthaus mit seiner Dachmansarde wurde 1913/1914 neu errichtet. Es ist eher gemütlich als repräsentativ: Wer eintritt, kommt links in eine Art Wohnzimmer mit vier verschiedenen Sofaecken, das Reinfeldt später den »Saloon« nennen wird.

Auf eines der Sofas zieht er sich mit Angela Merkel zurück,

und die beiden stecken im wahrsten Sinne des Wortes die Köpfe zusammen. Ein weiß gekleideter Bediensteter serviert ihm Kaffee und ihr Tee, die Berater lassen die beiden in Ruhe. Zwar trinken auch sie ihren Tee oder Kaffee aus königlich-schwedischem Porzellan, doch alle wahren bei ihrem Small Talk im Gutshaus ein bis zwei Meter Abstand zu dem Sofa mit Merkel und Reinfeldt.

Geradeaus geht es in den schon eingedeckten Speisesaal, der kaum mehr als ein Dutzend Gäste fasst. Vor dort aus hat man einen schönen Blick auf die Terrasse und den zum See abfallenden Rasen mit den Gästehäusern an der Seite. Alles ist hell und luftig, aber nicht unbedingt luxuriös.

Einer, der das so gut weiß wie kaum ein anderer in der Delegation, ist der stellvertretende Protokollchef. Er hat die gesamte Reise mit seinen Mitarbeitern vorgeplant und alle Stationen besichtigt. Nichts auf diesen Reisen wird dem Zufall überlassen, manchmal in tagelangem diplomatischem Tauziehen geregelt. »Was ist, wenn ein Arrangement ganz inakzeptabel ist?« »So würde ich das nie sagen«, antwortet er und lächelt leise: »Ich würde meinem Gegenüber sagen, die Situation ist sehr besonders.«

Für Harpsund gilt das keinesfalls, die Inszenierung ist perfekt. Die Abendsonne wirft ein weiches, nordisches Licht, als die Kanzlerin wieder zur Rudertour mit dem Ministerpräsidenten auftaucht.

Merkel ist die erste Frau, die hier zum Rudern eingeladen ist, erzählen die Schweden. Auch sei das Boot eigens renoviert geworden. Die Bilder, die Merkel und Reinfeldt in wenigen Minuten produzieren, sind so perfekt, dass die Schweden gleich ein knappes Dutzend Fotografen und Kameraleute eingeladen haben. Eine Pressefrau hält sie noch in Schach, damit die beiden Regierungschefs ungehindert – und auch ohne unschöne Aufnahmen – ins Boot einsteigen können. Nachdem Reinfeldt abgelegt hat, dürfen die Fotografen und Kameramänner zum Steg. Ein Idyll: Reinfeldt im moosgrünen Pullover, Merkel im braunen Sakko, beide in der Abendsonne, das Ruderboot spiegelt sich im Wasser.

Eigentlich ist es so ruhig, dass die Stimmen der beiden über den See tragen könnten – wenn da nicht das ständige »Klick, klick, klick« der Kameras wäre. Als die beiden nach ein paar Minuten Anstalten machen, zum Ufer zurückzukehren, scheucht die schwedische Pressefrau alle wieder zum Ausgang: Auch vom Aussteigen soll es keine Bilder geben, das Boot könnte wackeln oder gar einer der beiden Regierungschefs. Doch die Fotografen haben genug schöne Bilder im Kasten, zufrieden ziehen sie ab.

Merkel und Reinfeldt gehen derweil zum Abendessen auf die Terrasse zurück. »1 + 6« lautet diesmal die Formel, die beiden Regierungschefs und jeweils sechs Mitarbeiter. In der Sprache des Protokolls also ein Abendessen im allerengsten Kreis. Es wird bis 22 Uhr gehen, danach nimmt die Gruppe noch einen Absacker im »Saloon«. Als die meisten gegen 23 Uhr aufbrechen, zieht Reinfeldt Merkel noch ins Klavierzimmer eine Etage tiefer. Bis nach Mitternacht unterhalten sich die beiden. Schweden wird in der zweiten Hälfte 2009 die EU-Ratspräsidentschaft übernehmen, und da sind Tipps sehr willkommen. In diese Zeit fällt auch die große Klimakonferenz in Kopenhagen, die auf einen Kyoto-Folgevertrag vorbereiten soll.

Die Kanzlerin bekommt auf fast jeder Reise ein Angebot, einen eher privaten Teil mit einzubauen. Der saudische König wollte mit ihr in der Wüste zelten, der jordanische König wollte sie eigenhändig im Kampfhelikopter in die Felsenstadt Petra fliegen. Als der neue russische Präsident Dmitri Medwedjew Merkel nach Sotschi auf die Krim eingeladen hat, wollte er ursprünglich segeln oder wandern mit ihr gehen. Fast immer lehnt die Kanzlerin diese Angebote ab. Oft aus Zeitgründen, manchmal, weil es mit einer großen Delegation logistisch nicht möglich ist.

Dass sie dieses Mal zugestimmt hat, hängt sicher mit der

großen Wertschätzung für Reinfeldt zusammen. Ein letztes Mal sieht sie ihn zum Frühstück um 7 Uhr 30 am nächsten Morgen.

Danach fährt Merkel zum Flughafen, um in die estnische Hauptstadt Tallinn zu fliegen. Die Crew hat die Theodor Heuss in der Zwischenzeit vom Flughafen Arlanda zum Flughafen Skavsta geflogen, der im Süden Stockholms liegt. So konnte Merkel auf einen Hubschrauberflug zurück verzichten und das Auto nehmen.

Im Flugzeug wird das Gastgeschenk für den estnischen Ministerpräsidenten Andrus Ansip zurechtgelegt. Wann immer die Botschaften besondere Vorlieben melden, versucht das Protokoll etwas Entsprechendes zu beschaffen. Letztendlich entscheidet das Bundeskanzleramt über die Gastgeschenke. Wer keine dezidierten Wünsche hat, bekommt oft Stücke der Porzellan-Manufaktur Meissen oder der Königlichen Porzellan-Manufaktur Berlin. Für Ansip liegt eine Schachtel mit Meissner Porzellan bereit.

Als die Maschine eine knappe Stunde später in Tallinn landet, ist die Sonne weg und der Tag bewölkt. Durch die Zeitverschiebung ist es bereits 11 Uhr 01, eine Stunde später als in Deutschland.

Auf der Fahrt in die estnische Staatskanzlei erhält Christoph Heusgen, der außen- und sicherheitspolitische Berater der Kanzlerin, einen Anruf. Sein Stellvertreter in Berlin informiert ihn über einen Brief, den der russischen Botschafter Wladimir Kotenew am Morgen im Kanzleramt überreicht hat – zeitgleich mit seinen Kollegen in Rom, Paris und Washington. Sein Inhalt wird wenige Stunden später für weltweite Eilmeldungen der Presseagenturen sorgen, als der russische Präsident Dmitri Medwedjew bekannt gibt, dass er die abtrünnigen georgischen Provinzen Südossetien und Abchasien völkerrechtlich anerkennen wird.

In der Zwischenzeit ist die Kolonne der Kanzlerin vor dem Stenbockschen Haus in der Tallinner Altstadt angekommen.

Hier wartet ein knappes Dutzend deutscher Journalisten auf sie, die aus Berlin eingeflogen sind, um Merkel in Estland und Litauen zu begleiten. Und natürlich der estnische Ministerpräsident Andrus Ansip, der Merkel durch das 1996 renovierte Stadtpalais aus dem 18. Jahrhundert führt. Außen barock, ist es innen sehr modern: viel Glas und Stahl und als Höhepunkt ein papierloser Kabinettssaal ausschließlich mit Laptops und vier Beamern bestückt.

Noch bevor Ansip der Kanzlerin seine Staatskanzlei zeigt, informiert Heusgen seine Chefin über die neue Entwicklung in Moskau. Merkel verrät nicht, was sie dachte, als ihr Ministerpräsident Ansip die leidgeprüfte Geschichte seines Landes anhand der Galerie der Regenten erläuterte – eine Geschichte, in der die Russen keine allzu rühmliche Rolle spielen. »We will never forget what happened to our people in the 57 years of Soviet domination«, sagt ihr Ansip – »wir werden niemals vergessen, was unserem Volk während den 57 Jahren unter sowjetischer Herrschaft passiert ist.« Auch seitdem ist Russland ein äußerst schwieriger Nachbar: Als die Esten ein Kriegerdenkmal aus dem Zweiten Weltkrieg versetzen wollen, bricht Moskau einen Propagandafeldzug vom Zaun. Der Transit russischer Güter durch Estland kommt fast vollständig zum Erliegen – und damit auch eine wichtige Einnahmequelle für das kleine Land.

Nachdem die Kameras wieder draußen sind und die Begrüßungen absolviert, erzählt Merkel ihrem Gastgeber von der neuen Situation in Russland. Auf der anschließenden Pressekonferenz zwei Räume weiter aber lässt sich keiner der beiden etwas anmerken: Beide berichten zwar, dass sie den Großteil ihres Gesprächs Georgien gewidmet hätten, wiederholen ansonsten aber bekannte Positionen. Die Russen müssten den vom französischen Präsidenten ausgehandelten und von ihnen unterschriebenen Sechs-Punkte-Plan erfüllen. Georgien stünde vor einer humanitären Katastrophe und müsse schleunigst Hilfe bekommen. Und natürlich verurteilen beide die Anerkennung der abtrünnigen georgischen Provinzen durch das russischen Parlament und den Föderationsrat. Dass der russische Präsident sich in diesen Minuten vor den Fernsehkameras vorbereitet, seinerseits Südossetien und Abchasien anzuerkennen, bleibt ungesagt.

In der Zwischenzeit telefoniert Heusgen mit seinem französischen Kollegen. Hier in Paris laufen derzeit alle europäischen Fäden zusammen, denn das Land hat im Moment die EU-Ratspräsidentschaft inne. Es war deshalb der französische Präsident Nicolas Sarkozy, der nach den kriegerischen Auseinandersetzungen in Georgien zu Präsident Medwedjew nach Moskau geflogen ist, um dort einen Waffenstillstandsplan auszuhandeln. Heusgen und sein französischer Kollege kommen überein, die bevorstehende Anerkennung der Provinzen durch Medwedjew »aufs Schärfste zu verurteilen« – eine deutliche, auch verbale Eskalation zu den früheren Äußerungen aus der EU. Dann telefoniert Heusgen mit dem Auswärtigen Amt, das seinerseits bereits von den Franzosen informiert wurde.

Noch vor dem Mittagessen auf Schloss Kadriorg, einem der schönsten Barockgebäude des Baltikums, wird die abgestimmte deutsch-französische Position der Kanzlerin vorgetragen. Da jede Sekunde erwartet wird, dass Medwedjew vor die Presse tritt, überlegt das Team um Merkel, wann und wie sie sich äußern soll. Der Terminkalender ist eng. Direkt nach dem Essen geht es ins wenige Schritte entfernte Museum für Bildende Kunst, Kumu genannt, wo eine Grundsatzrede Merkels angekündigt wurde. Ministerpräsident Ansip wird sie dorthin begleiten, Präsident Toomas Hendrik Ilves dort im Auditorium auf sie warten.

Wenn Merkel auf dem Weg oder vor oder nach dem Museum ein Pressestatement abgeben würde, wäre das unhöflich gegenüber ihren Gastgebern, die von den Kameras weitgehend unbeachtet danebenstehen würden. Also entschließen sich Merkel und ihre Berater, einen Absatz der Rede zu ändern.

Ohnehin geht sie über weite Strecken über das Verhältnis der EU und Russland. Heusgen schreibt Merkel während des Essens Formulierungsvorschläge in ihr Redemanuskript.

Als die Kanzlerin wenige Minuten vor drei Uhr Ortszeit fast pünktlich das Auditorium betritt, wissen dort schon die allermeisten, dass auch der russische Präsident Abchasien und Südossetien anerkannt hat. Um 14 Uhr 06 Ortszeit verbreitete dpa unter der Kennung »Eil Eil« die Meldung, wenig später war sie auf den Blackberrys oder Mobiltelefonen der meisten mitreisenden Journalisten.

Nicht mehr als 20 Minuten redet Merkel, etwa in der Mitte macht sie das Statement: Es sei »absolut nicht akzeptabel«, dass der russische Präsident die abtrünnigen Republiken anerkennen würde, sagt die Kanzlerin unter sofort einsetzendem Beifall. Merkel wählt also eine weichere Formulierung als das vorher besprochene »aufs Schärfste zu verurteilen«, wohl auch, um später gegebenenfalls noch mal etwas draufzulegen zu können.

Gerade die Esten und die Litauer sind als direkte Nachbarn Russlands besonders empfindlich gegenüber den neuen Großmachtgesten der Russen. Seit Beginn der Krise kamen von dort beständige Aufforderungen, härter mit Russland ins Gericht zu gehen und die Hilfe für Georgien schneller und konsequenter aufzustocken.

Kaum hat Merkel ihre Rede beendet, da tickern die Agenturen auch schon, sie habe den Tonfall den Russen gegenüber klar verschärft. Als sie mit dem estnischen Präsidenten Toomas Hendrik Ilves die paar Hundert Meter bis zu seinem Amtssitz Schloss Kadriorg läuft, werden beide von Kameras umlagert.

Fast sieht es so aus, als ob ein Mitarbeiter des Bundespresseamts sein orangefarbenes Seil aus seiner schwarzen Lederaktentaschen ziehen müsste. Er hat es immer für den Notfall dabei, dass der Ansturm auf die Kanzlerin zu groß wird und die Fotografen mit einem Seil abgehalten werden müssen:

»Wenn wir das aufspannen, hat sie wieder ein wenig Ruhe.«
Doch dann bekommt die estnische Polizei den Pulk in den
Griff, und die beiden verschwinden im Schloss.

Um 16 Uhr 37 hebt der Regierungsflieger wieder aus Tallin
ab, dieses Mal fliegen die deutschen Journalisten mit, die vorher nach Tallinn angereist sind. Sie tun es vor allem für die
Gespräche im Flugzeug: Angela Merkel ist bekannt dafür,
dass sie sich auf allen Auslandsreisen viel Zeit nimmt, um
mit der Begleitpresse zu reden – weit mehr jedenfalls, als sie
es im Lauf des Jahres zu tun pflegt. Üblich sind ein, zwei
große Pressekonferenzen.

Möchte sie Themen setzen, die ihr wichtig sind, lädt sie
manchmal auch zu Hintergrundgesprächen ins Kanzleramt.
Dann versammeln sich zwei Dutzend Büroleiter der größeren
Zeitungen, Magazine, Agenturen, Fernseh- und Radiosender
um den ovalen Tisch im kleinen Kabinettssaal. Öfter als zwei,
drei Mal pro Jahr finden derartige Einladungen jedoch nicht
statt. Noch seltener ist, dass Merkel Journalisten zum Mittag-
oder Abendessen einlädt. Das findet dann im Speisezimmer
der Kanzlerin im achten Stock statt.

Es ist ganz in Weiß gehalten und nur halb so groß wie ihr
Arbeitszimmer: Zwei Dreisitzersofas in klassischem Design,
eine Tafel für bis zu 18 Gäste, an den Wänden ein Picasso
und einige schwarz-weiße Arbeiten auf Papier von A. R.
Penck. Ist es draußen warm, sind immer die großen Balkon-
türen offen.

Während der Aperitif gereicht wird, können die Gäste
einen der schönsten Balkone Berlins genießen. Der Blick
geht weit über den Tiergarten, den größten innerstädtischen
Park der Hauptstadt. In wenigen Schritten ist man bei der
Paradeaussicht aus dem achten Stock – dem besten Blick
auf den gegenüberliegenden Reichstag, den Berlin zu bieten
hat.

Wer Merkel also in Nahaufnahme sehen will, weicht oft auf
die Kanzlerreisen aus. Und so ist eine kleine Kabine zwischen

dem Delegationsabteil und dem Kanzlerabteil denn auch der Ort, wo Merkel ungefiltert und im Zentimeterabstand zu beobachten ist.

Immer sind solche Gespräche »Unter Drei« – dem Code, den Politiker wählen, wenn man eigentlich gar nicht über das Gesagte berichten darf, es zur besseren Information und Einschätzung der Lage aber erzählt bekommt. Wird »Unter Zwei« gesprochen, findet sich das Ganze als Zitate von anonymen »Kreisen im Kanzleramt« oder »Beratern der Kanzlerin« oder manchmal auch »Kanzlervertrauten« wieder. Nur »Unter Eins« werden die Worte des jeweiligen Politikers wiedergegeben – oft genug allerdings ebenfalls hinterher redigiert und glattgebürstet, oder um im Jargon zu sprechen »autorisiert«.

So quetschen sich auch dieses Mal 16 Journalisten, Regierungssprecher Wilhelm und ein Mitarbeiter des Presseamts in das Abteil, das eigentlich gerade mal acht Sitzplätze hat. Einer sitzt auf dem Boden, zwei andere auf der Lehne. 13 Minuten nach dem Start der Maschine kommt Merkel mit einem Pappbecher Tee in der Hand in den Raum. Sie sitzt immer am gleichen Platz, der auch brav für sie frei gehalten wird.

Vor einiger Zeit hat die Luftwaffe ein Mikrofon beschafft, so dass sie selbst durch den Fluglärm gut zu hören ist. Auch dieses Mal redet die Kanzlerin offen über ihre Gespräche und über die nächsten Termine. Fliegt sie zum ersten Mal in ein Land, liefert sie manchmal ein kleines Psychogramm des dortigen Staats- oder Regierungschefs mit, wenn sie ihn bei anderen Gelegenheiten schon getroffen hat. Bei diesem Hintergrund geht es beispielsweise länger um das Verhältnis zwischen dem früheren russischen Präsidenten Wladimir Putin und seinem Nachfolger seit wenigen Monaten, Dmitri Medwedjew. Merkel berichtet auch von ihren Telefonaten mit anderen Regierungschefs, die sie am Rande des Besuchs in Estland noch absolviert hat. Mit einem Kollegen hat sie sich per SMS ausgetauscht.

Einen weiteren wird sie nach ihrem Gespräch mit dem

litauischen Präsidenten Valdas Adamkus anrufen – den georgischen Präsidenten Michail Saakaschwili. Adamkus erzählte ihr, wie verzweifelt der Georgier über die derzeitige Situation mit den Russen sei. Saakaschwili brauche dringend Unterstützung. Und so ist er auch der Erste, mit dem Merkel telefoniert, als sie wieder zu Hause in Berlin ist. Die Zweite ist die ukrainische Ministerpräsidentin Julia Timoschenko, die ihrerseits mit Merkel reden will. Auch in Estland und Lettland wird darüber geredet, dass die Russen Pässe an Ukrainer ausgeben, die auf der Krim leben und eigentlich wieder nach Russland zurückmöchten.

Je mehr Gespräche Merkel in eine Auslandsreise packen kann, desto besser. Von jedem nimmt sie kleine Puzzlesteinchen mit, die sie dann zu ihrem Gesamtbild der Lage zusammensetzt: Was sagt der eine Staatschef über den anderen? Wer hat wen zum letzten Mal gesehen? Wer kann mit wem und könnte deshalb auf Recherchemission geschickt werden?

Merkel hat dieses System der Informationsbeschaffung während ihrer EU- und G8-Präsidentschaft im ersten Halbjahr 2007 perfektioniert. Auch deshalb legt sie so viel Wert darauf, alle europäischen und die wichtigsten ausländischen Regierungschefs in ihrem jeweiligen Umfeld zu besuchen und zu erleben. So fügt sich der Eindruck, den sie bereits von anderen Treffen oder Gipfeln hat, zu einem Ganzen und ermöglicht später weit einfachere Telefonate, um den Kontakt zu halten.

Denn gerade bei den Telefonaten gibt es große Unterschiede. Manche seien wie der Austausch vorgefertigter Kommuniqués, wo jeder seinen Standpunkt vorlese und der dann auch noch aufwendig gedolmetscht werden müsse. Andere brechen nach den ersten Sätzen aus diesem Format aus und werden dann zu halbwegs spontanen und auch informativen Unterhaltungen.

Und dann gibt es noch diejenigen, die am ehesten dem entsprechen, was man sich unter einem Telefonat vorstellt –

einen munteren Austausch von Meinungen, wo man auch mal einen Scherz machen kann oder dem anderen ins Wort fallen. Ein Dutzend Regierungschefs zählt Merkel zur letzteren Kategorie, einige davon halten auch per SMS Kontakt mit ihr.

Einer davon ist José Manuel Barroso, der EU-Kommissionspräsident. »Ich schicke ihr eine SMS mit der Frage, wann ich sie sprechen kann«, erzählt er, »manchmal schickt sie mir Sekunden später eine zurück mit der Botschaft ›jetzt‹.«

Er gibt offen zu, dass er ein Fan von Merkel ist: »Ich mag sie sehr und bin deshalb nicht der objektivste Gesprächspartner.« Es sei sehr wichtig für die Europäische Union, dass die Kanzlerin sich so sehr um die kleineren Länder kümmere. »Unsere Treffen gehen oft viele lange Stunden. Normalerweise sitzen die Regierungschefs am Tisch und schicken ihre Helfer, wenn sie etwas mit den anderen besprechen wollen«, erzählt er. Merkel hingegen stehe oft während der Treffen auf, gehe um den Tisch und spreche mit jedem.

»Das ist sehr wichtig, weil auch Premierminister und Präsidenten menschliche Wesen sind«, sagt der EU-Kommissionschef. »Jeder will respektiert werden. Alle von uns haben ihre Frustrationen und Komplexe und ihr Ego. Angela Merkel versteht das. Sie versucht immer, allen ihren Respekt zu erweisen. Sie hat eine emotionale Intelligenz.«

Hinzu komme, dass sie eine Frau sei. »Noch wichtiger allerdings ist ihre naturwissenschaftliche Ausbildung. Sie verhält sich weder wie ein typischer Mann noch wie ein typischer Chef eines großen Landes«, sagt Barroso. »Viele – nicht alle natürlich – mögen große Prinzipien, große Aussagen, große Pläne. Merkel mag die Details. Ich bin immer wieder überrascht, wie gut sie die Details kennt. Sie verhandelt hart, bleibt dabei aber immer verbindlich.«

Um 22 Uhr 45 landet die Theodor Heuss an diesem Dienstag wieder in Berlin. Merkel ist seit ihrem Frühstück mit dem schwedischen Ministerpräsidenten Fredrick Reinfeldt um

7 Uhr 30 ununterbrochen im Einsatz. Selbst die sonst möglichen Ruhezeiten im Flugzeug wurden diesmal mit Journalistengesprächen und Besprechungen mit ihren Mitarbeitern für die Arbeit genutzt.

»Debriefing« wird letzterer Vorgang im Kanzleramt genannt, und er ist außerordentlich wichtig. Ein Anglizismus aus der Diplomatensprache: Beim »Briefing« – der Unterrichtung – wird jeder Anwesende vor Verhandlungen oder Gesprächen auf den Stand der Dinge gebracht. Nachher findet das »Debriefing« statt: Die jeweilige Runde geht den Termin und seine Ergebnisse noch einmal durch und bespricht, welche Folgeaufträge und neue Fragen sich daraus ergeben. »Das sogenannte Debriefing halte ich für die höchste Kunst des diplomatischen Dienstes«, sagt Merkel. Es sei ganz wichtig, die Aufträge gleich so zu verteilen, dass jeder, der damit zu tun hat, informiert werde. »Wir erledigen das schon auf dem Rückflug, so dass ich am nächsten Tag neu anfangen kann«, meint die Kanzlerin. »Die Erfahrung lehrt, dass man sehr stark in einem Feld beschäftigt ist. Am nächsten Tag stehen dann ganz andere Themen auf der Tagesordnung.«

Als das Flugzeug vor die Abfertigungshalle rollt, setzt sich auch die kleine Kolonne mit der gepanzerten Limousine Merkels, dem Auto ihres Begleitschutzes und dem Wagen des Regierungssprechers in Bewegung. Wie bei jeder Rückkehr ist es Merkel, die als Erste von Bord geht. Als der Rest der Delegation das Flugzeug verlässt, ist sie schon auf dem Weg in ihre Wohnung am Kupfergraben in Berlin-Mitte.

Kapitel 8

Dissidenten in Hessen –

was sich Merkel von der erneuten Wahl dort erhofft
und wie die Schicksalswahlnacht 2005 ihr Handeln
beeinflusst hat

Angela Merkel ist guter Dinge, als sie am Morgen des 3. November den Konferenzraum der *Frankfurter Allgemeinen Zeitung* betritt. Eine Mitteilung auf ihrem Handy hat sie an diesem Montagmorgen bereits darüber informiert, dass vier SPD-Abgeordnete gerade angekündigt haben, die hessische SPD-Frontfrau Andrea Ypsilanti nicht zur Ministerpräsidentin in Hessen zu wählen. Die Kanzlerin ist zu einem länger geplanten Redaktionsbesuch nach Frankfurt gekommen. Der Tag hätte kaum besser gewählt sein können. Denn hier in Hessen spielt sich seit Monaten ein Politspektakel ab, das einen entscheidenden Einfluss auf den Bundestagswahlkampf haben wird.

Eigentlich wollte sich Ypsilanti am folgenden Dienstag zur hessischen Ministerpräsidentin wählen lassen. Nun machen ihr Dagmar Metzger, Silke Tesch, Carmen Everts und Jürgen Walter einen Strich durch die Rechnung. »Die phantastischen Vier« wird sie die *FAZ* am nächsten Tag auf ihrer Titelseite nennen. »Nun gibt es wieder eine Chance, eine stabile Regierung in Hessen zu bilden«, sagt Merkel in der Redaktionskonferenz. Sie freue sich für Roland Koch, den geschäftsführenden Ministerpräsidenten. »Es ist ein Gewinn für die politische Kultur in Deutschland, dass es nicht zu einem Regierungswechsel kommt, der auf Wortbruch gegenüber den Wählern beruht.«

Gibt Ypsilanti auf, wird es Neuwahlen in Hessen geben, mit einer zweiten Chance für Roland Koch. Merkel ist zuversichtlich, dass der 51-jährige Jurist Ende Januar dann wiedergewählter Chef einer schwarz-gelben Koalitionsregierung sein wird. Das wäre aus ihrer Sicht ein achtbarer Start in das Superwahljahr 2009, in dem neben dem Bundestag auch noch der Bundespräsident, die Europaabgeordneten, die Landtage in Brandenburg, Saarland, Thüringen und Sachsen sowie etliche Kommunalparlamente gewählt werden.

Ein CDU-FDP-Erfolg in Hessen zum Anfang des neuen Jahres hätte mehrere positive Wirkungen, kalkuliert man im Kanzleramt. Zum einen könnten Stimmengewinne für die CDU und/oder die FDP die notwendigen Wahlmänner für die Wiederwahl des Bundespräsidenten im Mai bringen.

Zum anderen aber würde ein Erfolg der bürgerlichen Kräfte ein weiteres Mal signalisieren, dass eine schwarz-gelbe Mehrheit auch im Bund machbar wäre. 55 der 80 Millionen Deutschen würden dann in ihren Bundesländern von bürgerlichen Koalitionen regiert. Ein Argument gegen alle Zweifler, dass es auch im Bund im September reichen würde. Angela Merkel würde am liebsten eine bürgerliche Regierung nach der Bundestagswahl bilden. Allerdings weiß sie nach dem Wahlschock 2005 um die Volatilität des Wählerwillens.

Niemals wird sie diese Stunden in der Berliner Parteizentrale Konrad-Adenauer-Haus am Nachmittag und Abend des 18. Septembers 2005 vergessen. Als aus einem noch bis kurz vor der Wahl sicher geglaubten Sieg eine einzige Zitterpartie geworden war.

Schon in der letzten Woche vor der Wahl gehen die Werte für die Union mit jedem Tag weiter runter. CDU-Generalsekretär Volker Kauder lässt sich jeden Tag die neuen Umfragen der Demoskopen schicken. Eine derartige Entwicklung hat er noch nie erlebt. Fast stündlich scheint die SPD aufzuholen. Alles sieht danach aus, als ob Kanzler Gerhard Schröder mit seinen Angriffen auf den früheren Verfassungsrichter und CDU-Finanzexperten Paul Kirchhof und Kanzlerkandidatin Merkel die spektakulärste Aufholjagd der deutschen Wahlgeschichte gelingen könnte. Am Samstag weiß Merkel, dass die Union wohl kaum über 40 Prozent hinauskommen wird. Das ist ein unvergleichliches Desaster. Die Kanzlerkandidatin ist mit einem Vorsprung von gut 20 Prozentpunkten vor Schröder in den Wahlkampf gestartet. Und nun scheint es, als ob sie alles verspielt habe.

Die beiden CDU-Präsidiumsmitglieder Norbert Röttgen und Jürgen Rüttgers fliegen mit der gleichen Maschine von Düsseldorf nach Berlin. Als sie landen und ihre Handys wieder einschalten, lesen sie in einer SMS aus der Parteizentrale, dass die Union sogar unter 40 Prozent landen wird. Beide sind fassungslos.

Annette Schavan trifft Merkel in der Tiefgarage des Konrad-Adenauer-Hauses, als beide kurz nach vier Uhr am Wahltag in die Parteizentrale kommen. Schavan war mit Volker Kauder morgens in der Messe der Katholischen Akademie und hat dann mit dem Kollegen aus ihrer baden-württembergischen Landesgruppe zu Mittag gegessen. Auch Kauder und Schavan wissen schon, dass das Wahlergebnis wohl wirklich schlecht wird. Doch keiner kann sich vorstellen, dass die Union noch in den letzten Stunden unter die am Vortag gemeldeten 40 Prozent fallen wird.

Merkel und Schavan begrüßen sich fast tonlos. Schweigend fahren die beiden Frauen mit dem Aufzug in den fünften Stock der Parteizentrale.

Es gibt ein Foto von Merkel, kurz nachdem sie das schlechte Wahlergebnis erfahren hat. Mit gefalteten Händen und leicht geneigtem Kopf steht sie in einem Raum voller Menschen, die sich in der Parteizentrale versammelt haben.

Sie steht ganz allein da. Man hat den Eindruck, dass die anderen sie ganz bewusst in Ruhe lassen. Ganz schmal ist ihr Gesicht, sie wirkt wie sehr weit weg. Es ist sofort ersichtlich, wie tief diese Frau in diesem Moment getroffen ist.

»Sie hat den Grund für das, was da passiert ist, bei sich selbst gesucht«, sagt einer, der sie in diesen Minuten beobachtet hat. »Merkel ist niemand, der andere für ihre eigenen Fehler verantwortlich macht.« Ein anderer sagt zu seinem Nachbarn: »Die wird doch jetzt nicht aufgeben.«

Das tut sie nicht. Natürlich nicht. Aber dennoch sind es eher die Menschen in ihrer Umgebung, die den Lauf der Dinge nach diesen endlos stillstehenden Minuten wieder in Gang setzen. Schon vorher war abgesprochen, dass der hessische Ministerpräsident Roland Koch nach Schließung der Wahllokale als Erster vor die Kameras gehen sollte. »Wir haben sehr schnell entschieden, dass die Botschaft trotzdem sein sollte, dass wir die Wahl gewonnen haben und die stärkste Fraktion sind«, erzählt einer. Doch noch nicht einmal Letzteres war zu diesem Zeitpunkt klar.

Klar war nur, dass Angela Merkel eine sicher geglaubte Wahl versiebt hatte. Natürlich trugen auch der Streit in der Union und die zögernde Haltung der Ministerpräsidenten bei der Unterstützung von Paul Kirchhof wesentlich zur Niederlage bei. Doch verantworten musste sich die Spitzenkandidatin.

Wer die Kanzlerin und ihre Art zu regieren verstehen will, findet in diesen Minuten einen entscheidenden Schlüssel. Es sind Minuten, die ihr im wahrsten Sinne des Wortes entglitten sind, die sie weder steuern noch vorher planen konnte. Minuten, die sie sich noch nicht einmal vorstellen konnte.

Denn Merkel ist zwar so kopfgesteuert, dass sie fast immer alle möglichen Szenarien vorher durchspielt, um sich darauf einzustellen. Doch der Schock einer derartigen Niederlage lässt sich nicht im Voraus simulieren. Er setzt unmittelbar ein, und dann mit voller Wucht.

Hatte sie der Partei zu viel zugemutet? Wie würden die Ministerpräsidenten reagieren? Was brüteten ihre Gegner in der Partei jetzt gerade aus? Vor allem aber: Wie sollte es weitergehen?

Zunächst einmal mit Polit-Routine. Es geht auf 18 Uhr zu und damit beginnt das Spießrutenlaufen vor den Kameras. Jeder im Konrad-Adenauer-Haus sieht noch einmal nach den Zahlen von der letzten Bundestagswahl 2002. 38,5 Prozent hatten SPD und Union damals. Sie lagen gleichauf, doch der Vorsprung der Grünen vor der FDP ermöglichte Gerhard Schröder eine erneute Regierungsbildung der rotgrünen Koalition.

Als die ersten Prognosen auf den Bildschirmen erscheinen, gibt es wieder einen Hoffnungsschimmer. Zwar hat die Union deutlich verloren, doch es sieht danach aus, als ob die FDP ein Rekordergebnis einfahren wird. Vielleicht würde es ja doch für Schwarz-Gelb reichen?

Roland Koch geht wie verabredet gegen viertel nach sechs als erster Unionspolitiker vor die Kameras. Er hält ein klares Plädoyer für Angela Merkel. Ja, es sehe so aus, als ob die Union Stimmen verloren habe. Doch sie sei die stärkste Partei. Angela Merkel müsse Kanzlerin werden. Die Partei stünde geschlossen hinter ihr.

Das ist ein eindeutiges Signal, an dem es nichts zu interpretieren gibt. Doch mit jeder verstreichenden Minute werden die Zahlen schlechter. Als Angela Merkel in die sogenannte Elefantenrunde, die Fernsehdebatte der Parteichefs um 20 Uhr 15, gehen muss, ist klar, dass es für Schwarz-Gelb nicht reichen wird.

Das Sendegebäude des ZDF, der Zollernhof, steht an der Prachtstraße Unter den Linden im Zentrum von Berlin. Zufällig kommen Merkel und Schröder fast gleichzeitig dort an. Als sie an der Glastür vor dem Gebäude in Empfang genommen werden, begrüßt ein ZDF-Mitarbeiter die CDU-Chefin mit »Frau Bundeskanzlerin«. Schröder hört das. Er wird sauer. Der Kanzler ist davon überzeugt, dass er der Wahlsieger ist.

So benimmt er sich dann auch in der Elefantenrunde. Wenn dieser Begriff das Geschehen im Studio je getroffen hat, dann bei dieser Sendung. Als ZDF-Chefredakteur Nikolaus Brender ihn als Zweiten anspricht – sein Kollege Hartmann von der Tann hatte zuerst Merkel befragt –, ist Schröder schon höchst aufgebracht. Er sei noch immer Bundeskanzler, fährt er Brender an, »auch wenn Sie dagegen arbeiten.«

Niemand außer ihm sei in der Lage, eine stabile Regierung zu stellen: »Ich sage Ihnen, ich führe Gespräche, und ich sage Ihnen heute voraus: Die werden erfolgreich sein.« Später geht er Merkel auch noch direkt an: »Niemals werden Sie Kanzlerin.«

»Mir war schon während der Sendung klar, dass ich die Angriffe von Schröder nicht offensiv parieren dürfte«, erinnert sich Merkel, »mit ein paar Sätzen kann man da viel kaputt machen.« FDP-Chef Guido Westerwelle und CSU-Chef Edmund Stoiber verteidigen sie gegen die Angriffe von Schröder – und auch die beiden Moderatoren. »Ich dachte mir, ich bin immer noch vorn, und habe mich ruhig verhalten«, sagt Merkel über diese halbe Stunde.

Dabei ist das mit dem Vorn-Sein so eindeutig nicht. Dass die Union tatsächlich stärkste Fraktion wird, ist keineswegs entschieden.

Doch für die Millionen Bundesbürger, die in diesen Minuten vor dem Fernseher der Elefantenrunde zusehen, dürfte die ungezügelte Machtdemonstration Schröders einiges an Sympathie zugunsten von Merkel verschoben haben.

Interessanterweise ist es bei den Sozialdemokraten eine Frau, die diesen Stimmungsumschwung sofort registriert: Doris Schröder-Köpf, die Ehefrau des Kanzlers. Sie ist die Einzige, die ihrem Mann nach dessen Auftritt sagt, was für einen schweren Fehler er gerade begangen hat. Alle anderen Spitzen-Sozis gehen sofort daran, ihre spektakuläre Aufholjagd zu feiern. Bis weit nach Mitternacht wird im Willy-Brandt-Haus getafelt und getrunken.

Ganz anders in der Parteizentrale der CDU. Nachdem Merkel aus dem ZDF-Studio zurückgekommen ist, diskutiert sie mit der Führungsspitze der Union die nächsten Schritte. Was würde am stärksten signalisieren, dass Merkel Kanzlerin werden muss? Wie wird die Fraktion reagieren? Welche Koalitionsoptionen gibt es wirklich?

Schnell kreist die Debatte um die Frage, ob, wann und wie sich Merkel zur Fraktionschefin wählen lassen soll. Per Akklamation oder als geheime Wahl? Was, wenn es bei einer geheimen Wahl einige Neinstimmen geben würde? Der Imageschaden für Merkel wäre verheerend.

Andere argumentieren, eine Wiederwahl als Fraktionschefin würde das falsche Signal aussenden. Denn Merkel wolle Kanzlerin werden, nicht Fraktionschefin. »Unsinn, das ist der nächste strategische Schritt«, sagen die Befürworter. Mit der Wahl bekomme Merkel ein »demokratisch legitimes Kleid«, das könne nicht missverstanden werden. Egal, wie Schröder auch argumentiere.

Aus der Position der Stärke heraus könne sie dann als Vorsitzende der größten Fraktion im Bundestag in die Koalitionsverhandlungen gehen. Das sei der entscheidende Faktor, wenn es darum gehe, wer Anspruch auf die Kanzlerschaft habe und Koalitionsgespräche führe.

Dennoch tobt die Debatte darüber mehrere Stunden. Nach Mitternacht sind es mit Angela Merkel und Volker Kauder nur noch wenige, die am Tisch im Büro des Generalsekretärs sitzen. Der schreckliche Tag ist da schon zu Ende. Nicht abgehakt, noch längst nicht. Während im Willy-Brandt-Haus Witze erzählt werden und über die Wahlverliererin Merkel gelästert wird, steigt die in ihr Auto und fährt nach Hause. Ihr Plan steht, wie sie die erste Kanzlerin der Bundesrepublik Deutschland werden wird. Ob sie sich durchsetzen kann, werden die nächsten Tage zeigen.

Wenige Stunden später wird Ronald Pofalla im Frühstücksfernsehen für eine schwarz-gelbe Koalition mit den Grünen werben. Jamaika, wie dieses Konstrukt nach den Farben der Landesflagge des Inselstaates schnell genannt wird. Merkel und ihr späterer Generalsekretär wissen zwar, dass ein derartiges Bündnis außerordentlich unwahrscheinlich ist. Die CSU würde sich nicht darauf einlassen. Und die Grünen wären wohl auch noch nicht so weit. Doch Pofalla öffnet damit die Koalitionsoptionen der Union. Das war Merkel am Vorabend wichtig: Nur auf die Große Koalition zu setzen würde den geringen Spielraum noch weiter einengen. Zwar scheint sie nach Lage der Dinge die einzig machbare Variante zu sein. Jetzt aber sofort darauf zu setzen wäre politisch außerordentlich unklug.

Indem Pofalla Jamaika ins Spiel bringt, versucht er gleich mehrere Ziele zu erreichen: Die neue Koalitionsvariante ist aufregend. Zumindest ein wenig kann so von der katastrophalen Niederlage Merkels abgelenkt werden. Und diejenigen im eigenen Lager, welche die Grünen noch immer für die Turnschuh-und-Sonnenblumen-Rebellen der 80er-Jahre halten, bekommen einen ganz großen Schreck. Vor die Alternative gestellt, mit den Grünen oder den Sozialdemokraten zu koalieren, würden sie sich dann mit der SPD leichter tun. Das zumindest ist auch eine Hoffnung, die Merkel und Pofalla antreibt.

Bei den Sozialdemokraten kommt der Kater verzögert. Erst am Montag wird den meisten klar, dass es trotz der fulminanten Aufholjagd von Gerhard Schröder keinen Weg mehr zurück ins Kanzleramt gibt. Denn Guido Westerwelle hat schon in der Wahlnacht die Entscheidung getroffen, die seiner Partei in den folgenden Jahren Stimmenzuwächse bei jeder Wahl bringen wird – er entscheidet sich, zu stehen und sein Wort zu halten. Keine Koalition mit Rot-Grün.

Es wird Parteichef Franz Müntefering sein, der den Überschwang der Gefühle bei den Sozialdemokraten gerade noch rechtzeitig abbremst und ihnen die Möglichkeiten des Wahlergebnisses nüchtern durchbuchstabiert.

Müntefering ist nach der Wahl 2005 schnell zu dem Schluss gekommen, dass alles auf eine Große Koalition hinausläuft. Inzwischen ist auch klar, dass das Unionslager ein paar Stimmen mehr hat, auch wenn es in Dresden noch zu einer Nachwahl kommen wird. Selbst wenn sich die Genossen noch so sehr mühen, darauf hinzuweisen, dass CDU und CSU ja eigentlich zwei Parteien seien und deshalb die SPD die größte Fraktion stelle.

Wenn heute davon geredet wird, dass Merkel die Große Koalition am liebsten fortführen würde, so sind das bewusste Störmanöver. Gestreut weniger aus der eigenen Partei als aus der Opposition. Denn natürlich weiß Merkel, wie unbeliebt die Große Koalition bei den Funktionären und Mitgliedern ihrer eigenen Partei ist. Wer ihr andichtet, sie wolle dieses Bündnis verlängern, will ihr damit bei ihrer eigenen Basis schaden. Gerade im eher konservativen Klientel der Unionswähler gibt es noch immer Vorbehalte gegen die Protestantin aus der Uckermark, wenn auch deutlich weniger als noch 2005.

Doch auch die Kritiker wissen, dass die von Merkel angestoßene Modernisierung der Partei unumgänglich ist. Eine Bemerkung des baden-württembergischen Landesgruppenchefs Georg Brunnhuber gibt das treffend wieder. Sie ist auch deshalb illustrativ für die Gefühlslage in der Partei, weil Brunnhuber nicht zu den Merkel-Fans gehört und sich 2002 klar für Edmund Stoiber als Kanzlerkandidaten ausgesprochen hat. Merkel zitiert sie in ihrer Rede auf der Festveranstaltung »90 Jahre Frauenwahlrecht« Ende Januar 2009 – ohne Brunnhuber zu nennen:

»Als es in der Diskussion war, dass ich Parteivorsitzende werden sollte, sagte ein Kollege zu mir: Du musst das machen. Dann guckte ich ihn an und sagte: Ich weiß nicht, ob ich konservativ genug bin. Daraufhin sagte er: Pass auf, darum geht es nicht – wir sagen dir schon, wenn du konservativ sein mußt; es geht darum, dass unsere Töchter sich noch einmal für die CDU interessieren.«

Zweifellos dürfte die paternalistische Haltung, die in dem »Wir sagen dir schon, wenn du konservativ sein mußt« liegt, durch viele Entscheidungen Merkels hinterher enttäuscht worden sein. Doch die Bemerkung illustriert, in welchem Widerstreit sich Kopf und Bauch bei vielen CDU-Politikern des konservativen Lagers befinden: Ihr Bauchgefühl schmerzt, weil viele Glaubenssätze der Partei ins Wanken geraten, vor allem in der Familien- und Migrationspolitik. Doch ihr Kopf rät ihnen, dass dies schon allein wegen der veränderten demografischen Lage notwendig ist. Und ihre Töchter sagen ihnen, dass sie mehr Optionen haben möchten als ihre Mütter. »63 Prozent der Wähler halten die CDU für deutlich moderner als früher«, konstatiert CDU-Generalsekretär Ronald Pofalla, »aber 77 Prozent sagen, wir müssten noch moderner werden.«

Nicht immer siegt der Kopf. Bei CSU-Landesgruppenchef Peter Ramsauer war es klar der Bauch, der seinen Kommentar vom »Wickel-Volontariat« diktierte. So wollte der Bayer die beiden Monate diskreditieren, die Familienministerin Ursula von der Leyen auch Männern in der zwölfmonatigen Elternzeit einräumen wollte. Das funktionierte prächtig. Es dürfte mehr als eine Hinterzimmerrunde konservativer Unionspolitiker gegeben haben, die sich bestens über Ramsauers Intervention amüsiert haben.

Von der Leyen reagierte damit, die beiden Vätermonate zusätzlich zum Elternjahr anzubieten – und löste so einen regelrechten Run auf das »Wickel-Volontariat« aus. Heute sind gerade die Väter in Bayern ganz vorn dabei, wenn es um die Inanspruchnahme des Elterngeldes geht.

Für Merkel war die Modernisierung ihrer Partei in der Familien- und Ausländerpolitik unumgänglich. Sie wusste, dass sie damit weite Teile der Union verprellen würde. Also setzte sie hier von Anfang auf den in diesen Politikfeldern fort-schrittlicheren Koalitionspartner. Interessant ist aber auch, dass sie die jeweiligen Ministerien mit Unionsleuten besetzte – und zwar mit Vertrauten, auf die sie zählen konnte. Ursula von der Leyen im Familienministerium, Annette Schavan im Bildungsministerium, Maria Böhmer im Kanzleramt.

Einzig Wolfgang Schäuble als Innenminister fällt aus diesem Vorgehensmuster. Er gehört nicht zum Merkel-Fanclub. Doch der ausgesprochen intelligente Badener ist wie Merkel auch ein Kopfmensch. Und so weiß er trotz der vielen gegenseitigen Verletzungen im Verhältnis beider, dass der Kurs der Vorsitzenden in diesen Politikfeldern alternativlos ist. Mit Verve hat er sich um die Integrationspolitik verdient gemacht. Schäuble bestätigt damit einen anderen Lehrsatz in der Politik, den Merkel gut studiert hat: Es kann auch sinnvoll sein, ein schwieriges Politikfeld mit jemandem zu besetzen, der bislang als Hardliner in diesem Bereich bekannt war. Gerade weil Schäuble ein ausgewiesener Konservativer ist, kann er die Skeptiker in der Partei bei einer Streitfrage wie der Integration besonders gut mitnehmen.

Zweifelsfrei aber sind dies Themenfelder, die in der Großen Koalition weit weniger umstritten sind als in Merkels eigener Partei und in der CSU. Dass sie die Große Koalition gern genutzt hat, um hier Fortschritte zu erzielen, hat Merkel genau zwei Jahre nach dem Wahltag 2005 auch offen zugegeben.

Die Kanzlerin ist bei einer Runde mit Journalistinnen zu Gast, zu der in losen Abständen die Publizistin Alice Schwarzer und die TV-Moderatorin Sabine Christiansen einladen. Anfangs geht es noch um Politik. Später werden Anekdoten zum Besten gegeben. Die Kanzlerin, die sehr gut Stimmen imitieren kann, erzählt Witze.

Erst gegen Ende des Abends weist sie in einem Nebensatz darauf hin, dass es sich um ein ganz spezielles Datum handelt. Keinem der Gäste ist aufgefallen, dass genau an diesem

Tag vor zwei Jahren die Bundestagswahl war. Außer Angela Merkel. Und so ergreift sie später noch einmal das Wort, um zu erklären, was sie aus der Großen Koalition rausholen will. »Ich möchte, dass wir ein paar Themen voranbringen, über die wir uns zu lange gestritten haben. Das ist Integrationspolitik, die Rente mit 67, die Gesundheitsreform, ein neuer Umgang mit der Familie. Das ist, wie wenn man um eine Kurve biegt. Man weiß nicht, was dahinter liegt. Aber es ist einfach wichtig, endlich um die Kurve zu biegen.«

Im Sommer 2008, noch vor dem Ausbruch der Finanzkrise, wird Merkel in einem Hintergrundgespräch nach ihren drei wichtigsten Wünschen für Deutschland gefragt. Als ersten Punkt nennt sie die Änderungen in der Familien-, Bildungs- und Integrationspolitik.

Ein zweiter sei der Zusammenhalt zwischen den Generationen: »Die Modernisierung der Partei ist nur ein Anfang. Die ältere Generation ist quicklebendig und hat ihren Platz in der Gesellschaft noch nicht richtig gefunden. Wir haben bei den Jüngeren was geschafft. Aber bei den Älteren sind wir erst auf dem Weg.«

Merkels dritter Wunsch betrifft das Selbstverständnis der Deutschen. Sie möchte, dass »wir innerlich etwas gefestigter werden. Dass wir sagen können, wir haben unsere Interessen, für die wir eintreten. Und dass wir einen inneren Stolz haben, dass wir auch Ansprüche haben.«

Letzteres liegt der Außenpolitik der Kanzlerin zugrunde. Dass sie das transatlantische Verhältnis entkrampft hat und weltweit als Ratgeberin geschätzt wird, billigen ihr inzwischen auch viele ihrer Gegner zu.

Bis die Änderungen in der Gesellschaftspolitik als Wendepunkt erkannt werden, dürfte es hingegen noch einige Jahre dauern. Denn derartige Wandlungen brauchen viel Zeit, bis sie in stringentes Regierungshandeln umgesetzt werden. Dies gilt umso mehr in einer föderalen Struktur wie der Bundesrepublik, wo die Länder und die Kommunen, wenn sie wollen, viele Weichenstellungen des Bundes immer wieder blockieren können.

Und die Bereiche gelten nach wie vor als weiche Themen, nicht als Schlüsselfragen der Politik. Angesichts der demografischen Entwicklung des Landes wird sich das spätestens dann als falsch erweisen, wenn Deutschland ab 2015 nicht mehr genügend gut ausgebildete junge Arbeitskräfte hat.

Vorerst jedoch rückt die Gesellschaftspolitik wieder in den Hintergrund. Denn in den Wochen nach der Verabschiedung des Bankenschirms wird schnell offensichtlich, dass die Krise der Finanzbranche in rasanter Geschwindigkeit auf die gesamte Wirtschaft übergreift.

Kapitel 9

Das erste Konjunkturpaket –

warum die Koalitionsfraktionen deshalb den Aufstand proben

In der letzten Oktoberwoche beginnt Angela Merkel über ein Konjunkturpaket zu reden. »Nachhaltige, zielgenaue und mutige Impulse« will sie setzen. Doch was genau der Kanzlerin dabei vorschwebt, bleibt unklar.

So nutzt sie ihren wöchentlichen Podcast am 1. November, um auf das Konjunkturpaket hinzuweisen. Wie immer wird er samstags ins Internet gestellt. Es ist ihr 105. Auftritt, seit sie im Sommer 2006 als erste Regierungschefin der Welt zu diesem Kommunikationsinstrument gegriffen hat. Für Merkel ist das überaus praktisch. Sie kann sich direkt an die Bürger und Bürgerinnen wenden. Die rund dreiminütigen Videoclips sind immer und überall im Internet abrufbar. 200 000 Zugriffe und 15 000 Downloads werden derzeit pro Auftritt registriert.

Und das Allerbeste aus Merkels Sicht: Es geht ruck, zuck, einen derartigen Podcast aufzunehmen. Mehr als eine halbe Stunde dauert die wöchentliche Prozedur nicht. Wenn sie in Berlin ist, wird der Videoclip meist am Freitag aufgenommen. Ihre Mitarbeiter suchen einen Platz im Kanzleramt und bereiten alles vor. Die Produktionsfirma baut ihre Kameras und Aufnahmegeräte auf, oft kommt auch der Chef selbst aus Süddeutschland mit angereist.

Wenige Wochen zuvor, beim 97. Podcast, ist er es, der der Kanzlerin das Mikrofon ansteckt. Aufgenommen wird diesmal im kleinen Kabinettssaal. Inhaltlich geht es um Bildung, denn Merkel ist noch auf Bildungsreise und wird in der Folgewoche deshalb die BASF in Ludwigshafen besuchen.

Ein Mitarbeiter im Kanzleramt hat ihr ein paar Seiten Text aufgeschrieben, die Presseleute haben einen Aufsteller als Hintergrund bauen lassen. »Kanzlerin direkt« steht in dezenten Blautönen darauf. Hellblau als Hintergrund findet sich überall bei Fernsehauftritten Merkels. Es soll ruhig wirken und passt zu vielen Farben, auch denen ihrer Jacketts.

Die Kanzlerin blättert kurz in ihrem Manuskript, nutzen wird sie es nicht. Als alles bereit ist, müssen alle bis auf den Kameramann den Kabinettssaal verlassen. Sie gehen in den Vorraum, wo ein Monitor aufgebaut ist. Merkel fängt an, verspricht sich ganz kurz und beginnt erneut. Nach einem Drittel der Aufzeichnung verhaspelt sie sich wieder, winkt einmal in die Kamera und sagt ganz entspannt: »Das machen wir noch mal.«

Zwei weitere Male wird sie neu ansetzen. Die Kanzlerin ist keine begnadete Rednerin. Sie hat inzwischen aber zumindest Routine vor der Kamera. Am liebsten ist ihr, wenn sie die Situation selbst kontrollieren kann wie bei dem Podcast. Als er abgedreht ist, fragt sie ihr Mitarbeiter, ob sie sich für den 100. Podcast von zwei Kindern befragen lassen würde. Zur gleichen Zeit würde ihre Webseite für Kinder überarbeitet und neu ins Netz gestellt.

Bei dem Podcast zum Thema Konjunktur haben ihre Mitarbeiter einen grünen Hintergrund gewählt. Im roten Blazer kündigt Merkel an, dass die Regierung ein »umfassendes Investitionspaket zur Verfügung stellen« wird. Daran werde an diesem Wochenende gearbeitet. Schon am Mittwoch soll es im Kabinett beschlossen werden.

Zuvor findet am Montag, dem 3. November, ein erneutes Spitzengespräch der Koalition im Kanzleramt statt. Auch sickern die ersten Maßnahmen durch. Noch gibt es erheblichen Widerstand gegen Konjunkturpakete, vor allem bei den Haushaltspolitikern der Union. Der niedersächsische Ministerpräsident Christian Wulff ist gegen die Ausgaben und will sie zumindest reduzieren.

16 Maßnahmen sind es schließlich, welche die Regierung in ein Paket packt. Sie sollen 2008 und 2009 Investitionen in Höhe von 50 Milliarden Euro auslösen. Doch Merkel verzichtet darauf, ihr Paket ordentlich zu etikettieren, und auch, es den Bürgern zu erklären. Ohnehin ist das Kanzleramt im sogenannten Wording nicht besonders stark. Dabei geht es um die »Verkaufe« von Politik: Gelingt es, den Bürgern mithilfe einiger prägnanter Formeln und Begrifflichkeiten einen Eindruck vom Regierungshandeln zu vermitteln?

In den USA zeigt in diesen Wochen ein Mann beispielhaft, welche politische Wucht sich aus wenigen Wörtern entzünden kann: »Yes we can« – kaum erklingen diese acht Buchstaben, steht jedem das Bild des demokratischen Präsidentschaftskandidaten Barack Obama vor Augen. Die Amerikaner sind Meister dieser Disziplin. »It's the economy, stupid« war der ähnlich zündende Wahlkampfslogan, der Bill Clinton zum 42. Präsidenten der USA gemacht hatte. Und das Team um George W. Bush prägte den Stil des Republikaners im Wahlkampf als »compassionate conservatism«, als mitfühlenden Konservatismus.

Auch wenn viele dieser Etiketten wenig mehr als Plattitüden sind, so helfen sie den Bürgern doch, sich ein Bild der Wahlkämpfer und der Regierenden zu machen. Wenn die Politiker diesen Prozess nicht bewusst zu steuern versuchen, dann werden die Medien oder die Bürger dieses Etikett finden. Ein Beispiel dafür ist die zweite Amtszeit Gerhard Schröders. Immerhin machte sich sein Team die Mühe, für das ambitionierte Reformprogramm am Arbeitsmarkt den

Begriff »Agenda 2010« zu prägen. Tatsächlich hat er sich auch durchgesetzt. Für den Großteil der Bevölkerung ist diese Politik allerdings mit dem Begriff »Hartz IV« besetzt – und damit weitaus negativer als die vermeintlich neutrale, aber eben auch weitgehend inhaltsleere »Agenda 2010«.

Merkel ist von ihrer ganzen Persönlichkeitsstruktur her kein Typ, der sich Gedanken über Begrifflichkeiten macht. Bis heute gibt es keinen griffigen Slogan für die Amtszeit Merkels oder ihre Ziele. Einzig mit der »Bildungsrepublik Deutschland« wagte die Kanzlerin im Frühjahr 2008 einen zaghaften Versuch, die Interpretation ihrer Politik zu beeinflussen.

Wer diese Interpretationsspielräume aber frei lässt, riskiert, dass andere sie besetzen. Und so ging es auch dem ersten Konjunkturpaket. Offiziell wurde es unter dem Titel »Vertrauen schaffen – Wachstum stärken – Beschäftigung sichern« vorgestellt. Abgesehen davon, dass kaum ein Radiosprecher oder Nachrichtenkommentator dieses Wörterungetüm in Zusammenhang mit dem Paket nennen würde, konnten selbst Anhänger Merkels wenig damit anfangen. Und ihre Gegner zerrten mit der Kfz-Steuerbefreiung genüsslich den Punkt hervor, der sowohl kontrovers diskutiert wurde als auch die Emotionen der Menschen anfachte.

Ähnlich wie die Pendlerpauschale ist die Kfz-Steuer ein Symbol weit über die eigentliche wirtschaftliche Bedeutung in Euro und Cent. Die Regierung will Neuwagen für zwei Jahre von dieser Steuer befreien, um den Absatz anzukurbeln. Matthias Wissmann, ein früherer CDU-Minister und heutiger Cheflobbyist der Automobilindustrie, ist damit schon früh bei Merkel. Mehrere Wochen vor dem ersten Konjunkturpaket klagt er am 14. Oktober erstmals öffentlich, die Verbraucher seien »verunsichert« und stellten Pläne zum Kauf von Neuwagen zurück.

In seiner Branche sieht es inzwischen katastrophal aus. Um 8,2 Prozent ist die Zahl der neu zugelassenen Autos im Oktober im Vergleich zum Vorjahresmonat zurückgegangen. Im

November sollte der Absatz richtiggehend einbrechen. 17,7 Prozent weniger Autos werden in Deutschland verkauft und zugelassen. Auf den Höfen der Händler ist inzwischen kaum mehr Platz, so viel unverkaufte Ware steht herum. Und von den Leasinghändlern kommen ständig ein bis zwei Jahre alte Wagen zurück, deren Verträge auslaufen und nicht verlängert werden.

Auch die Vorstandsvorsitzenden der großen Autowerke sind schon längst bei Merkel vorstellig geworden. Mit Opel beschäftigt sich das Kanzleramt seit Wochen. Ford, Mercedes, BMW, Volkswagen: »Eine derartige Krise in diesem Umfang und dieser Geschwindigkeit haben wir in unserem Berufsleben noch nicht erlebt« ist der eine Satz, den die Kanzlerin wieder und wieder zu hören bekommt.

In dieser Atmosphäre schlägt Wissmann die Kfz-Steuerbefreiung vor. Sie hätte schon in der Vergangenheit gewirkt, rechnet er der Kanzlerin vor. Zwar würde kein Privatkäufer wegen einigen Hundert Euro weniger Steuern Autos für Zehntausende Euros kaufen. Doch für die Firmen könne sich die Steuerersparnis summieren. Und die Firmenwagen seien gerade für die deutschen Luxushersteller im Inland das wichtigste Segment. Zudem stellt Wissmann in Aussicht, dass die Händler dann attraktive Angebote zusammenstellen würden, die auch für Privatkäufer auf mehrere Tausend Euro Rabatt hinauslaufen würden.

Diese Argumentation kann Merkel nachvollziehen – auch wenn ihr klar ist, dass die Steuerbefreiung purer Lobbyismus ist. Doch die Maßnahme entspricht ihren Vorgaben von »punktgenauen Investitionshilfen«. Sie folgt dem Rat, den ihr die Vorstandsvorsitzenden geben.

In der Öffentlichkeit und in ihrer Fraktion kommt sie damit nicht durch. Ein Problem ist, dass jeder etwas anderes an der Aussetzung der Steuer zu kritisieren hat. Das ist eine typische Entwicklung, wenn eine Sachfrage zum Symbol hochstilisiert wird.

So wettert der CDU-Mittelstandspolitiker Michael Fuchs gegen die Absatzhilfen, weil die Regierung sich »allzu willfährig vor den Lobbyisten-Karren spannen« lassen würde. Zudem sei der Spareffekt in etwa so hoch wie die Kosten einer Tankfüllung, polemisiert Fuchs: »Wer lässt sich denn deswegen zum Autokauf animieren?« Seinem Parteifreund und Haushaltspolitiker Steffen Kampeter gefällt das Programm generell nicht, weil es die Haushaltsplanung sprengt und das Ziel des ausgeglichenen Haushalts in weite Ferne rückt. Maßnahmen wie die Kfz-Steuerbefreiung würden allenfalls ein »Strohfeuerchen« entfachen, sagt er auf allen Kanälen. Der Parlamentarische Geschäftsführer der Unionsfraktion Norbert Röttgen ist aus ökologischen Gründen gegen die Maßnahme. Sie sei nicht »nachhaltig«, moniert er.

Bei den Sozialdemokraten konzentriert sich der Unmut darauf, dass Käufer von teuren und spritschluckenden Autos um ein Vielfaches mehr entlastet würden als diejenigen von ökologisch korrekten Kleinwagen.

Dennoch beschließt das Kabinett am Mittwoch, dem 5. November, den 16-Punkte-Katalog mit der Kfz-Steuerbefreiung. Sie soll sogar schon ab diesem Tag gelten, obwohl das Parlament weder mit dem Paket befasst war noch ihm zugestimmt hat. Tagelang schwelt der Unmut in den Koalitionsfraktionen weiter, am Dienstag darauf bricht er sich dann Bahn.

Wie immer dienstagmorgens vor Fraktionssitzungen frühstücken Volker Kauder von der CDU, Peter Ramsauer von der CSU und Peter Struck von der SPD um acht Uhr miteinander. Hinzu kommen ihre Parlamentarischen Geschäftsführer, der Sozialdemokrat Thomas Oppermann, der Christdemokrat Norbert Röttgen und Hartmut Koschyk von der CSU.

Diese sechs sind das wichtigste Scharnier zwischen Kanzleramt und dem Bundestag. Sie sind es, die ihre Fraktionen im Griff haben müssen, die Stimmungen voraussahnen, die den Abgeordneten auch mal was abpressen müssen, was die

Regierung unbedingt will. Meist funktioniert das. Alle sechs haben ein breites Arsenal an Möglichkeiten, Abgeordnete zu bitten, zu locken, zu ködern und im Zweifel auch zu disziplinieren. Manchmal versagen der Instinkt und die Erfahrung der beiden Fraktionschefs und des Landesgruppenchefs aber auch, dann kommt es zu den alle paar Monate wiederkehrenden Aufständen in der Fraktion.

Dieses Mal jedoch sehen Kauder und Struck den Ärger deutlich kommen. Der SPD-Mann spricht ihn zuerst an: Breiten Widerstand sehe er in seiner Fraktion gegen die Kfz-Steuerbefreiung. Anfangs sei geplant gewesen, nur die Öko-autos zu befreien, nun würden auch die Spritschleudern subventioniert. Auch Kauder berichtet von Ärger bei den Unionsabgeordneten. Die Anwesenden wissen jedoch um die Lage in der Autoindustrie – und dass sich Merkel auf die Steuerbefreiung festgelegt hat.

Norbert Röttgen hat seinen Unmut über die Kfz-Steuerbefreiung bereits zu Protokoll gegeben. In einem *Tagesspiegel*-Interview am Sonntag sprach er sich sehr deutlich gegen die Maßnahme aus. Sie rieche zu sehr nach »lobbyistischen Zurufen«, meint er. So diskreditiere sie das ganze Konjunkturpaket, das Kritiker zu diesem Zeitpunkt ein einziges »Sammelsurium« nennen. »Um diese schädliche Diskussion zu reduzieren, war es mir wichtig, Kriterien und Maßstäbe für das Paket zu finden, die nachvollziehbar waren«, sagt Röttgen. »Nachhaltig, befristet und zielgerecht« müssten die Maßnahmen sein. Das aber war die Kfz-Steuerbefreiung in seinen Augen nicht.

Der 1965 geborene Jurist gilt als großes Nachwuchstalent der Union. Sein Widerspruch bei der Kfz-Steuer ist aus seiner Sicht klug inszeniert. Schon kurz nach der Kabinettsentscheidung hat er sich überlegt, wie er ihn am besten in die Öffentlichkeit transportiert. Dass er damit der Kanzlerin ordentlich in die Quere kommt, dürfte er in diesem Fall billigend einkalkuliert haben.

Der Neinsager im anderen Lager wirkt bei den Sozialdemokraten »wie ein brennender Fackelwurf in die SPD-Fraktion«, wie einer hinterher sagt. Denn Röttgen wiederholt seine Kritik an diesem Dienstag in seiner eigenen Presserunde und auch vor laufenden Kameras. Und gibt damit auch für die SPD-Parlamentarier das Signal zum Aufstand: »Wenn schon der Röttgen das nicht mitträgt ...« ist einer der Sätze, die unter den SPD-Abgeordneten an diesem Nachmittag zu hören sind.

So ist der Andrang der Journalisten an diesem Dienstagnachmittag noch größer als normal, als sich die beiden Koalitionsfraktionen jeweils zu ihren Sitzungen treffen. Wie immer nutzen sie die Minuten vor der Sitzung, um O-Töne einzufangen und Stimmungen zu erkunden. Gerne wird auch ausgemacht, wer wen während der Sitzung oder nachher mit Informationen versorgen wird. Fast nichts, was auf Fraktionssitzungen besprochen wird, bleibt geheim. Wie sollte es auch bei jeweils über 200 Mitgliedern in den Fraktionen?

Da Anwesenheitszwang besteht, tragen sich die Volksvertreter zuerst mit ihrer Unterschrift in den ausliegenden Listen ein. Beide Fraktionssäle haben je einen großen Haupteingang und eine kleineren Nebeneingang. Die meisten nehmen Ersteren und gehen dann einen kleinen Gang entlang in den Saal. Im Gang hängen gerahmte Farbfotos aller bisherigen Fraktionsführer.

In dieser Galerie ist auch das einzige Porträt der Bundeskanzlerin in den offiziellen Räumen des Bundestags und des Kanzleramts zu sehen. Es zeigt sie in ihrer Funktion als Fraktionschefin in den Jahren 2002 bis 2005.

Im Kanzleramt bleibt Merkel von ihren eigenen Bildnissen verschont. Hier gilt der Grundsatz, dass die Kanzler erst nach ihrem Abgang bildnerisch verewigt werden. Gerhard Schröder kam dazu am 10. Juli 2007 wieder an seinen alten Wirkungsort. Der inzwischen verstorbene Düsseldorfer Maler Jörg Immendorff hatte ihn porträtiert. Die Gemäldegalerie der Kanzler befindet sich im Foyer in der ersten Etage. In goldenen Farbtönen hängt Schröders Porträt an der Wand aus sandfarbenen Steinplatten neben seinen Vorgängern Kohl, Schmidt, Brandt, Kiesinger, Erhard und Adenauer.

Schröder hatte den Auftrag für sein Porträt schon im Jahr 2000 erteilt. Damals war er seit zwei Jahren Kanzler und reiste nach Georgien. Immendorff begleitete ihn. Wie meistens bei Schröder wurde das Gemälde nicht einfach nur enthüllt, sondern medial bestens vermarktet. Die *Bild*-Zeitung begleitete den Entstehungsprozess und zeigte das Gemälde exklusiv auf der Titelseite, bevor es im Kanzleramt aufgehängt wurde.

Der Ex-Kanzler hat sich dennoch eine kleine Spitze für die »verehrte, liebe Frau Bundeskanzlerin« ausgedacht. Er deutet auf die leere Stelle links neben seinem Bild und sagt, dass man zwar keinesfalls wisse wann, aber »eines Tages werden Sie dann wohl neben mir hängen«.

Merkel ist vorbereitet. Nachdem auch sie den »sehr geehrten Herrn Bundeskanzler, lieber Herr Schröder« begrüßt hat, fixiert sie Frank-Walter Steinmeier und Franz Müntefering, die mit zur Bildpräsentation gekommen sind und neben Schröder stehen. »Die Große Koalition macht es möglich, dass Sie sich hier nicht alleine fühlen müssen, weil Sie Kameraden mitbringen konnten, mit denen auch ich gut zusammenarbeite.« Schröder gefällt das. Was er dann sagt, dürfte jedoch seinen Kameraden nicht gefallen haben: »Die sind eben universell einsetzbar«, ruft er dazwischen.

Auch Merkel kommt jetzt in Fahrt. Das Gemälde Immendorffs habe hier im Kanzleramt doch eine andere Wirkung als in der Zeitung, sagt sie: Offensichtlich sei es »lichtmäßig sehr scheinwerferabhängig«. Ein Satz, kompliziert wie das Denken Merkels. Seine Zweideutigkeit wird in mehreren Berichten hinterher eine Rolle spielen.

Auch für den Schluss ihrer Rede hat sich Merkel noch eine Pointe aufgehoben. 100000 Besucher kämen jährlich ins Kanzleramt, berichtet sie den Anwesenden. Die müssten vor der Kanzlergalerie nun eine Frage nicht mehr stellen: »Warum wird der Schröder nicht aufgehängt?«

Angela Merkel nimmt wie immer den Seiteneingang, als sie am 11. November zur Fraktionssitzung geht. Hier ist die Bühne von Fraktionschef Kauder, die Kanzlerin ist ein einfaches Fraktionsmitglied. Um dies zu dokumentieren, erscheint sie auf den allermeisten Fraktionssitzungen, redet aber nicht immer.

Kauder sagt, er habe ein »weit über eine Arbeitsbeziehung hinausgehendes Vertrauensverhältnis« zur Kanzlerin. Dabei hatten die beiden einen schwierigen Start. Denn der Baden-Württemberger war der Erste, der Merkel vor dem Wahlkampf 2002 sagte, dass er und sein Landesverband ihren Rivalen Edmund Stoiber im Rennen um die Kanzlerkandidatur unterstützen würden. Gerade diese Offenheit aber war es, die Merkel drei Jahre später dazu bewegte, Kauder zum Fraktionsvorsitzenden der Union zu machen.

Und natürlich seine guten Kontakte in die Fraktion, aber auch zu den Sozialdemokraten. Kauder duzt seinen Gegenpart Peter Struck, wie auch etliche andere. Wenn er von den »Sozen« spricht, klingt das in seinem schwäbisch eingefärbten Idiom keinesfalls wie das Schmähwort, als das es viele andere aus der Union benutzen.

Der Fraktionssaal der Union ist – wie auch die Säle der anderen Parteien – ein heller, luftiger Raum mit viel Oberlicht. Vorne steht erhöht auf einem Podest ein langer Tisch für die Fraktionsführung, dahinter steht eine durchgehende schwarze Lederbank für die Mitarbeiter. Im Saal selbst ein ähnliches Bild: Lange Tischreihen mit Freischwinger-Stahlrohrstühlen und an allen drei Seiten des Raumes eine durchgezogene schwarze Lederbank für all jene, die an den Tischen keinen Platz mehr gefunden haben.

Obwohl viele Abgeordnete mitbekommen haben, wie genervt ihre Kollegen bei der SPD wegen der Kfz-Steuerbefreiung sind, bleibt es ruhig in der Unionsfraktion. Kauder hat das Thema nicht auf die Agenda gesetzt. Üblicherweise würde es gegen Ende bei der Aussprache debattiert werden. Doch schon nach kurzer Zeit erhält Norbert Röttgen einen Anruf von seinem SPD-Kollegen Thomas Oppermann. Der berichtet ihm, dass bei der SPD ein »Riesenaufstand« gegen die Steuerbefreiung im Gang sei. Röttgen teilt mit, dass es bei ihnen noch ruhig sei. Wenig später ruft Oppermann ein zweites Mal an. Auch Kauder hört inzwischen von Struck, dass der bereits eine immer längere Liste von immer empörteren Wortmeldungen zur Kfz-Steuerbefreiung abarbeite. Selbst Umweltminister Sigmar Gabriel ist nun gegen die Regelung, obwohl er kaum eine Woche vorher im Kabinett noch dafür gestimmt hatte.

Kauder verlässt die Sitzung, um mit seinem Kollegen Peter Struck zu beraten – und die Notbremse zu ziehen. Bereits bei ihrem Frühstück hatte der Parlamentarische Geschäftsführer der SPD, Thomas Oppermann, einen Lösungsweg skizziert. Ein typischer politischer Kompromiss. Er lässt alle Beteiligten das Gesicht wahren, ist aber in der Bevölkerung und bei den Medien noch schlechter zu verkaufen, weil der politische Kuhhandel sofort ins Auge sticht. Auch Merkel telefoniert noch einmal mit Peter Struck. So wird die Steuerbefreiung auf den 30. Juni 2009 befristet. Danach soll die Kfz-Steuer von einer CO_2-bezogenen Steuer abgelöst werden – ein Plan, der bislang immer an den Ländern gescheitert war. Nun gelingt er, weil Bund und Länder die Verantwortung für zwei Steuern tauschen und einen entsprechenden Finanzausgleich vereinbaren.

Kapitel 10

Lammkarree im Weißen Haus –

wie zwei Dutzend Regierungs- und Staatschefs nach
Lösungen suchen und die Kanzlerin von Opel abgelenkt
wird

Die Regierungsmaschine verlässt den Berliner Flughafen Tegel pünktlich um 14 Uhr am Freitag, dem 14. November.
Gerade mal 40 Stunden wird die Kanzlerin unterwegs sein.
Schon kurz nach sechs Uhr früh am Sonntagmorgen wird
sie ihr Fahrer in ihre Wohnung zurückbringen.

Merkel fliegt zu einem Gipfel, dem einige schon vor dessen
Beginn das Etikett »historisch« aufgeklebt haben. Denn zum
ersten Mal treffen sich die Staats- und Regierungschefs der
wichtigsten Industrieländer mit denen der aufstrebenden
Schwellenländer. Es ist ein Eingeständnis, dass die reichen
Länder die Krise nicht allein bewältigen können. Sie brauchen China, Brasilien, Indien, Saudi-Arabien und noch etliche andere. Der Finanzcrash hat eine so große Wucht entfal-
tet, dass die G20 nicht nur auf Finanzministerebene tagen,
sondern sich zum ersten Mal auch auf der Ebene der Staats-
und Regierungschefs treffen. Das ist eine Zeitenwende, selbst
wenn der Gipfel ein Flop werden sollte.

Angela Merkel kennt die meisten. Den saudischen König
Abdullah bin Abd al-Aziz Al Saud, von dem sie die Skulptur
mit den goldenen Kamelen geschenkt bekommen hat, die

heute auf der Fensterbank in ihrem Büro im Kanzleramt steht. Inácio Lula da Silva, den charmanten Präsidenten Brasiliens, der hinter seinem Schreibtisch eine riesige Karte mit allen Biosprit-Anlagen seines Landes hängen hat. Den intellektuellen Manmohan Singh aus Indien, der schon so viele Bücher über das Weltfinanzsystem geschrieben hat. Persönlich hatte sie ihn bei einem Gipfeltreffen Ende Oktober in Peking bekniet, doch bitte auch nach Washington zu kommen. Singh zweifelte, weil er fürchtete, dass es wieder nur ein Schaulaufen ohne Ergebnisse werden würde. Und auch die immer wie ein Topmodel gekleidete Cristina Kirchner aus Argentinien ist dabei. Schon im peruanischen Lima mussten alle Regierungschefs beim EU-Lateinamerika-Gipfel auf sie warten, weil sie Minuten zu spät für das gemeinsame Foto kam. Auch in Washington wird sie wieder nicht pünktlich sein.

Die Kanzlerin hat ihre bisherige Amtszeit auch genutzt, fast alle der wichtigen Akteure in ihren Heimatländern zu besuchen. Zwar waren die meisten schon bei ihr im Kanzleramt in Berlin. Doch in ihrer heimatlichen Umgebung lässt sich weit besser beobachten, wie sie ticken und was sie wirklich meinen, wenn sie reden.

Es ist diese Eigenschaft, welche die Kanzlerin auch international zu einer guten Verhandlerin macht. Hinzu kommt die Fähigkeit, die eigene Eitelkeit zurückzustecken. Merkel wird beim abschließenden Familienfoto im West Court des National Building Museums am Samstagmittag mit ihrem grauen Blazer kaum aus dem Meer der schwarzen und grauen Anzüge ihrer männlichen Kollegen herausstechen. Einige Kommentatoren werten das hinterher als Zeichen, dass die deutsche Kanzlerin bei dieser Konferenz von Männern wie Nicolas Sarkozy oder Gordon Brown an den Rand gespielt worden sei.

Das amüsiert Merkel. Es war neben dem französischen Präsidenten die deutsche Kanzlerin, die US-Präsident George W. Bush angerufen hatte, um ihn von einem solchen Gipfel zu überzeugen. Allerdings, als ihr französischer Kollege Nicolas Sarkozy sie fragte, ob sie mit ihm und EU-Kommissionspräsident José Manuel Barroso zum Vorbereitungstreffen nach Washington fliegen wolle, lehnte sie ab. Er, Sarkozy, sei der amtierende EU-Präsident. Und das sei auch das richtige Format für derartige Verhandlungen, wenn die EU-Präsidentschaft zu Bush fliege.

Finanzminister Peer Steinbrück wird Deutschland – und damit auch die Kanzlerin – später als »Weltenkind in der Mitten« beschreiben: »Weil wir nicht als Vertreter von Extrempositionen wahrgenommen werden, können wir so gut vermitteln.«

Das ist bei 20 Regierungschefs noch wichtiger als bei acht. Zehneinhalb Stunden hat Steinbrücks Staatssekretär Jörg Asmussen wenige Tage zuvor beim G20-Finanzministertreffen mit seinen Kollegen an der Abschlusserklärung gefeilt. Unzählige Stunden haben er und Wirtschaftsberater Jens Weidmann vor dem Finanzgipfel in Telefonkonferenzen verbracht, um das Maßnahmenpaket für Washington vorzubereiten.

Merkel hat das Ergebnis ihrer Arbeit in den Händen, die »Chair's Draft« – also die Rohfassung für den Konferenzvorsitz. Ein Computerausdruck in Englisch, datiert vom 11. November 2008, 1 pm, ein Uhr Nachmittag. Die Kanzlerin hat die für sie besonders wichtigen Passagen mit gelbem Markerstift angezeichnet. Über eine Stunde nimmt sie sich diesmal Zeit für das bei derartigen Auslandsreisen übliche Hintergrundgespräch mit den mitreisenden Journalisten. Es findet wie immer in einer separaten Kabine der Regierungsmaschine statt.

Merkel hat einen Pappbecher mit Tee in der Hand, als sie in die Kabine kommt. Es sei ziemlich viel darüber gekämpft worden, wie die Ausgangslage der Krise zu beschreiben sei, sagt die Kanzlerin. Einige der Schwellenländer wollten aufschreiben lassen, dass die reichen Nationen an der Lage

Schuld hätten. Die Reaktion einiger Industriestaaten kam prompt: Dann würden sie jede Diskussion über die Ursachen der Krise ablehnen.

Für die Kanzlerin ist außerordentlich wichtig, dass sich die Staatengemeinschaft beim Gipfel auf eine gemeinsame Analyse einigt, wie die Krise entstanden ist. Nur so könnten dann die richtigen Schlüsse gezogen werden, damit Derartiges nicht wieder vorkommen kann.

Wie außergewöhnlich dieses Treffen ist, zeigt sich bei der Landung auf dem Washingtoner Flughafen Dulles International. Eine Regierungsmaschine reiht sich an die nächste. 19 Delegationen kommen innerhalb von wenigen Stunden an und müssen mit dem korrekten protokollarischen Aufwand begrüßt und abgefertigt werden.

Zu wirklichem Chaos führt das wenig später am Northwest Gate des Weißen Hauses, wo sich die schwarzen Lincolns, Lexus-Limousinen und Cadillacs mit den Regierungschefs stauen. Eine gute Stunde wird US-Präsident George W. Bush im Nordwesteingang des Weißen Hauses stehen, um seine Gäste zu begrüßen. Zum Pech aller Wartenden und vor allem der vier Soldaten der Ehrenwache, welche die Türen zum Weißen Haus und der Limousinen öffnen, hat nun auch noch unangenehmer Nieselregen eingesetzt.

Die erste Delegation fährt fünf Minuten vor sechs Uhr vor. Es ist der ehemalige italienische Notenbankchef Mario Draghi. Er steht inzwischen dem Forum für Finanzmarktstabilität vor und ist ebenso wie eine Reihe anderer Chefs multilateraler Organisationen wie der Weltbank, der Uno und des Internationalen Währungsfonds zum Gipfel eingeladen.

Merkel kommt um 18 Uhr 35 Ortszeit im schwarzen Cadillac an. Für die Kanzlerin ist es durch die Zeitverschiebung inzwischen kurz nach Mitternacht. An Schlaf ist nicht zu denken. Jetzt beginnt für sie die Hauptarbeit, die Gespräche mit den anderen Regierungschefs.

Die schwarze Strickjacke aus dem Flugzeug hat sie gegen

einen schwarzen Samtblazer eingetauscht. Es wird ihr letztes persönliches Treffen mit George W. Bush während dessen Amtszeit sein. Sie begrüßt ihn herzlich. Während der amerikanische Präsident noch eine weitere halbe Stunde seine Gäste in Empfang nimmt, mischt sich Merkel unter die bereits eingetroffene Gästeschar zum Aperitif im East Room. Auch die Finanzminister sind dabei, sie werden später ins benachbarte Schatzamt gehen und dort auf Einladung von US-Finanzminister Hank Paulson zu Abend essen.

Mehr als zwei Dutzend Dinnergäste kann der State Dining Room im Weißen Haus nicht verkraften. Er liegt im Erdgeschoss des Wohntraktes des Präsidenten und ist den neoklassischen britischen Landhäusern des späten 18. Jahrhunderts nachempfunden. Der große ovale Esstisch aus Mahagoni ist mit einer Tischdecke aus dunkelroter Rohseide gedeckt und mit roten Rosen und Hortensien geschmückt.

Bush sitzt am Kopfende des Tisches, eingerahmt von dem chinesischen Präsidenten Hu Jintao und seinem brasilianischen Kollegen Lula da Silva. So hat Bush den ganzen Raum und den Eingang direkt im Blick, hinter ihm hängt ein großes Lincoln-Porträt. Er hat den Platz mit der größten Autorität.

Merkel wird im State Dining Room zwischen dem Briten Gordon Brown und dem Spanier José Luis Zapatero platziert. Vier Gänge lässt Bush servieren, wie immer ist seine Tischrede kurz und knapp. Eine Minute vor halb acht legt er los, vier Minuten später hebt er schon sein Glas für einen Toast. Bush beschwört seine Gäste, am Prinzip der freien Märkte festzuhalten. »Freier Marktkapitalismus war der Motor für Wohlstand, Fortschritt und sozialen Aufstieg in den Volkswirtschaften rund um den Globus«, sagt der US-Präsident. »Alle unsere Nationen müssen die Rufe nach Protektionismus, Kollektivismus und Defätismus im Angesicht der derzeitigen Herausforderungen zurückweisen.«

Dann bittet Bush zuerst die Chefs der internationalen

Organisationen, das Wort zu ergreifen. Uno-Generalsekretär Ban Ki Moon macht den Anfang, gefolgt von Weltbank-Chef Robert Zoellick. Es ist eine Geste, die signalisieren soll, dass die internationalen Organisationen in dieser Krise eine größere Rolle haben sollen. Ein geschickter Schachzug, findet die Kanzlerin.

Sie wird sich nach dem ersten halben Dutzend Redner äußern. Die Vorspeise, auf Obstholz geräucherte Wachtel mit Risotto, ist da schon längst gegessen, der Chardonnay wieder abgetragen.

Als Hauptspeise lässt Bush Lammkarree auf Thymian servieren, ein Fleischgericht, das auch seine muslimischen Gäste essen. Erneut gibt es einen amerikanischen Wein, dieses Mal einen Cabernet. Undenkbar, dass Amerikaner nichtamerikanische Speisen oder Weine servieren würden. Im Gegenteil. Beim Salat wird speziell darauf hingewiesen, dass der gebackene Brie dazu aus Vermont kommt. Und dass die Pfirsichtorte zum Dessert mit einer Sauce aus »amerikanischen« Heidelbeeren serviert wird.

Inzwischen geht es auf 22 Uhr zu. Noch hat gerade mal die Hälfte der Gäste geredet, wichtige Akteure wie der chinesische Präsident oder der indische Ministerpräsident sind nicht zu Wort gekommen. Doch alle Anwesenden wissen, dass für den 43. amerikanischen Präsidenten kein Termin länger als maximal zehn Uhr abends gehen darf. Und so meldet sich der brasilianische Präsident Lula da Silva: »Wir haben nur einen Wunsch an euch«, sagt er seinen Kollegen aus den entwickelten Ländern, »kommt wieder auf die Beine, dann geht es auch uns wieder besser.« Bush schließt die Veranstaltung mit einer für ihn typischen Lobpreisung für das am nächsten Tag zu beschließende Abschlussdokument: »It's a damned good paper!« – »Es ist ein verdammt gutes Papier!«

Dann endet das Staatsbankett nach knapp über zwei Stunden, wie es begonnen hat – mit Stau und Chaos bei der Abfahrt. Gut eine halbe Stunde muss Merkel auf ihre Limousine warten, ein Glück, wie sie im Nachhinein sagt. Denn so kann sie mit einer ganzen Reihe von Gästen persönlich reden, die ebenfalls auf ihre Autos warten.

Merkel lässt sich in das direkt dem Weißen Haus gegenübergelegene Hay Adams Hotel fahren, um die mitgereisten Journalisten und die deutsche Presse vor Ort zu informieren. Doch als sie ankommt, hat sich das Interesse der Medien bereits auf Opel verlagert. In Deutschland tickern die Agenturen, dass der traditionsreiche Autobauer mit in den Abwärtsstrudel seines Mutterkonzerns General Motors gerissen wird. Opel brauche dringend frisches Geld. Die Ministerpräsidenten aller Opel-Standorte sind in heller Aufregung, Roland Koch aus Hessen hat bereits staatliche Bürgschaften in Aussicht gestellt. Merkel-Herausforderer Frank-Walter Steinmeier hatte unabhängig von Opel bereits angekündigt, sich am Montag in seinem Auswärtigen Amt mit Betriebsräten der Automobilindustrie treffen zu wollen.

Merkel und auch ihr Finanzminister Peer Steinbrück sind erbost, dass die Angelegenheit publik geworden ist. »Wir sind not amused«, grantelt Steinbrück, der eine Dreiviertelstunde vor Merkel ins Hay Adams gekommen ist und schon mit einem Glas Weißwein bei den Journalisten sitzt. Vor Tagen bereits hat er in seinem Ministerium eine Prüfung veranlasst, wie Opel geholfen werden könne. »Ich finde es bedauerlich, dass dies alles schon an die Öffentlichkeit gelangt ist«, murrt er. Eine Lösung würde dadurch sehr erschwert: »Es ist sehr ratsam, uns die Gelegenheit zu geben, solide zu arbeiten und dann die Öffentlichkeit zu unterrichten.«

Doch nun ist Opel das Topthema des Wochenendes. Bis zu 30 000 Arbeitsplätze an mehreren Standorten in Deutschland sind bedroht. Es geht um eine der traditionsreichsten Firmen des Landes. Alles Zutaten, die medial größeren Raum einnehmen als der komplizierte Finanzmarktgipfel im weit entfernten Washington D.C. Und so entschließt sich Merkel, ihrerseits speziell zum Thema Opel die Verantwortlichen bei der

Autofirma zu einem Krisengespräch ins Kanzleramt zu laden. Ebenfalls am Montag.

Die Kanzlerin wartet noch bis zum nächsten Morgen, um ihre Idee beim Frühstück mit Finanzminister Steinbrück zu besprechen. Dann lässt sie die Einladung von ihrem Sprecher Wilhelm verkünden, perfekt getimt für die Nachrichtensendungen am frühen Samstagnachmittag und für die Schlagzeilen der Sonntagszeitungen. »Angela Merkel will Adam Opel helfen«, titelt beispielsweise die *Welt am Sonntag*, »Opel-Krise. Merkel greift ein!« die *Bild am Sonntag*.

Für die Fernsehsender wiederholt sie die Botschaft nach Abschluss des Gipfels, als sie im Hotel noch Interviews gibt. Je komplizierter die Themen des Gipfels, desto wichtiger die O-Töne: So kann die Kanzlerin darauf Einfluss nehmen, dass ihre Bewertung des Finanzmarktgipfels von den Bürger und Bürgerinnen gehört wird.

Ob er denn nun wirklich historisch war, der Gipfel, will Merkel zu diesem frühen Zeitpunkt noch nicht bewerten. Dass es aber gelungen sei, derartige Treffen für die Schwellenländer zu öffnen, sei ein klarer Fortschritt. Bemerkenswert auch, wie locker der Umgang der 20 Staats- und Regierungschefs miteinander inzwischen sei.

Tatsächlich ist das Protokoll bei Großveranstaltungen dieser Art ein Quell ständigen Ärgernisses und großen Amüsements. Auch Minister werden bei diesen Anlässen auf die Farbe der Anstecknadeln reduziert, die sie zur Identifikation bekommen. Nur Regierungschefs werden ausgenommen.

In Washington beispielsweise haben Journalisten gelbe »Badges« bekommen – viereckige Plastikkarten, die immer sichtbar um den Hals zu tragen sind. Mitarbeiter sind mithilfe ihrer grünen Karten erkennbar, für die Sherpas ist Rot reserviert. Eine Klasse darüber gibt es unterschiedliche kleine Anstecknadeln fürs Revers, je nachdem, ob es sich um Staatssekretäre, Regierungssprecher oder andere handelt.

Nicht immer ganz einfach sind auch Essen, an denen nur

die Regierungschefs teilnehmen. Der französische Präsident Nicolas Sarkozy besteht beispielsweise aus Statusgründen darauf, Französisch zu sprechen. So wird eigentlich fast immer eine Simultanübersetzung wie beim G8-Gipfel im ostdeutschen Heiligendamm im Juni 2007 angeboten. Damals bekamen die acht Staats- und Regierungschefs einen Knopf ins Ohr. Die Übersetzerriege saß in einem anderen Zimmer. Um ihnen die Arbeit zu erleichtern, wurde das Essen der Regierungschefs auf Monitore übertragen. So konnten die Dolmetscher sehen, wer gerade spricht.

Da die Bundeskanzlerin ziemlich gut Englisch und auch Russisch spricht, könnte sie bei einigen Terminen theoretisch auf Übersetzungen verzichten. Manchmal tut sie das auch. Entweder weil man sich in kleinem, vertrautem Kreis befindet. Oder aber, weil es Zeit spart.

Spannend wird es, wenn Merkel in Russland ist und sich mit dem derzeitigen Ministerpräsidenten Wladimir Putin trifft. Da er ausgezeichnet Deutsch und sie gut Russisch kann, verstehen beide sich auch ohne Dolmetscher. Sie reagieren deshalb unmittelbar aufeinander – ohne die Millisekunden an Verzögerung, die eine Simultanübersetzung, oder die Minuten an Verzögerung, die eine Konsekutivübersetzung mit sich bringt.

Für Beobachter, die beide Sprachen sprechen, ist die Mimik der Deutschen und des Russen deshalb immer ein Highlight. Bis auf ihre Mundwinkel hat Merkel ihre Gesichtszüge meist im Griff, doch bei Putins Provokationen gehen sie manchmal mit ihr durch. Ohnehin ist im internationalen Umgang ungewöhnlich, wie undiplomatisch Putin sein kann. Der Russe weiß genau, dass die Kanzlerin keine Freundin von Hunden ist. Dennoch lässt er zu, dass sein schwarzer Labrador Koni Merkel entgegenspringt, als sie im Januar 2007 in Putins Amtszimmer in seiner Sommerresidenz auf der Krim kommt. »Ich hoffe, der Hund erschreckt dich nicht«, sagt Putin dann auch noch.

Ein derartiger persönlicher Affront kommt sehr selten vor. Normal ist eher, dass die Gastgeber sich doppelt und dreifach bemühen, ihrem Staatsgast alles recht zu machen. Wie in Saudi-Arabien, wo alle Besucherinnen aus dem Westen im saudischen Königspalast normalerweise einen Schleier tragen müssen. Dass Merkel als Regierungschefin davon ausgenommen war, war klar. Doch dass die Saudis auch den restlichen Frauen in der Delegation die schwarzen Tücher erließen, wurde als unerwartete und nette Geste gesehen. Die Botschaft jedenfalls hatte die Ganzkörperverhüllungen bereits für alle weiblichen Mitglieder der Delegation besorgt.

Es wurde von vielen als Affront Merkels gewertet, dass sie den damaligen demokratischen Präsidentschaftskandidaten Barack Obama nicht vor dem Brandenburger Tor in Berlin hatte reden lassen. Für die Kanzlerin war das jedoch kein Thema, über das lange diskutiert werden musste. Ein derart prominentes nationales Symbol taugte ihrer Meinung nach nicht für Wahlkampfdemonstrationen. Obwohl dafür nicht zuständig – das war das Land Berlin –, ließ Merkel erkennen, dass ihr dieser Ort, wenn überhaupt, nur für gewählte Regierungschefs geeignet schien.

Obama hatte sich für seinen Auftritt im Juli 2008 in Berlin dann die Siegessäule ausgesucht. Fast 200 000 Menschen kamen zur Rede des US-Hoffnungsträgers. Vorher war der damalige Senator aus Illinois noch im Kanzleramt zu Gast. Eine dreiviertel Stunde räumte ihm Merkels Terminkalender ein, gut eine Stunde wurde dann schließlich daraus.

Nach seinem Wahlsieg am 4. November 2008 war es der deutsche Bundespräsident Horst Köhler, der seinen Glückwunsch in den frühen Morgenstunden des Folgetages als erster Deutscher nach Chicago schickte. Merkel folgte wenig später, gehörte danach dann aber zu den Ersten, die der »President elect«, der gewählte Präsident, nach seinem Sieg anrufen würde. Schon bei ihrem ersten Treffen war Merkel sehr davon angetan, dass Obama die Gabe eines guten Zuhörers hat.

Damals im Kanzleramt vereinbarten die beiden, dass die Kontakte in den nächsten Monaten über den außenpolitischen Berater der Kanzlerin laufen sollten. Christoph Heusgen war ebenfalls bei dem Gespräch dabei. Er nutzte gemeinsam mit Regierungssprecher Ulrich Wilhelm den Finanzmarktgipfel, um sich mit den Mitarbeitern Obamas auszutauschen.

Denn der designierte Präsident hatte sich trotz der Einladung von George W. Bush dafür entschieden, nicht selbst zum Finanzmarktgipfel zu kommen. Stattdessen schickte er die frühere Außenministerin Madeleine Albright, den Kongressabgeordneten Ken Leach und aus seinem engeren Stab Phil Gordon zu einem bilateralen Gespräch mit Heusgen und Wilhelm abseits des Gipfels.

Ein Schachzug, der Merkel gut gefallen hat. Für seine Gesprächspartner sei das durchaus spannend: »Wir geben wie alle anderen unsere Ideen in die Diskussion und sehen dann, wer von den Gesprächspartnern wie einflussreich war.«

So ist Angela Merkel rundum zufrieden, als sie sich noch eine Viertelstunde vor der Abfahrt zum Flughafen Zeit nimmt, um mit dem deutschen Botschafter Klaus Scharioth in der Lobby ihres Hotels eine Tasse Kaffee zu trinken. Finanzminister Peer Steinbrück sitzt ebenfalls auf dem gestreiften burgunderfarbenen Sofa, sein Staatssekretär Jörg Asmussen, Regierungssprecher Ulrich Wilhelm und der stellvertretende Büroleiter von Merkel, Thomas Romes, sind auch dabei. Obwohl die Lobby des Hotels sehr voll ist, halten alle Anwesenden – ob Journalisten oder der Rest der Delegation – respektvoll Abstand von der Kaffeerunde.

Es sind diese Momente, in denen das Bizarre an ihrem Job immer mal wieder durchscheint. Die Kanzlerin will einfach in Ruhe noch eine Tasse Kaffee trinken und ein wenig mit ihren Mitarbeitern plaudern. Doch fünf Dutzend Beobachter registrieren mit Argusaugen, wer neben ihr auf dem Sofa Platz nehmen darf und was das nun über die Machtverteilung im Kanzleramt zu sagen haben könnte.

Kapitel 11

Die Krise kommt in der Realwirtschaft an –

und die Kritik an Angela Merkel wächst

Es ist ein Wort, das wahrscheinlich nur einer Naturwissen-schaftlerin einfallen kann. Und es ist ein Anlass, der besten-falls ein Routinetermin war. Journalisten jedenfalls sind nur spärlich vor Ort, als Angela Merkel am Dienstag, dem 25. November, beim 4. Branchentag des Deutschen Hotel- und Gaststättenverbandes DEHOGA im Berliner Interconti ein-trifft.

Wozu auch? Wie erwartet referiert die Kanzlerin über den Stand des deutschen Hotelwesens, lobt die Anstrengungen der Tourismusindustrie, lehnt die Forderungen nach einem ermäßigten Mehrwertsteuersatz für die Branche ab. Wichtige Botschaften für die Branche, doch allenfalls ein Einspalter für die Zeitungen.

Dann jedoch schwenkt die Kanzlerin auf die Finanzmarkt-krise. Und legt richtig los. Wie »Kaltblüter im Winter« wür-den sich viele Akteure im Finanzsektor derzeit verhalten: »Sie bewegen sich nicht; sie leben zwar, aber sie tun nicht das, was man von ihnen eigentlich erwartet«, poltert die Kanzlerin den überraschten Hoteldirektoren entgegen. Eine Kritik so massiv, wie man sie von Merkel seit dem Ausbruch der Krise noch nicht gehört hat. Wenn der Staat und damit der Steuerzahler in einer solchen Notsituation bereit sei zu helfen, »dann haben wir auch nicht nur seitens der Politik, sondern auch seitens der Gesellschaft die berechtigte Erwartung an die Akteure, dass sie ihren Beitrag zum Gemeinwohl leisten und wieder das tun, wofür sie da sind, nämlich Kredite zu vergeben und Geld ordentlich zu verwalten«, wettert die Kanzlerin. Spätestens da ist den Anwesenden klar, dass sie Zeugen einer der seltenen öffentlichen Missfallensbekundungen Angela Merkels werden.

Schon wenig später läuft die »Kaltblüter«-Schelte über die Nachrichtenagenturen und ist fortan das Tagesthema. Merkels Kalkül ist aufgegangen – zumindest für diesen Tag. Zum einen ist sie wirklich verärgert über die zunehmenden Meldungen von Verbänden und Unternehmern, dass die Kreditbeschaffung noch immer schwierig sei. Zum anderen aber nervt sie auch die Kritik an ihrem Konjunkturpaket, das diese Woche zusammen mit dem Haushalt im Bundestag beraten wird: zu wenig, zu spät, zu disparat. Ein »Sammelsurium«, monierte der Rat der Wirtschaftsweisen schon vor zwei Wochen bei der Übergabe des aktuellen Gutachtens zur Lage der Wirtschaft. Die CSU lässt kaum einen Tag verstreichen, an dem nicht einer ihrer führenden Repräsentanten Steuersenkungen anmahnt. Aus dem Wirtschaftsflügel ihrer eigenen Partei kommen ebenfalls laufend Querschläger.

Vor allem aber ist Merkel sauer über die Art und Weise, wie ihre europäischen Kollegen die deutschen Anstrengungen niedermachen. Als »Madame No« wird sie inzwischen in Brüssel gehandelt. Die britische Presse wirft ihr »Unsichtbarkeit in der Krise vor«. Den bisherigen Höhepunkt jedoch lieferte am Vortag der französische Präsident Nicolas Sarkozy.

Dabei hatte der Montag in Paris außerordentlich harmonisch angefangen. Merkel war zu den 10. Deutsch-Französischen Konsultationen in die französische Hauptstadt geflogen. Sarkozy hatte sie zum Mittagessen in die Stadtwohnung seiner Frau Carla Bruni eingeladen, eine Geste großer Vertrautheit. In etlichen deutschen Zeitungen sind am folgenden Tag Fotos der beiden zu sehen, wie sie vor dem Essen intensiv auf der Straße diskutieren, ohne Übersetzer und Leibwächter. Zwei Regierungschefs in trauter Harmonie, soll die Botschaft lauten. Auf der Agenda stand auch das 130-Milliarden-Euro-Paket, das die Europäische Union am Mittwoch zur Konjunkturstützung beschließen wollte.

Die Harmonie ist aber schon bei der Pressekonferenz vor dem Essen dahin. Zwar lehnt Sarkozy wie Merkel Forderungen ab, analog zu Großbritannien die Mehrwertsteuer im Kampf gegen die Rezession zu senken. Doch er fordert weit mehr Anstrengungen von Merkel – und ein weiteres Konjunkturpaket. »Frankreich arbeitet daran, Deutschland denkt darüber nach«, sagt er der Kanzlerin ins Gesicht.

Ein Satz, der später hundertfach zitiert wurde und eine steile Karriere in den Zeitungsspalten machen sollte. Im *Spiegel* des folgenden Montags beispielsweise, wo Merkel den Titel als »Angela Mutlos« ziert: »Sie mögen sich so sehr. Sie begrüßen sich mit schallenden Küsschen und mit einer innigen Umarmung, sie sagen »chère Andschela« und »schär Nicolas«, und nichts kann sie trennen. Merkel strahlt, Sarkozy lächelt. Er erweist ihr die Ehre, sie zu seiner Frau in die Wohnung einzuladen, zur Weltberühmtheit Carla Bruni. Und dann, kaum ist Angela Merkel abgereist, sagt Nicolas Sarkozy zur Krisenbewältigung in beiden Ländern: ›Frankreich arbeitet daran, in Deutschland denkt man nach.‹ Weil sie sich überhaupt nicht mögen. Weil sie am Montag vergangener Woche in Paris eine kleine Operette aufgeführt haben. Und danach trat er zu, zack. Und sie wehrte sich nicht. Kein Wort von Angela Merkel zur bodenlosen Unverschämtheit von Nicolas Sarkozy.«

In etwa dieser Tonlage zieht die Episode rund um den Globus. Sie entwickelt ein Eigenleben, der Satz ist einfach zu schön.

Zu schön auch, um ganz wahr zu sein. Denn gesagt wird er bereits auf der Pressekonferenz der beiden vor dem Essen mit Carla Bruni. 12 Uhr 15 notiert das offizielle Protokoll des Bundespresseamts, »die Übersetzung des fremdsprachlichen Teils erfolgte anhand der Simultanübersetzung«.

Mehrere Minuten lang berichtet Sarkozy über die Arbeitssitzung am Morgen. Merkel betont in ihrem ersten Statement die »sehr, sehr enge Abstimmung« zwischen beiden Ländern. Mehrfach erwähnt sie, dass viele konjunkturstützende Maßnahmen kein staatliches Geld kosten würden, nur den Abbau von Bürokratie. Beim Ausbau der Breitbandnetze beispielsweise, ein Thema, das in kaum einer ihrer Reden fehlt.

Die Reporter sind nicht beeindruckt. Gleich die erste Frage bezieht sich auf die Unterschiede zwischen beiden Ländern beim Konjunkturpaket und in der Frage der von Großbritannien betriebenen Senkung der Mehrwertsteuer.

Merkel reagiert angefressen: »Ich weiß gar nicht, warum immer nach Unterschieden gefragt wird. Wir haben heute erst einmal die Gemeinsamkeiten in den Mittelpunkt gestellt.«

Sarkozy stimmt zu. Bei der Finanzkrise habe man gemeinsam gehandelt, gewisse Maßnahmen sofort umgesetzt und sich auf den Instrumentenkasten zur Bekämpfung der Krise geeinigt. Dann sagt er: »Bei der Koordinierung sind wir uns einig. Wir sind uns einig, dass es notwendig ist, weitere Maßnahmen zu ergreifen. Frankreich arbeitet daran. Deutschland stellt auch Überlegungen dazu an.«

So weit zumindest die offizielle Übersetzung. Es wird weitere fünf Minuten dauern, bis eine andere Journalistin den Sarkozy-Satz zum Kronzeugen eines deutsch-französischen Zerwürfnisses macht.

»Frau Bundeskanzlerin, Herr Präsident Sarkozy hat weitere gemeinsame Maßnahmen zur Konjunkturankurbelung angekündigt und er sagte – er formulierte es sehr hübsch –: Frankreich arbeitet daran, Deutschland denkt darüber nach. Können Sie uns sagen, worüber Deutschland nachdenkt und wie lange Deutschland nachdenken wird?«

Das nun ist zweifelsfrei spitz. Interessanterweise bleibt Merkel in diesem Moment völlig cool. Sie entschließt sich, den Journalisten eine Lektion in Föderalismus zu verpassen. »Deutschland arbeitet an seinen Maßnahmen, das ist bekannt. Im Kabinett wurde etliches verabschiedet. Jetzt laufen die parlamentarischen Beratungen. Wir werden noch vor Weihnachten ein ziemlich schwieriges Vermittlungsverfahren mit unseren Ländern haben ... Wenn es zum Beispiel um Investitionen in die Infrastruktur oder auch um öffentliche Gebäude geht, sind in Deutschland immer noch einmal die Länderebene und die kommunale Ebene gefragt. Das heißt, was Deutschland auf der föderalen Ebene macht, ist eine Sache; das, was da noch hinzutritt, ist eine andere Sache. Dann ist die Gleichheit wiederhergestellt: Wir handeln und denken parallel. Auch das ist möglich.«

Unwahrscheinlich, dass die Journalisten dieses Oberlehrerinnen-Seminar komplett verstanden hatte. Merkel geht weiter in die Details, doch inzwischen hat sie die Gefährlichkeit des Sarkozy-Satzes erkannt. »Dies wird ein Prozess sein, denn keiner von uns kann den Verlauf der Wirtschaftskrise insgesamt schon abschließend voraussehen. Wer so tut, als könne er das, macht sich etwas vor. So werden wir noch viele gemeinsame Gespräche sowohl über das Denken als auch über das Handeln haben«, versucht sie den Satz zu entschärfen.

Auch Sarkozy lenkt nun ein. »Ich möchte keinen Ärger mit der deutschen Presse«, sagt er. »Wenn ich gesagt hätte, Frankreich denkt nach und Deutschland arbeitet, wäre ich nicht sicher, dass es besser angekommen wäre. Sie müssen verstehen: Wir sind nicht gleich organisiert und strukturiert. Es gibt einerseits einen Bundesstaat, andererseits einen Staat, der zentralisierter ist.«

Dann verwendet der französische Präsident noch etliche

Minuten darauf, Merkel für ihr Agieren auf dem Finanz-marktgipfel zu loben, bevor beide zu dem Mittagessen ver-schwinden.

War das nun also eine »bodenlose Unverschämtheit«, wie der *Spiegel* befand? Oder eher doch nur Ausdruck einer ange-strengten Kommunikationspolitik, die unbedingt demons-trieren wollte, dass der amtierende EU-Ratspräsident die der-zeitige Nummer eins in Europa war? Denn natürlich war der Satz geplant, auch einem intuitiven Formulierer wie Sarkozy fällt so etwas nicht spontan bei einer Pressekonferenz ein. Und sein Stab sorgte hinterher dafür, dass jeder, der es hören wollte, auch davon erfuhr.

Die Kanzlerin ist derlei Kummer mit eitlen Männern ge-wöhnt. Und mit Sarkozy sowieso.

Einmal beschwerte sich Sarkozy – dieses Mal mit Merkel in Deutschland unterwegs –, dass sie seine Briefe nicht beant-worte. Darauf die Kanzlerin: »Aber Nicolas, du hast mir dei-nen Brief fünf vor acht gegeben, und zehn nach acht konnte ich schon in der Presse darüber lesen.«

Dass sowohl die Deutsche als auch der Franzose für die Interessen ihrer Länder kämpfen, ist selbstverständlich. Den-noch gilt nach wie vor, dass das deutsch-französische Verhält-nis die wichtigste Achse in Europa ist. Auch und vor allem für Angela Merkel. Und so schätzt sie an Nicolas Sarkozy, dass er tatkräftig, berechenbar und zuverlässig ist. Und wirklich will, dass sich Frankreich und Europa verändern.

Das war schon bei ihrem ersten Treffen so. Im August 2003 hatte sie ihn erstmals in Paris besucht, als er Innenminister in der Regierung Chirac war. Ein Jahr später hat er mit ihr in Berlin gefrühstückt. Am eindringlichsten aber war das dritte Treffen Anfang Januar 2005, bei einer Klausurtagung der CDU in Kiel. Ein schreckliches Unwetter wütete über der Hansestadt. Lange war nicht klar, ob der frisch gewählte Chef der französischen Konservativen mit seinem Kleinflug-zeug überhaupt landen könnte. Doch der Franzose ließ nicht beidrehen, landete in Lübeck statt in Kiel und kam fast pünktlich zu der Runde in das Steigenberger Hotel.

»Ganz grün« im Gesicht seien seine Begleiter noch gewesen, erinnert sich ein Teilnehmer. Doch Sarkozy war dynamisch wie eh und je – und belebte mit seiner Begeisterungsfähigkeit die Klausurtagung. Denn wieder einmal stand es nicht gerade gut für die Union. Wie so oft stritten sich CDU und CSU. Merkel musste kurz zuvor ihren Generalsekretär austauschen und präsentierte nun ihren neuen Kandidaten Volker Kauder. Zwei Landtagswahlen standen an, Schleswig-Holstein am 20. Februar und Nordrhein-Westfalen im Mai. In beiden Ländern regierten Sozialdemokraten. Und alles sah danach aus, als ob das so bleiben würde.

Diese trübe Stimmung im CDU-Vorstand hellte »Monsieur 100 000 Volt«, wie der damalige CSU-Landesgruppenchef Michael Glos den Franzosen nannte, deutlich auf. Immerhin hatte Sarkozy erst wenige Monate zuvor den Vorsitz einer der größten konservativen Partei in Europa übernommen und wollte in zwei Jahren Staatspräsident Chirac ablösen. So viel Zuversicht und Kampfeswille kam gut an im CDU-Bundesvorstand.

Die Kanzlerin mag auch die zweite Frau des französischen Präsidenten. Manchmal fungierte Carla Bruni als Übersetzerin, wenn gerade keine offiziellen Dolmetscher da waren. Eigentlich aber würde Merkel am liebsten selbst Französisch lernen, wie sie kurz vor Weihnachten 2008 in einem Interview verraten hat. Um mit einem kleinen Seufzer sofort hinzuzufügen, dass es nicht danach aussehe, dass sie das in »nächster Zeit schaffen könnte«.

Als die Kanzlerin nach den Regierungskonsultationen mit ihren Ministern wieder in Berlin landet, scheint der Sarkozy-Satz vom »Handeln und Denken« vergessen. Den anwesenden Fernsehjournalisten ist er nicht besonders aufgefallen, in den Abendnachrichten spielt er keine Rolle.

Erst am nächsten Morgen wird die Kanzlerin wieder daran

erinnert. Die *Frankfurter Allgemeine Zeitung* macht mit der Geschichte auf. Merkel ärgert sich, dass sie Sarkozy nicht sofort gestoppt hatte. Ein einfaches »Nicolas, *das* hast du gesagt?« mit hochgezogenen Augenbrauen und in amüsiertem Tonfall nach der Übersetzung hätte genügt, um die Debatte sofort auf der Pressekonferenz zu stoppen. Dann hätte der französische Präsident zurückrudern müssen, das Thema wäre zumindest für diesen Tag erledigt gewesen.

Nun aber wird daraus ein weiteres Argument für den anschwellenden Chor der Kritiker werden. Das Bankenpaket werde nicht in Anspruch genommen, der Konjunkturplan sei zu zögerlich, die Rettungsbehörde Soffin funktioniere noch nicht richtig.

Anfangs sollte der Soffin innerhalb der Bundesbank angesiedelt werden, um den Sachverstand und auch die Kapazitäten dort sofort nutzen zu können. Doch der Vorstand war nicht einverstanden. Die Bundesbanker fürchteten um ihre Unabhängigkeit, da der Soffin auch Weisungen der Regierung annehmen muss.

Weil die Kanzlerin die Unabhängigkeit der Bundesbank achtet, gab sie nach. Der Vorstand hatte ihr versprochen, in wenigen Tagen genügend Mitarbeiter, Räume und Technik für den Soffin zur Verfügung zu stellen. Letzteres funktionierte, doch Ersteres entwickelte sich weit zäher als geplant. Zwar gab es auch in der Bundesbank genügend Interessenten für die temporäre Abordnung zum Soffin. Aber eben auch jede Menge Abteilungsleiter, die gerade diesen oder jenen Mitarbeiter jetzt angeblich absolut nicht entbehren konnten.

Und so tauchen Ende November immer mehr Artikel in der Presse auf, welche die Funktionsfähigkeit des Soffin kritisieren. Auch die anderen Termine der Woche werden nicht zur Aufmunterung der Kanzlerin beitragen. Es ist die sogenannte Haushaltswoche, also die mehrtägige Debatte über den Bundeshaushalt für 2009. Jeden Tag sitzt Merkel während der Haushaltsdebatte im Parlament. Nicht die ganze Zeit, aber doch zumindest immer ein paar Stunden. Eines ihrer wichtigsten Ziele für Deutschland, der ausgeglichene Haushalt, wird mit der Krise für viele Jahre weggespült. Auch deshalb hat sie sich, solange es nur irgend ging, gegen das erste Konjunkturpaket gewehrt. Wäre es nicht vielleicht doch möglich, ohne neue Milliardenschulden aus der Krise zu kommen?

Die Kanzlerin hat ein sehr klares Bild von Deutschland in der zweiten Dekade dieses Jahrhunderts. Angela Merkel hat die Berichte der Demografen gelesen und mit den Rentenexperten geredet. Sie weiß sehr genau, mit welcher Wucht der Alterungsprozess die Republik erfassen wird. Jahr für Jahr werden Hunderttausende mehr Arbeitskräfte in Rente gehen, als neue auf den Arbeitsmarkt kommen.

Wer in Rente geht, wird länger als je zuvor leben. Ein großes Glück für die Menschen, aber ein echtes Problem für die Rentenkassen. Mit der »Rente ab 67« hatte die Große Koalition die Folgen einigermaßen entschärft. Wichtig bleibt jedoch, alles abzuwehren, was den späteren Renteneintritt wieder aufweichen würde.

Noch schwieriger ist die Frage der jungen Arbeitskräfte. Um das rohstoffarme Deutschland als Hightechstandort zu erhalten, müssen sie hervorragend vorgebildet sein. Doch noch geben die deutschen Schulen das nicht überall her. Ein weiteres Problem ist, dass in Großstädten wie Frankfurt und Berlin die Mehrzahl der Kinder in den Grundschulklassen inzwischen einen Migrationshintergrund hat. Viele brauchen spezielle Förderung. Manchmal fehlen auch die Deutschkenntnisse. Besonderen Einsatz benötigen aber auch deutsche Kinder aus bildungsfernen und sozial schwachen Familien, die teilweise schon in zweiter und dritter Generation von staatlichen Transfergeldern leben.

Für Merkel ist die Bildungsfrage deshalb schon lange nicht mehr das »weiche« Thema, als das es noch von etlichen ihrer Parteifreunde, auch von einigen Ministerpräsidenten, gesehen wird. Hier, und vor allem hier, wird sich die Zukunft des Landes entscheiden. Nur wenn alle Ressourcen eingesetzt werden, diese Kinder erstens in die deutsche Gesellschaft zu integrieren und sie zweitens bestens auszubilden, wird der Wirtschaftsstandort Deutschland genügend Nachwuchs finden, um seine Spitzenposition zu halten. Abgesehen von den ökonomischen Argumenten hält Merkel die Integration auch für eine gesellschaftliche Pflicht. Kein Gemeinwesen kann funktionieren, wenn einem substanziellen Teil davon langfristig die Chancen genommen werden.

Die Kanzlerin installierte gleich bei Amtsübernahme deshalb mit Maria Böhmer nicht nur eine Integrationsbeauftragte direkt bei sich im Kanzleramt, sondern begann zur Mitte der Legislaturperiode auch mit ihrer Kampagne für die »Bildungsrepublik Deutschland«.

Beides wird viel Geld kosten, deutlich mehr, als derzeit in den Haushalten von Bund und Ländern dafür vorgesehen ist. Würde es wie vorgesehen gelingen, 2011 einen ausgeglichenen Haushalt vorzulegen, könnten – und müssten – die Überschüsse danach für eben diese Zwecke eingesetzt werden. Dieser Plan löst sich nun mit der Wirtschaftskrise in Luft auf.

All dies geht Merkel auch durch den Kopf, als sie sich die Haushaltsreden im Parlament anhört. Doch sie weiß, dass selbst die Zahlen nicht gehalten werden können, die im Moment im Haushaltsplan stehen. Egal, ob sie mit Frank-Jürgen Weise von der Bundesagentur für Arbeit, Wirtschaftswissenschaftlern oder Unternehmenschefs spricht: Die Auftragseinbrüche in den exportsensiblen Branchen sind so dramatisch, dass Deutschland um ein zweites Konjunkturpaket kaum herumkommen wird.

Ihren Höhepunkt erreicht die Kritik in den Medien, als bekannt wird, dass sich der französische Präsident Nicolas Sarkozy und EU-Kommissionspräsident José Manuel Barroso auf Einladung des britischen Regierungschefs Gordon Brown am Montag, dem 8. Dezember, in London treffen. Es handele sich um ein Vorbereitungstreffen für den EU-Gipfel wenige Tage später, eine Art »Mini-Gipfel«. Merkel sei bewusst nicht eingeladen worden, weil sie weitere Konjunkturpakete blockiere, lautet einer der Vorwürfe. Deutschland habe sich ins europäische Aus manövriert, ein anderer.

EU-Kommissionspräsident Barroso dementiert diese Lesart scharf: »Es ist komplett unfair und total inkorrekt, dass dies in irgendeiner Form gegen Deutschland gerichtet war.« Gordon Brown habe ihn und Sarkozy schon Monate zuvor zu einem Treffen mit Unternehmern eingeladen. Als ursprünglicher Termin sei der November vorgesehen gewesen. Wegen des Finanzmarktgipfels wäre der Termin auf Dezember verschoben worden, mit dem EU-Gipfel hätte das nichts zu tun.

Auch die Anschuldigungen an Merkel selbst seien nicht fair: »Sie hat mir von Anfang an gesagt, dass wahrscheinlich zusätzliche Maßnahmen notwendig würden«, erinnert sich Barroso, »aber noch sei es zu früh. Sie würde einige Zeit brauchen.« Der EU-Kommissionspräsident nennt die Unterschiede im Staatsaufbau: Deutschland sei ein föderales System, wo ein Konsens mit den Ländern hergestellt werden müsse. Und zudem sei da noch die Große Koalition. In Frankreich hingegen könne der Präsident quasi mit Federstrich entscheiden.

Barroso nennt rückblickend aber auch noch einen anderen möglichen Grund für Merkels Zögern: »Ich glaube, dass sie Zeit brauchte, um einen internen Konsens herzustellen, wann und wie gehandelt werden müsse. Deutschland ist in Finanzdingen vorsichtiger als viele andere, und das ist sehr gut so. Denn die Kanzlerin hatte auch das Defizit im Blick und suchte nach einem Weg, die Konjunktur zu stabilisieren, ohne die Maastricht-Grenzen zu verletzen. Deutschland hat das sehr gut hinbekommen.«

Dann schüttelt er noch einmal den Kopf und lehnt sich in seinem Sessel im Kaminzimmer des Berliner Adlon-Hotels zurück. »Fräulein Nein«, sagt er in deutscher Sprache und wechselt dann ins Englische, »das ist doch Quatsch. Ich habe mit ihr gesprochen, weit bevor es dazu die ersten Angriffe in den Medien gab. Und sie hat mir vom ersten Moment an gesagt, ich könnte mich darauf verlassen, dass sie sich an einer europäischen Antwort auf die Krise beteiligen würde.«

Nach all dem Wirbel geht es in der Pressekonferenz, die Brown, Barroso und Sarkozy in London geben, fast nur um Merkel. Alle drei dementieren wortreich, dass es sich um einen Affront handele. Stattdessen loben sie das deutsche Konjunkturprogramm. Der französische Präsident wird einen Monat später, Anfang Januar, sogar seinen Satz »Frankreich arbeitet daran, Deutschland denkt nach« zurücknehmen. Als er Merkel am 8. Januar 2009 zu einem Symposium über »Neue Märkte, neuer Kapitalismus« in Paris empfängt, hatte Deutschland sein erstes Konjunkturpaket längst in Gesetzesform verabschiedet und diskutierte das zweite. »Deutschland arbeitet, Frankreich denkt nach«, gibt Sarkozy Merkel zum neuen Jahr mit auf den Weg. Zu diesem Zeitpunkt liegt Deutschland mit dem zweiten Konjunkturpaket an der Spitze der EU.

Als sie im Interview mit der *Stuttgarter Zeitung* hartnäckig nach einem zweiten Konjunkturpaket gefragt wird, weist Merkel auf die Haushaltslage hin: »Wir haben die Verantwortung, mit diesem Geld sorgsam und sorgfältig umzugehen. Wir können die Staatsverschuldung nicht hochtreiben, nur um das Gefühl zu haben, wir hätten etwas gemacht. Puren Aktionismus wird es mit mir nicht geben. Ich setze auf Augenmaß statt Augenwischerei.« Aber sie sagt auch, dass die Große Koalition ein Treffen am 5. Januar bereits fest verabredet habe, um das weitere Vorgehen zu besprechen. Die Interviewer sind nicht zufrieden: »Wenn Sie ohnehin schon einen Termin vereinbart haben, um weitere Maßnahmen zu beschließen – warum nicht sofort?« Die Kanzlerin verteidigt sich mit dem ersten Paket – und damit, wie widersprüchlich die Expertenmeinungen über die Krise sind. »Wir haben gerade ein Paket verabschiedet, das rund 50 Milliarden Euro an Investitionen in Gang setzen soll. Keiner kann den weiteren Verlauf der Krise genau voraussagen. So hat der Sachverständigenrat uns einen Bericht übergeben, in dem stand als Wachstumsprognose für das kommende Jahr null Prozent. Eine Woche später sprach er von minus 0,3 Prozent. Die Dinge ändern sich.«

Ein zweites Konjunkturpaket würde auch alle Hoffnungen auf einen ausgeglichenen Haushalt in ein paar Jahren zunichte machen. Zudem mehren sich zumindest im Kanzleramt die ersten Stimmen, dass die Flut weltweiter Konjunkturprogramme den Kern einer neuen Blase legen würde. Alle Länder würden zur Finanzierung der Ausgabenpakete enorm viel Geld aufnehmen müssen. Die Gefahr nehme zu, dass manche Länder ihre Schulden dadurch verringern würden, dass sie neues Geld drucken und so die Inflation anheizen.

Merkel nutzt den CDU-Parteitag in Stuttgart, um diese Zusammenhänge zu erläutern. Nach längerer Debatte mit ihren Redenschreibern fällt die Wahl auf den Begriff der »schwäbischen Hausfrau«.

Schon in der ersten Viertelstunde ihrer einstündigen Rede auf dem Parteitag taucht sie auf: »Man hätte hier in Stuttgart, in Baden-Württemberg, einfach eine schwäbische Hausfrau fragen sollen. Sie hätte uns eine ebenso kurze wie richtige Lebensweisheit gesagt, die da lautet: Man kann nicht auf Dauer über seine Verhältnisse leben.«

Die schwäbische Hausfrau also als Synonym für nachhaltiges Finanzgebaren und sogar als Ratgeber für die Krise. Denn der Kern von Merkels Rede sind ihre Vorstellungen von einer internationalen Finanz- und Wirtschaftsarchitektur. Sehr schwere Kost für die tausend Parteitagsdelegierten. So schwer, dass Generalsekretär Pofalla ihnen und 12 000 weiteren Mandatsträgern der Partei wenige Tage später noch eine CD mit den wichtigsten Redepassagen nach Hause schickt.

Die Rede ist Merkel pur. Seit Wochen steht die Kanzlerin unter Druck, ein zweites Konjunkturpaket vorzulegen. Die CSU hat mit ihrem Trommelfeuer für Steuersenkungen begonnen. Als Pofalla vor dem Parteitag wie üblich ein Hintergrundgespräch mit Journalisten führt, geht es fast nur um das Steuerthema. In den Tagen vor dem Parteitag kommen die ebenfalls nicht wirklich freundlichen Wortmeldungen etlicher CDU-Ministerpräsidenten hinzu, die Partei müsse »mehr Profil« gegenüber dem Koalitionspartner zeigen. Eine wenig verklausulierte Forderung also, auf die SPD einzudreschen. Und dann auch noch pünktlich zum Beginn des Parteitags der *Spiegel*-Titel »Angela mutlos« mit den so oft schon wiederholten Vorwürfen des Zauderns und Zögerns, des Abwägens und Wartens statt kraft- und saftvollem Handeln und Basta-auf-den-Tisch-Hauen.

Doch was macht die 54-jährige Physikerin angesichts all dieser Anwürfe? Drischt sie auf den Koalitionspartner ein? Kündigt sie weitere Milliardenpakete an? Schmeichelt sie ihren Parteifreunden?

Merkel hält eine trockene, nüchterne und intellektuell anspruchsvolle Rede. »Ich will, dass wir unser Modell der sozialen Marktwirtschaft zum europäischen und weltweiten Exportschlager machen«, kündigt sie an. Das bedeute eine gemeinsame Regulierung der Finanzmärkte, verbindliche Rahmensetzungen für die Wirtschaft, mehr Transparenz – und das weltweit. Ein Thema, das die CDU-Vorsitzende schon lange beschäftigt. Beim G8-Gipfel in Heiligendamm im Juni 2007 hat sie es als G8-Präsidentin thematisiert. »Damals hatte ich noch nicht den notwendigen Erfolg. Das räume ich offen ein«, sagt sie.

Zu sperrig und überhaupt nicht griffig ist dieses Thema. Kaum jemand kann sich vorstellen, wie das gehen sollte, der Export der sozialen Marktwirtschaft. Völlig unwahrscheinlich, dass die USA, Großbritannien oder die Asiaten mit ihren Methoden des Manchesterkapitalismus sich darauf einschwören lassen würden. Ein Thema, das überhaupt nicht wahlkampftauglich ist. Selbst in Deutschland, dem Mutterland der sozialen Marktwirtschaft.

Warum macht Merkel es zum zentralen Punkt ihrer Parteitagsrede? Und riskiert gähnende Delegiertengesichter und genervte Kommentare in den Medien? Die Hartnäckigkeit, mit der sie entsprechende Passagen inzwischen in die meisten ihrer Reden einbaut, lässt nur einen Schluss zu – das Thema ist ihr so wichtig, dass sie die negativen Reaktionen darauf in Kauf nimmt.

Es steht damit in der gleichen Reihe wie der Gesundheitsfonds, die Bildungsrepublik und der Integrationsgedanke. Schwer verdauliche Themen, mit denen kein schneller Punktsieg zu machen ist. Dicke Bretter, die nur millimeterweise gebohrt werden können. Und deren Erfolg erst in Jahren gemessen werden kann.

Das ficht Merkel nicht an. Sie hält diese Themen für zentral für die Zukunft des Landes, also arbeitet sie daran. Wenn sie ihr in der Öffentlichkeitswirkung nicht helfen, sei's drum. »Merkel denkt eher etwas zu lang als zu kurz nach«, sagt einer, der sie sehr gut und sehr lange kennt. »Doch wenn sie etwas entschieden hat, ist sie darüber auch sehr klar und verfolgt das allen Hindernissen zum Trotz.«

Ein anderer erinnert daran, dass auch Helmut Kohl die Delegierten von Parteitag zu Parteitag »mit dem Euro in den Schlaf geredet hat« und heute zu Recht als einer der Väter des Euro gelte. Die CDU-Vorsitzende scheint daran anzuknüpfen, als sie in ihrer Rede kurz innehält und einen neuen Anlauf macht. »Liebe Freunde«, sagt Merkel, »wenn man jetzt sagt: ›Die internationale Verankerung der Prinzipien der sozialen Marktwirtschaft – das gelingt doch nie‹, dann sagen wir Deutschen und Europäer: ›Das kann doch gelingen, denn wir Europäer bringen eine gemeinsame Erfahrung dazu ein.‹«

Doch wie sie sich auch müht, die Delegierten gehen nicht wirklich mit. Statt intellektueller Herausforderung wollen sie griffige Symbole – und die bekommen die Delegierten im Lauf des Tages dann auch noch. Aber nicht von Merkel, sondern von ihrem langjährigen Widersacher Friedrich Merz.

So quält sich die CDU-Vorsitzende dem Ende ihrer Rede entgegen, wie üblich ein Unterstützungsappell für die Wahlkämpfer des Jahres. 2009 sind das viele: Angefangen mit dem Hessen Roland Koch, wo am 19. Januar ein neuer Landtag gewählt wird, über Thüringen, Sachsen und das Saarland dann bis zur Bundestagswahl am 27. September. »Das kommende Jahr wird ein Superwahljahr. Es liegt in unserer Hand, dass es ein super Wahljahr für die Union wird.« Auch hierfür erntet Merkel allenfalls schütteren Applaus. Und als sie schließlich mit dem neuen Parteislogan der Mitte endet – »Die Mitte, das ist Deutschlands Stärke, die Mitte, das sind wir. Das wird unser Jahr.« –, bricht eher ein Erleichterungs- als ein Jubelapplaus aus. Er wird dennoch fünf Minuten anhalten. Die Delegierten wissen, was sie der Kanzlerin schuldig sind. Und den Journalisten, die den Applaus wie üblich mit der Stoppuhr messen, wollen sie es auch nicht so einfach machen.

Doch wer Merkel während diesen fünf Minuten beobachtet, sieht sehr deutlich, dass es für diese Frau schönere Dinge gibt, als im Parteitagsapplaus zu baden. Wo andere beide Arme hochreißen und mit dem Victory-Zeichen über die Bühne stapfen, steht die Kanzlerin eher verloren inmitten des Geschehens.

Nach 60 Sekunden geht sie wieder in die Nähe ihres Rednerpultes und winkt sieben, acht Mal in die Menge. Dann scheint sie sich daran zu erinnern, dass man auch die Bühne entlanglaufen kann. Also geht sie von links nach rechts. 100 Sekunden Applaus sind jetzt rum, er kommt ziemlich gleichmäßig. Merkel geht zu ihrem Platz, kommt wieder auf die offene Bühne. Dann erst zieht sie beide Hände hoch, von reißen kann man da wirklich kaum reden. Sie winkt. 120 Sekunden sind um. Was nun? Sich gratulieren lassen?

Merkel geht wieder zu ihrem Platz, schüttelt die ihr entgegengestreckten Hände ihres Generalsekretärs Ronald Pofalla und die von Jürgen Rüttgers. 150 Sekunden, noch nicht mal die Hälfte des unbedingt notwendigen Anstandsapplauses. Also läuft Merkel strammen Schrittes hinter dem Vorstandstisch noch mal auf die Bühne. Zu sehen ist sie da kaum, aber immerhin, die Zeit vergeht. Dann ist sie wieder vorne auf der Bühne und geht auf und ab. Und irgendwann sind auch die fünf Minuten endlich rum. Die CDU-Vorsitzende winkt noch einmal kurz den Delegierten zu. Dann setzt sie sich auf ihren Platz. Programmpunkt erledigt. Der Parteitag kann weitergehen. Merkel selbst hat die Episode anders in Erinnerung. Sie freue sich immer sehr über den Applaus der Parteifreunde und glaube auch, dass er ehrlich gemeint sei.

»Der Funke ist nicht übergesprungen« ist noch eine der netteren Formulierungen von Delegierten über die Rede ihrer Parteivorsitzenden. Eine Koalitionsrede sei das gewesen, wo der Parteitag doch »CDU pur« hätte hören wollen.

Das bekommen die Delegierten mit dem Auftritt von Friedrich Merz. Der Mann, dem Merkel 2002 den Unionsfraktionsvorsitz weggenommen hat. Der begnadete Rhetoriker, dem es als Einzigem in der Unionsfraktion gelingt, den Links-Populisten Oskar Lafontaine in Grund und Boden zu reden. Der Streiter für die reine, wahre Lehre, die da Ordnungspolitik heißt.

Merz arbeitet inzwischen wieder als Anwalt und hat angekündigt, sein Abgeordnetenmandat mit dem Ablauf der Legislaturperiode aufzugeben. Viele in der Union kreiden Merkel an, dass sie dieses unbestrittene politische Talent so ziehen lässt. Aber Merz ist eben auch der Unionspolitiker, der Merkel einfach nicht verzeihen kann, dass sie stärker war als er. Dass sie ihre Macht genutzt hat, um ihn abzusetzen. Dass sie seine Extratouren nicht unkommentiert gelassen hat, als er mehrfach öffentlich gegen sie zu Felde gezogen ist.

Nun also ein Auftritt auf dem Parteitag. Merz hat Merkel darüber informiert, auch über sein geplantes Redethema. Und die CDU-Vorsitzende hat ihn keineswegs in die späten Abendstunden weggedrückt, wenn die Zeitungen schon angedruckt und die Fernsehkameras bereits abgebaut sind.

Um 13 Uhr 15, also quasi perfekt für die Berichterstattung in den Blättern des nächsten Tages, redet Merz. Nach wenigen Minuten wird es in den Hallen außerhalb des Tagungssaals ruhig. Wo bislang Delegierte miteinander geschwatzt oder ihre Würstchen gegessen haben, scharen sie sich nun um die vielen Fernseher, welche die Reden im Tagungssaal übertragen.

Der Sauerländer beginnt staatstragend. Keine Frage, der Bankenrettungsschirm sei notwendig und richtig gewesen. Nun aber zögen die Banken nicht mit: »Die Wirkung ist weit hinter dem zurückgeblieben, was wir erwartet hätten.« Merz erklärt die Krise und er tut das so, dass alle es verstehen können. Er wird laut und gestikuliert. Er hat Charme und Sprachwitz. Und er bedient die Sehnsüchte der Delegierten nach einfachen Lösungen. Denn »die Antwort ist gar nicht so schwierig«, sagt er ihnen auf die Frage, was nun in der Krise zu tun sei.

Es sei die Antwort von Leipzig, dem legendären Reformparteitag der CDU. Das nun ist schon eine gezielte Spitze gegen Merkel, die damals nicht nur die Kopfpauschale, sondern auch die Bierdeckel-Steuerreform von Friedrich Merz propagiert hatte. »Der Staat ist der steuerpolitische Trittbrettfahrer«, donnert Merz den Delegierten entgegen, »wir müssen raus aus der kalten Progression.« Beifallsstürme, dann legt der Finanzpolitiker nach: »Und wir müssen das verbinden mit einer Mannschaft, einem Team ...« Der Rest des Satzes bleibt in der Luft hängen, doch jeder der Delegierten weiß nun Bescheid, dass es um Männer wie ihn geht, die ins Team müssen, statt der Kanzlerinnen-Show, die Merkel für den Wahlkampf plant. Nach seiner Kunstpause setzt Merz zum finalen verbalen Dolchstoß an und beendet seinen Satz: »… einem Team, in dem wir die finanzpolitische Kompetenz nicht allein der SPD überlassen.«

Heftiger Applaus belohnt den Merkel-Widersacher. Seine Fans bestreiten, dies sei ein Affront gegen die Kanzlerin gewesen: »Moderate Nadelstiche, nicht mehr«, sagen sie. In keinem Parteitagsbericht fehlt die Konfrontation zwischen Merkel und Merz. Und in fast allen ist er der Sieger, nicht sie.

»Ich kenne keinen Politiker, der so leidensfähig ist wie Angela Merkel«, sagt einer, der sie sehr gut kennt und ihr seit Jahren freundschaftlich verbunden ist. Die Bemerkung ist als Kompliment gedacht. Die Kanzlerin ballt ihre Faust nur, wenn andere nicht zusehen. Dafür ist die Rache hinterher meist umso raffinierter.

Am liebsten ist ihr, wenn sie so raffiniert ist, dass die Betroffenen es gar nicht merken. Das hat den Vorteil, dass die ansonsten unausweichliche Gegenreaktion ausbleibt.

Merkel hat ein paar Menschen in ihrer Umgebung, die in dieser Hinsicht ähnlich denken wie sie. Eine davon ist Annette Schavan, und ihr sollte in den nächsten Tagen eine derartige taktische Meisterleistung gelingen.

Die Bildungsministerin ist besorgt, dass sich die Debatte über das Konjunkturpaket immer stärker um die von vielen in der SPD favorisierten Konsumgutscheine dreht. Schavan hält sie für nutzlos. Würden die Menschen das Geld ausgeben, wäre die Wirkung allenfalls kurzfristig. Würden die Menschen das Geld sparen, wäre sie null. Doch für die neuen Schulden von Bund und Ländern würden alle noch Jahrzehnte bezahlen.

Auch in der letzten Novemberwoche taucht die Forderung nach den Konsumgutscheinen immer wieder in den Reden im Parlament auf. Während einer Plenarsitzung geht Schavan zu Merkel und informiert sie: »Du, ich begleiche jetzt die offene Rechnung vom Bildungsgipfel in Dresden.« Auch Fraktionschef Volker Kauder sagt sie Bescheid.

Kurz vorher gibt sie Stefan Braun von der *Süddeutschen Zeitung* ein Interview. »In der Koalition ist ein Wettlauf um das nächste Konjunkturpaket entbrannt. Was halten Sie für wichtig?«, fragt er sie. Wenig überraschend antwortet Schavan, dass Bildung und Forschung nun genau das Richtige seien, um »einen richtig großen Treffer zu setzen«.

So weit, so erwartbar. Nun aber hat sich Schavan einen Trick ausgedacht, um sowohl die Konsumgutscheine auszukontern als auch den widerwilligen Ministerpräsidenten vom Dresdner Bildungsgipfel eins auszuwischen. Sie schlägt vor, »jedem Schulleiter und Universitätschef einen Betrag in die Hand zu geben, mit dem er seine Schule oder Hochschule renovieren und modernisieren kann. Das ist unbürokratisch und geht deshalb schnell.«

»Der 100 000-Euro-Scheck« schreibt Braun über sein Interview. Die *Süddeutsche Zeitung* macht damit am Samstag, dem 6. Dezember, auf. Schon ab Freitagabend läuft die Vorabmeldung in den Nachrichten.

Was Merkel und Schavan schon auf dem Rückflug von Dresden diskutiert hatten, tritt nun ein. Keiner, auch nicht die Ministerpräsidenten, traut sich, etwas gegen Ausgaben für Bildung zu sagen.

Täten sie es, wären die Länderchefs die »Geisterfahrer«, wie Schavan damals im Hubschrauber sagte. Und sie müssten sich dafür rechtfertigen, warum sie nicht an sanierten Schulen interessiert seien.

Allenfalls ein paar zaghafte Einwände sind aus den Ländern zu hören. Beispielsweise, dass es keine direkten Zahlungen vom Bund an die Kommunen geben dürfe. Alles Geld müsse über die Länder geleitet werden.

Am folgenden Montag lädt Außenminister Frank-Walter Steinmeier Kommunalpolitiker der SPD ein, um mit ihnen über die Krise zu sprechen. Auch sie berichten vom Investitionsstau in Schulen und Kindergärten. Schlagzeilen kann Steinmeier damit nun nicht mehr machen, das Thema hat die Union gekapert. Nur vereinzelt ist in dieser Woche noch von Konsumgutscheinen die Rede.

Angela Merkel nutzt die Woche, um mit Dutzenden von Gesprächspartnern über die Ausgestaltung eines zweiten Konjunkturpaketes zu reden. Für Sonntagabend lädt sie zwei Dutzend Vertreter großer Unternehmen, von Verbänden und Gewerkschaften sowie fünf Konjunkturexperten ins Kanzleramt.

Die Kanzlerin nutzt die Diskussion mit Experten und Betroffenen gern als Gesprächsformat. Entweder um selbst in kurzer Zeit viele neue Informationen zu bekommen oder um einen gesellschaftlichen Konsens zu bestimmten Themen herzustellen. Manchmal ist es auch eine Mischung aus beiden Motiven.

Am Sonntagabend hat die Kanzlerin eine klare Agenda. Sie will sich ein noch besseres Bild davon machen, wie die Lage in der Wirtschaft wirklich ist. Dazu hat sie dieses Mal eine Mischung aus Wissenschaftlern, Bankern und Vertretern der Industrie und der Gewerkschaften eingeladen, statt wie in den vorhergehenden Runden mit jeweils einer dieser Gruppen zu diskutieren.

Merkel hat für ihr Konjunkturpaket eine Architektur im Kopf, die auf drei Säulen basiert: Investitionen von Bund, Ländern und Kommunen. Entlastungen der Bürger und Verbesserungen bei der Kurzarbeit. Und eine Reihe von speziellen Konsumanreizen für einzelne Branchen.

Als sie die 32 Teilnehmer des Treffens um 16 Uhr im großen Kabinettssaal begrüßt, haben die meisten in den Sonntagszeitungen bereits Meldungen über ein zweites Konjunkturpaket in der zweiten Januarhälfte gelesen. Offiziell bestätigen wird Merkel diese Nachricht erst zwei Tage später bei einem Besuch des Zentrums für Europäische Wirtschaftsforschung in Mannheim.

Merkel fordert ihre Gäste auf, ihr die aktuelle Wirtschaftslage zu schildern. Wie schlimm sind die Auftragseinbrüche?

Wer macht bereits Kurzarbeit? Was ist mit der Kredit-klemme?

Inzwischen prognostizieren die meisten Forschungsinstitute einen dramatischen Rückgang der Wirtschaftsleistung im kommenden Jahr. Einige erwarten die schärfste Rezession seit 1949. Die kombinierte Wirtschafts- und Finanzkrise sprenge in Geschwindigkeit und Ausmaß alles je Dagewesene, sagt Bert Rürup, der Vorsitzende des oft auch »Wirtschaftsweise« genannten Sachverständigenrates der Regierung. Keiner könne deshalb sagen, welche Rezepte taugen würden.

Die Situation sei deswegen so einzigartig, weil es sich eigentlich um drei unterschiedliche Krisen handele, argumentiert Klaus Zimmermann, der Chef des Deutschen Instituts für Wirtschaftsforschung. Sie verstärkten sich jetzt gegenseitig zu etwas ganz Neuem, sagt der Wirtschaftsforscher. Schon vor der Finanzkrise seien die Weltwirtschaft und Deutschland in die Rezession gerutscht. Zusätzlich gäbe es eine klassische Branchenkrise in der Automobilindustrie, wo weltweit zu viele Kapazitäten aufgebaut worden wären. Und dann schließlich die Finanzkrise, die mit einer unfassbaren Wucht die beiden anderen verstärkt habe.

»Die Wissenschaftler sagten uns, dass sie wenig über die Auswirkungen der aktuellen Finanzmechanismen wüssten, dass Prognosen über den Verlauf der Krise mithin unmöglich seien«, erinnert sich Kanzleramtschef Thomas de Maizière an den Abend.

Sehr düster ist die Stimmung zu diesem Zeitpunkt im Kabinettssaal in der fünften Etage des Kanzleramts. Auch Deutsche-Bank-Chef Josef Ackermann trägt nicht zur Aufhellung bei. Als »fortdauerndes Erdbeben mit wechselnden Epizentren« beschreibt er die Lage an den Finanzmärkten. Martin Blessing, der Chef der Commerzbank, sagt, dass die Refinanzierung der Banken immer noch ungeheuer schwer sei. Lang laufende Kredite würden kaum vergeben. Viele

Modellannahmen, mit denen sonst gearbeitet wird, würden nicht mehr funktionieren. »Wenn vor der Krise ein Kredit fällig wurde, hatten sie eine Kreditgeschichte des jeweiligen Kunden und konnten plausible Annahmen treffen für die Wahrscheinlichkeit, mit der er den Kredit zurückzahlt, und mit welcher Wahrscheinlichkeit er ihn verlängern will«, sagt Blessing. »Nehmen wir einmal an, das war jeweils 50 Prozent.« Nun sei es so, dass fast 95 Prozent der Schuldner ihre Kredite verlängern wollten, während 95 Prozent der Gläubiger ihre langfristigen Einlagen – ob fällig werdende Anleihen oder anderes – nicht wieder neu anlegen wollten. »Das bedeutet, dass das Kreditgeschäft im langfristigen Bereich schwierig ist oder gar zum Stillstand kommt«, sagt Blessing, »Banken, die kein frisches Geld als Einlage erhalten, können kein zusätzliches Geld ausleihen.« Die alten Modelle, mit denen die Banken ihr Geschäft prognostizierten, hätten ausgedient. Und neue gäbe es noch keine.

Für Merkel und ihre ebenfalls anwesenden Minister Peer Steinbrück, Michael Glos, Frank-Walter Steinmeier, Olaf Scholz und Thomas de Maizière sind die Lagebeschreibungen eine weitere Bestätigung, dass es ein zweites Konjunkturpaket geben muss.

Gegen 19 Uhr wechselt die Runde in den Bankettsaal, wo Merkel Grünkohl und Kassler zum Abendessen servieren lässt. Nun geht es um die Rezepte gegen die Krise. Die Gewerkschaftsvertreter wollen die Kaufkraft stärken, die Wirtschaftsvertreter setzen auf Steuerentlastungen, immer wieder wird auch für Investitionen in Schulen und Hochschulen argumentiert. Wenig überraschend, jeder vertritt seinen bekannten Standpunkt. Bis Siemens-Chef Peter Löscher die Runde beim Dessert überrascht: Sein Unternehmen werde 2009 auf betriebsbedingte Kündigungen verzichten, kündigt der Österreicher an.

Das löst »basses Erstaunen« aus, wie sich ein Teilnehmer erinnert, aber auch kleine Seitenhiebe. Der Siemens-Chef habe gut reden, er führe ja auch eine »Bank mit angeschlossenem Elektroladen«.

Merkel nimmt den Ball auf: »Gilt das für andere auch?«, fragt sie in die Runde. Statt das Treffen wie geplant gegen 21 Uhr zu beenden, diskutiert die Gruppe weitere zwei Stunden. Diejenigen der Dax-Vorstandsvorsitzenden, die wie Löscher ohnehin langfristige Verträge zur Beschäftigungssicherung mit den Gewerkschaften abgeschlossen haben, können sich mit seinem Vorstoß anfreunden. Andere warnen: Die Lage in den Unternehmen sei so unterschiedlich, dass eine pauschale Jobgarantie kaum realistisch sei.

Die Kanzlerin aber orientiert sich an einem Brief, den ihr Berthold Leibinger schon im November geschrieben hat. Der Chef der Maschinenbaufirma Trumpf hatte darin vorgeschlagen, dass die Betriebe ihre Mitarbeiter während der Kurzarbeit weiterqualifizieren sollten. Dies sei besser, als die Mitarbeiter einfach nach Hause oder gar in die Arbeitslosigkeit zu schicken. Schon seit Längerem prüft Arbeitsminister Olaf Scholz deshalb mit dem Einverständnis der Kanzlerin, ob die bisherige Kurzarbeitergeldregelung ausgeweitet werden kann. Nun wird er beauftragt, nach einem Modell zu suchen, wie den Firmen bei der Weiterqualifizierung in der Kurzarbeit geholfen werden könnte. Scholz lädt kurz darauf die Arbeitsdirektoren der Dax-30-Unternehmen ein. Viele sind bereit, ihren Beitrag zur Sicherung der Beschäftigung zu leisten.

Passenderweise findet in der Woche vor Weihnachten auch noch die halbjährliche Besprechung der Kanzlerin mit allen Ministerpräsidenten der Bundesländer sowie den Regierenden Bürgermeistern von Berlin, Hamburg und Bremen statt. Merkel bespricht mit ihnen, dass Investitionen in Bildungseinrichtungen und die Infrastruktur eine tragende Säule des zweiten Konjunkturprogramms werden sollen.

Der Terminkalender der Kanzlerin ist in diesen hektischen Tagen vor Weihnachten noch enger getaktet als sonst. Dennoch nimmt sie sich einen Abend Zeit, um mit Unionsfraktionschef Volker Kauder zu reden. Die beiden bleiben im Kanzleramt und essen im Speisezimmer in der achten Etage. Merkel ist besorgt über die in der Höhe zu weit gehenden Forderungen der CSU nach Steuerentlastungen. Sie sieht dafür keinen Spielraum im Konjunkturpaket. Stattdessen möchte sie eine große Steuer-Strukturreform als Projekt der nächsten Legislaturperiode vorstellen. Kauder ist skeptisch: »Mir war klar, dass die CSU in der Steuerfrage nicht mehr einzufangen wäre. Eine Steuerentlastung musste deshalb in das zweite Konjunkturpaket aufgenommen werden.« Beide gehen davon aus, dass die CSU die Weihnachtspause nutzen wird, um Stimmung für Steuerentlastungen zu machen. Merkel signalisiert Seehofer, dass sie eine steuerliche Entlastung in das Paket aufnimmt, sie aber im einstelligen Bereich bleiben muss.

So begleitet die Kanzlerin eine Reihe offener Fragen, als sie wie jedes Jahr über Weihnachten ins Engadin fährt. Langlaufen im Winter, bergwandern im Sommer, dazu ausspannen und lange Spaziergänge: Angela Merkel und ihr Ehemann Joachim Sauer haben seit Jahren feste Urlaubstraditionen. Im Winter fahren sie in die Schweiz, zu Ostern auf die Mittelmeerinsel Ischia und im Sommer nach Südtirol. Sie versuchen daran trotz der Kanzlerschaft Merkels und dem Personenschutz rund um die Uhr festzuhalten.

Auch mit den Medien hat sich inzwischen eine gewisse Routine eingespielt. Offizielle Bildtermine gibt es nicht. Doch den Paparazzi gelingt es immer wieder, ein paar Fotos in den ersten Urlaubstagen zu machen. Danach lassen sie das Paar in Ruhe. So ist es auch dieses Mal. Merkel und ihr Mann werden mit ihren Langlaufskiern auf dem Weg zur Loipe abgelichtet. Es schneit und beide haben rote Jacken an.

Kapitel 12

Konjunkturmontage im Kanzleramt –

wie im Koalitionsausschuss gefeilscht und gerungen wird

Für Angela Merkel ist der Weihnachtsurlaub am Sonntag, dem 4. Januar, zu Ende. Für 18 Uhr hat sie die Spitzen von CSU und CDU ins Kanzleramt geladen. Wie vor Weihnachten erwartet, verlangt CSU-Chef Horst Seehofer Steuersenkungen. Nun hat er Merkel sogar eine Art Ultimatum gestellt: Entweder sie sagt der Schwesterpartei Entlastungen bei der Steuer zu oder die CSU stellt sich beim Konjunkturprogramm quer.

Beim neuen bayerischen Ministerpräsidenten Seehofer hat sich einiges aufgestaut. Vor allem muss er beweisen, dass das Wort der Bayern noch immer Gewicht hat in Berlin. Unter seinen Vorgängern, CSU-Chef Erwin Huber und Ministerpräsident Günther Beckstein, wurde das zunehmend bezweifelt. Kaum weniger wichtig für Seehofer ist, seine Stellung parteiintern abzusichern.

Denn der frühere Bundesagrarminister ist keineswegs unumstritten: Zwar schien er seiner demoralisierten Partei nach dem Wahldesaster im September als einzig möglicher Kandidat. Doch die Wunden sind noch immer offen – und so ist er erst kurz zuvor mit einer Personalie klar gescheitert. Seiner Forderung, die Strauß-Tochter Monika Hohlmeier auf

Platz eins der Liste für die Europawahl zu setzen, entsprechen die Funktionäre nicht. Stattdessen wird der langjährige Europaabgeordnete Markus Ferber wie schon im letzten Wahlkampf die Christsozialen als Spitzenkandidat vertreten.

Merkel liegt wenig an einem unter Druck stehenden CSU-Vorsitzenden. Und sie weiß, dass eine deutliche finanzielle Entlastung der Bürger mit der SPD kaum zu machen wäre. Die Sozialdemokraten würden sich dann in gleicher Höhe eines ihrer Lieblingsprojekte finanzieren lassen.

Die Kanzlerin empfängt CSU-Chef Horst Seehofer, seinen damaligen Generalsekretär Karl-Theodor zu Guttenberg, Landesgruppenchef Peter Ramsauer, den bayerischen Finanzminister Georg Fahrenschon und ihre eigenen Leute im Speisezimmer im Kanzleramt. Sie wird Seehofer entgegenkommen müssen. Er braucht einen vorzeigbaren Erfolg – für seine Stellung in der Partei und in Bayern.

Wie meistens bei derartigen Treffen plaudert die Runde ein wenig, bevor es zur Sache geht. Dann lässt Merkel ihren Generalsekretär nach einigen einführenden Begrüßungsfloskeln erst einmal ordentlich Druck machen. Ronald Pofalla zählt detailliert auf, wann, wo und wie Seehofer und seine Leute die Kanzlerin und ihre Politik angegriffen haben. Fazit des Vortrags: Die beiden Schwesterparteien senden seit Wochen eine Botschaft des Streits und der Uneinigkeit. Genau das also, was die Wähler am wenigsten mögen.

Seehofer hat dies erwartet und seine Verteidigungsrede parat. Er zählt auf, wie wichtig eine Steuersenkung für die Menschen sei. Dass dies der richtige Schlachtruf für die bürgerlichen Parteien sei. Und dass seine Abgeordneten hier Erfolge erwarten, wenn die CSU-Landesgruppe sich wie jedes Jahr in ein paar Tagen in Wildbad Kreuth trifft.

Im Universum der beiden C-Parteien ist das Klausurtreffen der CSU-Landesgruppe im Bundestag in Kreuth der erste Fixtermin im noch jungen Jahr: Für die Christsozialen, weil sie Deutschland dann zeigen müssen, wie wichtig die CSU ist. Und für die Christdemokraten, weil sie sich jedes Jahr fragen, mit welchen kleinen und größeren Spitzen die Parteifreunde dieses Mal sticheln werden.

Im Kanzleramt kommt es schnell zu einer Einigung, nachdem beide Seiten Dampf abgelassen haben. Ja, die Union würde für Steuersenkungen im zweiten Konjunkturpaket kämpfen. Ja, man würde versuchen, dies als ersten Schritt zu einer großen Steuerstrukturreform zu verkaufen. Die echte Reform müsse dann nach der Wahl kommen, falls es zu einer bürgerlichen Koalition mit der FDP reiche.

CDU und CSU würden ihre Streitigkeiten einstellen und geeint in die nächste Auseinandersetzung ziehen, nämlich die mit der SPD über die genauen Parameter des Konjunkturpaketes. Und so bleiben in diesem Jahr die üblichen Angriffe auf die CDU in Wildbad Kreuth aus. Doch es wird ein brüchiger Frieden bleiben, eher ein Waffenstillstand.

Schon am folgenden Tag trifft sich der Koalitionsausschuss zum ersten Mal, genau eine Woche später wird am 12. Januar das entscheidende Treffen für das größte Stimulierungspaket der deutschen Nachkriegsgeschichte stattfinden. »Das war ein hohes Risiko für alle, weil es einen enormen Einigungsdruck aufbaute«, sagt der CSU-Vorsitzende Horst Seehofer. »Politisch ist das sinnvoll, sie müssen dann Ergebnisse liefern.«

Die Vorbereitungsrunden mit der Wirtschaft und zahlreiche Gespräche in der Zwischenzeit haben Merkel überzeugt, dass auch das zweite Paket wieder eine Vielzahl unterschiedlicher Maßnahmen umfassen und zeitlich gestaffelt einsetzen soll. Sie setzt auf Investitionen, direkte finanzielle Entlastungen der Bürger und gezielte Branchenhilfen.

Wie viel Geld aber soll der Staat nun in die Hand nehmen? Was soll der Maßstab sein? Merkel will auf keinen Fall, dass Deutschland schon im Wahljahr 2009 die europäischen Maastricht-Kriterien von maximal drei Prozent Haushaltsdefizit sprengt.

Ein bis eineinhalb Prozent des Bruttosozialprodukts, hatten die Wirtschaftsweisen und auch die EU-Kommission empfohlen. Das würde zusätzlich zu dem ersten Konjunkturpaket rund 50 Milliarden Euro in zwei Jahren bedeuten.

50 Milliarden Euro. Eine gigantische Summe mit zehn Nullen. In Dänemark könnte man damit 13 Brücken über den Großen Belt bauen. Oder alle der rund 40 Millionen deutscher Haushalte mit einer Waschmaschine, einer Spülmaschine und einem Kühlschrank im Wert von je 400 Euro ausstatten. Man könnte auch jedem der 82 Millionen Deutschen einen Scheck über 625 Euro schicken. Würde man sich auf die 500 000 Einwohner von Städten wie Duisburg, Nürnberg oder Dresden konzentrieren, könnte jeder vom Baby bis zur Oma dafür eine Luxuslimousine im Wert von 100 000 Euro bekommen. Oder man könnte den Haushalt des Bundeslandes Nordrhein-Westfalen bestreiten, zumindest den des Jahres 2007.

Die Kanzlerin bittet ihren Amtschef, die Summe von 50 Milliarden Euro gegenzurechnen. Wird es überhaupt genügend Bauprojekte geben? Welche finanziellen Entlastungen der Bürger lassen sich damit bezahlen? Wo liegt die maximale Summe der Wünsche, die derzeit fast im Stundentakt geäußert werden?

Und so verbringen Thomas de Maizière und sein Team die Feiertage damit, Zahlenspiele aufzustellen. Die Kriterien des Kanzleramts für die neuen Ausgaben sind bereits festgelegt: Sie sollen zusätzlich und nachhaltig sein. Schon beschlossene Investitionsprojekte der Länder werden nicht darunterfallen.

Gleichzeitig prüft sein Team, wie ausgelastet die Baukapazitäten sind. Die Branche hat eine jahrelange Schrumpfkur hinter sich, die Hunderttausende Bauarbeiter den Job gekostet hat. Wird das Investitionsprogramm zu groß, löst es keine zusätzlichen Konjunkturimpulse, sondern nur Preisaufschläge aus – ein Effekt, den die Bundesregierung vermeiden will. De Maizières Experten melden, dass die Bücher der Bauwirtschaft bis zum Frühjahr noch voll sind. Danach wäre wohl ein Investitionsvolumen von rund 13 Milliarden Euro für zwei Jahre zusätzlich möglich, ohne dass dies zu Preiserhöhungen führen würde. Das entspricht einem Viertel des jährlichen Bauvolumens der Kommunen und Bundesländer. Weitere 18 Milliarden Euro sollen die Entlastungen bei den Steuern und Abgaben ausmachen. Diese beiden Summen sind die Eckpunkte, mit denen Merkel und ihre Leute in das Koalitionsgespräch gehen.

Immer, wenn es um viel Geld geht, ist mitentscheidend, wer die schnellsten und besten Rechenkapazitäten hat. Normalerweise trägt deshalb jede Verhandlungsseite dafür Sorge, dass vor den Türen des Saales die besten Rechenexperten mit ihren Laptops warten. Sie müssen in den Verhandlungspausen – oder wenn Kanzleramtschef de Maizière schnell aus dem Esszimmer kommt – ausrechnen, wie sich neue politische Vorgaben auf das Finanztableau auswirken würden. CSU-Chef Horst Seehofer hat seinen Finanzminister Georg Fahrenschon ins Kanzleramt mitgebracht.

Für die Verhandlungen im Kanzleramt liefert Finanzminister Peer Steinbrück die Zahlen, sein Staatssekretär Werner Gatzer ist der Mann am Laptop vor der Tür.

Schon seit Jahrzehnten nutzen Polit-Junkies dabei die Buchstaben A und B, wenn sie SPD und Union auseinanderhalten wollen. So sind die Sozialdemokraten die A-Seite, die sozialdemokratisch regierten Länder werden A-Länder genannt. Warum die Union den Buchstaben B abbekommen hat, dafür gibt es mehrere Erklärvarianten. Eine davon ist, dass die Unterteilung ihren Ursprung in einer Kultusministerkonferenz in den 70er-Jahren hat. Bundespräsident Johannes Rau lieferte diese Erklärung 1998 in einer Rede zum 50. Bestehen der Kultusministerkonferenz. Danach seien in einer Übersicht die Entwürfe der SPD unter »A«, die der Union unter »B« zusammengefasst gewesen.

Im Kanzleramt kursiert eine andere Begründung. Danach seien das »A« und das »B« auf Zimmerbezeichnungen im Parlamentsgebäude in Bonn in den 60er-Jahren zurückzuführen. Die SPD-Seite habe immer in einem Raum mit der Zusatzbezeichnung »A« getagt, die Unionsseite in einem mit »B«.

Am 12. Januar im Kanzleramt jedenfalls ist die Mannschaftsaufstellung wie folgt: »A« wird vertreten von Finanzminister Peer Steinbrück, Außenminister und Vizekanzler Frank-Walter Steinmeier, Arbeitsminister Olaf Scholz, SPD-Chef Franz Müntefering und dem Fraktionsvorsitzenden Peter Struck. Die B-Seite repräsentieren Merkel, de Maizière, Wirtschaftsminister Michael Glos, Fraktionsvorsitzender Volker Kauder sowie CSU-Chef Horst Seehofer und sein Landesgruppenchef Peter Ramsauer.

Das B-Team ist schon anderthalb Stunden früher im Kanzleramt, um die Strategie abzusprechen. Die A-Seite hatte sich zu diesem Zweck ebenfalls vorher getroffen. Der Außenminister und seine Kollegen nehmen wie immer den hintersten der drei Aufzüge im Kanzleramt, denn nur der führt direkt in den achten Stock. Für das übliche Schwätzchen auf dem Balkon ist es an diesem Montag aber viel zu kalt, noch liegt Schnee in der Hauptstadt.

Merkel setzt sich an einen Platz in der Mitte des Tisches, Frank-Walter Steinmeier nimmt ihr gegenüber Platz. Links wird der Außenminister von Finanzminister Steinbrück flankiert, rechts von SPD-Chef Müntefering. Bei Merkel sind es Fraktionsführer Kauder und CSU-Chef Seehofer. In der Nähe der Eingangstür sitzen sich dieses Mal Olaf Scholz und Peter Ramsauer gegenüber. An der Terrassentür haben Thomas de Maizière und Peter Struck Platz genommen, Wirtschaftsminister Glos sitzt am Kopfende des Tisches.

Merkel ist es wichtig, den finanziellen Rahmen für die Investitionen und die Entlastungen der Bürger noch vor dem Essen festzuzurren. Sie hat Kasseler, Sauerkraut und Kartoffelbrei auf die Speisekarte setzen lassen – ein bodenständig-deftiger Kontrapunkt zu den schwindelerregenden Summen, die den Abend bestimmen werden.

Nach dem Essen wird das Ringen um die jeweiligen Symbolthemen beginnen. Die Ausgaben, mit denen die jeweilige Seite ihrer Anhängerschaft zeigen will, dass sie sich durchgesetzt hat. Außenminister Frank-Walter Steinmeier hatte die für die Sozialdemokraten wichtigen Symbolthemen beim ersten Koalitionsgespräch am 5. Januar fein säuberlich aufgeschrieben. Den »Steinmeier-Plan« werden seine Helfer das später nennen, zum Missfallen des Kanzleramts. Ein Kinderbonus in Höhe von 200 Euro für jedes Kind, eine zweijährige Abwrackprämie für Autos, die Reichensteuer. Entlastet werden sollen die Bürger zudem durch eine Absenkung des Eingangssteuersatzes bei der Einkommenssteuer und die Streichung des Zusatzbeitrags bei der Krankenkasse, den nur die Arbeitnehmer bezahlen müssen.

So eröffnet Merkel die Runde mit der Frage, ob alle nach wie vor mit einem Gesamtvolumen von 50 Milliarden Euro für zwei Jahre leben können. Sie ist deshalb so wichtig, weil die gesamten weiteren Verhandlungspositionen bei einem Dissens ins Rutschen kommen würden. Doch alle Anwesenden bestätigen die Summe. Sie gibt den Rahmen für den weiteren Politpoker vor.

Die CSU will wie in den vergangenen Wochen eine möglichst hohe Steuerentlastung herausschlagen, hatte sich jedoch schon beim sonntäglichen Treffen mit der Schwesterpartei auf ein Volumen von neun Milliarden Euro für beide Jahre festgelegt. Merkel hat darauf verzichtet, die CDU mit neuen Ansprüchen in das Koalitionsgespräch gehen zu lassen. Sie weiß, dass die Verhandlung mit der SPD anspruchsvoll genug werden wird – und in diesem Fall nicht vonseiten der CDU mit weiteren Forderungen belastet werden sollte. Und dass die Ergebnisse, die man unbedingt erzielen will, besser vorher ungesagt bleiben.

Eines davon war, wenigstens das Versprechen vom Anfang der Legislaturperiode halten zu können, die Lohnnebenkosten unter 40 Prozent zu senken. Merkel, de Maizière und

Kauder haben abgesprochen, wie sie das an diesem Abend erreichen wollten. In die Öffentlichkeit dringt nichts davon. Jede Debatte darüber würde es schwieriger machen, dieses Ziel zu erreichen.

Als großer Vorteil stellt sich jetzt ein Kommunikationsfehler heraus, der Merkel schon das ganze Wochenende über geärgert hatte. Jürgen Rüttgers, der nordrhein-westfälische Ministerpräsident, hatte vor der Klausurtagung der CDU-Bundestagsfraktion in Erfurt einen 100 Milliarden Euro schweren »Deutschlandfonds« gefordert. Dass die SPD parallel diesen Namen schon für das Investitionsprogramm der Kommunen gewählt hatte, war ihm egal. Rüttgers wollte mit seinem Deutschlandfonds Unternehmen retten und sich deshalb direkt an ihnen beteiligen.

Der pure Staatskapitalismus also – und mithin ein perfektes Reizthema für die Öffentlichkeit. Rüttgers wusste, dass sein Kollege Roland Koch in den entscheidenden Tagen seines Wahlkampfes in Hessen stand und zudem mit dem Rüsselsheimer Opel-Werk auch einen möglichen Rettungskandidaten im Land hatte. Und so war es ein Leichtes, den eigentlich als ordnungspolitisch klar gegen Staatsinterventionen geltenden Hessen mit für die Werbetour für den Deutschlandfonds einzuspannen. Koch sollte es sogar sein, der den Fonds nach der Klausur am 10. Januar als CDU-Wunsch verkündete.

Merkel hingegen bekam den Spott dafür ab. Am Tag des Koalitionsgesprächs zeigte die *Bild*-Zeitung die Kanzlerin mit Bergarbeiterhelm, die Hand im Schutzhandschuh wie salutierend erhoben, den Daumen am Helm. Das Bild war fast 20 Jahre alt und datierte aus ihrer Zeit als Umweltministerin im Kabinett Kohl. Dazu fragte sich die Zeitung: »Wie viel Planwirtschaft steckt in Kanzlerin Merkel?«

Als der Deutschlandfonds nun nach dem Abendessen als einer der ersten strittigen Punkte zur Sprache kommt, lässt Merkel der A-Seite den Vortritt. Schon in den Vortagen hatte sich abgezeichnet, dass ausgerechnet die SPD strikt gegen dieses Ansinnen ist. Intern geht das Kanzlercamp davon aus, dass der Widerstand nicht so sehr mit der Sache, sondern vor allem mit dem Initiator zu tun hat. Rüttgers hatte der SPD nach 39 Jahren Alleinherrschaft ihr einstiges Stammland Nordrhein-Westfalen abgenommen. 2010 würde er seinen Wahlsieg verteidigen müssen. Schon jetzt galt der 57-jährige Jurist als der »Arbeiterführer« der CDU. Je mehr sich dieses Bild verfestigen würde, desto schwerer wäre die Rückeroberung dieses einstigen sozialdemokratischen Kernlandes. Das aber ist eines der überragenden mittelfristigen Ziele der Sozialdemokraten.

Und so ist es Peter Struck, der mit hörbarem Spott die Kanzlerin fragt, ob sie jetzt zu einem »Stamokap« geworden sei. Zu einem Anhänger der Forderung also, den »monopolistischen Kapitalismus in einen staatsmonopolistischen Kapitalismus« zu überführen. Sie geht auf eine Schrift Lenins im Jahr 1917 zurück und führt seitdem bei hartgesottenen Linken vor allem im Westen noch immer zu leuchtenden Augen.

Eine fast perfekte Vorlage für Merkel, gemeinsam mit ihrem Fraktionschef Volker Kauder die Position sofort zu räumen. Auch das zu erwartende Nachhaken der Journalisten am folgenden Tag kommt der Kanzlerin gerade recht. Ob denn nun ausgerechnet die Sozialdemokraten die CDU-Vorsitzende vor dem Staatssozialismus gerettet hätten, will einer wissen.

Merkel ist sich bewusst, dass der Rüttgers-Vorschlag sowohl in ihrer Partei als auch in der Bevölkerung durchaus Anhänger hat. »Das ist in den Bundesländern immer mal wieder vorgekommen«, sagt Merkel und erinnert an das Kosmetikunternehmen Beiersdorf in Hamburg. Um den Hersteller der deutschen Traditionsmarke Nivea vor dem Verkauf ins Ausland zu retten, stieg damals die Hansestadt gemeinsam mit Hamburger Kaufleuten bei dem Unternehmen ein.

Merkel hätte natürlich auch Volkswagen erwähnen können, an dem das Land Niedersachsen noch immer eine Sperrminorität hält. Und für dessen Landesbeteiligung der dortige Ministerpräsident Wulff kämpft, obwohl er auf der Erfurter Klausur für die ordnungspolitische Linie und gegen Staatsbeteiligungen bei Unternehmen votiert hatte. Oder das Chipwerk AMD in Dresden, das sich in Sachsen nur angesiedelt hatte, weil der Freistaat sich über die Messe Leipzig an AMD beteiligte. Ein Deal, den der damalige Ministerpräsident Kurt Biedenkopf eingefädelt hatte, normalerweise ebenfalls ein Vertreter der Ordnungspolitik.

Nun fließen die 100 Milliarden Euro von Rüttgers hingegen in ein »Kredit- und Bürgschaftsprogramm«. Damit sollen Firmen Staatsbürgschaften erhalten. Weitere vier Milliarden Euro darf der Bund verbauen und investieren, beispielsweise für die Gebäudesanierung oder die maroden Kasernen der Bundeswehr. Zudem hat die Kanzlerin mit Entwicklungshilfeministerin Heidemarie Wieczorek-Zeul vereinbart, dass die Weltbank 100 Millionen Euro für Bürgschaftsprogramme in den Entwicklungsländern bekommen soll. Schon beim Finanzmarktgipfel in Washington Mitte November thematisierte Merkel diesen Punkt immer wieder: Gerade für die ärmeren Länder sei es nun noch wichtiger, dass sie weiter Geld bekommen, um Straßen, Krankenhäuser und Schulen bauen zu können.

CSU-Chef Seehofer will das nur akzeptieren, wenn auch die bayerischen Bauern 125 Millionen Euro abbekommen. »Für die ganze Welt habt ihr Geld, aber nicht für die bayerischen Bauern«, regt sich Seehofer auf. Steinbrück fällt ihm ins Wort. Schon wieder neue Privilegien, das ginge gar nicht. CSU-Landesgruppenchef Ramsauer unterstützt ihn: Geld für die Weltbank nur dann, wenn es auch welches für die heimischen Landwirte gibt.

Zwar hat das eine mit dem anderen nichts, aber auch gar nichts zu tun. Doch die beiden Bayern folgen mit ihrer Intervention für die Landwirtschaft des Freistaats einer Tradition. Auch Edmund Stoiber hatte einen Koalitionsausschuss im

Frühjahr 2006 einmal fast zum Scheitern gebracht, als er unbedingt eine Agrardiesel-Steuerbefreiung für seine Bauern durchsetzen wollte. Beim damaligen Kuhhandel hatte sich Angela Merkel dann auf das von der SPD geforderte Antidiskriminierungsgesetz einlassen müssen. Die Schutzrechte von Minderheiten wie Homosexuelle oder Behinderte wurden dabei ausgeweitet.

Monatelang noch bekam sie dafür Prügel von ihrer Partei – und auch von der CSU, die schnell vergessen hatte, dass ihre Forderung nach der Subvention für die Bauern der Auslöser war. Einige im Regierungsviertel sagen nur vielsagend »Ach, der schwule bayerische Biobauer«, wenn sie an diese Koalitionsnacht erinnern wollen.

Dieses Mal jedoch kommt SPD-Chef Franz Müntefering Merkel zu Hilfe. »Kinder, Kinder, jetzt ist Schluss«, ruft er die Streitenden zur Ordnung. Auch Seehofer und Ramsauer sehen, wie sich die Miene von Merkel verdüstert hat. Die Kanzlerin hat die Zusage für die Weltbank schon auf dem Finanzmarktgipfel in Washington gegeben, auch ist ihr die Unterstützung der Entwicklungsländer ein persönliches Anliegen. So geben Seehofer und Ramsauer nach.

Noch schwieriger wird die Debatte, als es um die Förderung des Automobilsektors geht. De Maizière hat Vorbehalte gegen die Abwrackprämie, er schätzt die Mitnahmeeffekte als zu hoch ein. Und was, wenn die Autohändler ihre derzeit großzügig gewährten Rabatte wieder einschränken? Auch Volker Kauder ist ein vehementer Gegner der Abwrackprämie.

Doch Müntefering, Struck und vor allem Steinmeier liegt das Thema am Herzen. Auch das CDU-Präsidium hat in Erfurt wenige Tage zuvor solche Spezialhilfen für die Automobilindustrie beschlossen. Vizekanzler Steinmeier hat im Vorfeld viele Gespräche mit Vertretern der Autoindustrie geführt, die für die Prämie geworben haben. Sogar IG-Metall-Chef Berthold Huber ist bei seinen Freunden im SPD-Vorstand vorstellig geworden und hat eine Abwrackprämie in

Höhe von 3500 Euro gefordert. Viele seiner Mitglieder arbeiten in der Autoindustrie und bei den Zulieferern.

Nun will die A-Seite 1,5 Milliarden Euro dafür einsetzen, zehn Jahre alte Autos zu verschrotten. Steinmeier wirbt entschlossen für die Prämie, Kauder hält dagegen. Da greift Merkel ein. Ihr Fraktionschef müsse das sagen, weil die Fraktion keineswegs begeistert sei. Struck beugt sich zu seinem Amtskollegen: »Volker, das geht nicht, dass du dagegen bist.«

Kauder gibt ein weiteres Mal seinen Protest zu Protokoll, dann lenkt er ein: »Gut, wenn es beschlossen ist, dann machen wir es.«

Merkel ist zufrieden. Ohnehin will sie sich nicht noch länger das Genörgel der Automanager anhören, dass die Bürger nur deshalb nicht kaufen, weil die Rahmenbedingungen nicht klar sind. Kurz sind die Männer an den Laptops gefragt, dann steht die Einigung: 2500 Euro, aber nur für ein Jahr. 600 000 neue Autos und Jahreswagen könnten so theoretisch von den überfüllten Höfen der Autohändler gefahren werden, immerhin ein Fünftel des erwarteten Jahresumsatzes.

Nachdem auch dieses Symbolthema abgeräumt ist, wird es schwierig. Nun stehen die Details zu den Steuer- und Abgabensenkungen an. Mehrfach schlägt die Stunde der Laptop-Experten. CSU-Chef Horst Seehofer besteht darauf, dass die Steuerentlastung ebenso hoch ist wie die Abgabensenkung – jeweils neun Milliarden Euro.

Peter Ramsauer zeichnet die Kurve des Steuertarifverlaufs auf den kleinen DinA6-Block, den er bei Koalitionsverhandlungen immer für Notizen bei sich hat. Dann malt er dick ein, wie die Union ihn verschieben will.

Angela Merkel lehnt die SPD-Forderung ab, dass nur die Abgaben für Arbeitnehmer gesenkt werden sollen. Und über allen Fragen schwebt der offene Zeitplan: Alles rückwirkend zum ersten Januar senken? Mitte des Jahres? Oder erst 2010?

Würde die Koalition die Entlastungen sofort gewähren, hätten die Bürger schon im Frühjahr mehr auf den Konten.

Allerdings wären die aufgelaufenen Steuer- und Abgabenentlastungen dann relativ gering. Selten würden sie über 100 Euro liegen. Das wäre etwas mehr als die »Currywurst mit Mayo ohne Pommes«, mit der FDP-Chef Guido Westerwelle das Konjunkturpaket später kritisierte. Aber nicht viel mehr.

Auch steht zum 1. Juli ein weiteres Datum an, das strategische Bedeutung hat. Zum ersten Mal seit etlichen Jahren werden die Renten und die daran gekoppelten Hartz-IV-Sätze spürbar erhöht. Rund 2,7 Prozent mehr werden ausgezahlt, ein auch bei kleineren Renten spürbarer Aufschlag. Warum also nicht zu diesem Zeitpunkt auch die Steuer- und Abgabenzahler entlasten?

Mehrfach geht es hin und her in der Runde, zweimal greift Merkel zum Instrument der »Auszeit«. Die B-Seite geht ein Stockwerk tiefer ins Kanzlerbüro, die A-Seite bleibt im Speisezimmer.

Als die Unionsleute zurückkommen, wird Käse und Obst serviert. Gegen elf Uhr steht dann der Entlastungsfahrplan. Die Runde hat sich entschieden, zum ersten Juli und dann noch einmal zum ersten Januar 2010 die Portemonnaies der Bürger zu füllen.

Die Erhöhung des Steuerfreibetrags wird in zwei Stufen geteilt, damit sie nicht so teuer wird. Dafür gilt die erste Stufe rückwirkend ab dem ersten Januar 2009. Die Absenkung der Krankenkassenbeiträge hingegen wird erst zum Juli kommen, auch das reduziert die Kosten. So haben die allermeisten Steuer- und Abgabenzahler ebenso wie die Rentner und Hartz-IV-Empfänger mit dem Start des Sommers einiges mehr an Geld in der Tasche. Etliche am Tisch spekulieren darauf, dass sich durch die Bündelung der Maßnahmen zum 1. Juli eine schöne Medienkampagne entfachen lasse.

Volker Kauder stört keinesfalls, dass in den Umfragen in den Wochen direkt nach dem Paket drei von vier Bürgern die Maßnahmen ablehnen. »Es braucht seine Zeit, bis alle verstehen, was genau gemacht wird«, sagt er. Und meist käme die volle Botschaft ohnehin erst an, wenn auch das Geld auf den Konten der Menschen landet.

Dann aber sind es nur noch knapp drei Monate bis zur Bundestagswahl am 27. September. Eine Ausgangslage, von der eher die Union profitieren dürfte. Steuersenkungen werden typischerweise dem konservativen Lager angerechnet. Und die Senkung der Krankenkassenbeiträge wird mithelfen, die zu erwartende Kritik am Gesundheitsfonds zu kontern, erwartet man im Kanzleramt. Er war und ist sehr stark mit der Person Merkels verbunden.

Nun werden schon zwei Jahre vor dem bisherigen Zeitplan Steuergelder genutzt, um die Kosten für die beitragsfreie Versicherung von Kindern zu finanzieren. Auch dies hängt die Kanzlerin in der Debatte um den Fonds nicht an die große Glocke.

Noch immer jedoch haben die SPD-Vertreter ihr Symbolthema Reichensteuer nicht aufgegeben. Dass dies finanziell kaum etwas bringt, ist auch Steinbrück, Struck, Müntefering und vor allem Steinmeier klar. Der SPD-Kanzlerkandidat hatte sogar schon Interviews im Vorfeld gegeben, wo er seine Ablehnung einer Reichensteuer ziemlich klar hatte durchscheinen lassen. Doch alle wissen auch, wie sehr der linke Flügel der Partei auf dieses Thema setzt.

Die B-Seite kennt diese Befindlichkeiten. Und so kommt der Lösungsvorschlag von ihr: Die Union würde einem einmaligen Kinderbonus in Höhe von 100 Euro zustimmen und noch eine Absprache treffen, unter welchen Bedingungen eine Lohnuntergrenze für die Zeitarbeit vereinbart werden könnte, wenn die SPD dafür auf die Reichensteuer verzichtet.

Mit diesem Ergebnis machen sich Peter Struck und Volker Kauder schließlich gegen halb zwölf auf zur wartenden Presse.

Kanzleramtschef de Maizière ist zu diesem Zeitpunkt bereits wieder in seinem Büro, wo er mit Steinmeiers Staatssekretär Heinrich Tiemann und seinen Mitarbeitern über die vorbereiteten Papiere geht und die vereinbarten Änderungen einfügt. Sein gesamtes Sekretariat steht in solchen Koalitionsnächten zur Verfügung. Normalerweise dauert es eine gute halbe Stunde, um die Vereinbarungen eines Koalitionsausschusses in die Endfassung der Papiere einzufügen. Merkel und die Koalitionäre warten dann oben im achten Stock und trinken ein Glas Wein oder Bier. »Es ist ungeheuer wichtig, dass jeder alles schwarz auf weiß vor sich hat, was während eines Koalitionsausschusses vereinbart wurde«, sagt de Maizière, »und zwar noch am gleichen Abend.« Ansonsten wächst die Versuchung, die eine oder andere Absprache am nächsten Tag dann doch etwas anders – und in der Regel im Sinne der eigenen Partei – zu interpretieren. »Die Vereinbarungen schon am gleichen Abend zu haben dient dem Koalitionsfrieden«, sagt der Kanzleramtschef mit ganz leicht angedeutetem Lächeln.

Dieses Mal brauchen Tiemann und de Maizière länger. Gut zwei Stunden werden sie damit zubringen, das Koalitionspapier auf den neuen Stand zu bringen. Also geht der Amtschef nach oben und informiert die Runde, dass es noch eine Weile dauern wird. Er bietet an, jedem die Endfassung in den nächsten Stunden nach Hause zu faxen.

Am nächsten Tag stellen sich Merkel, Seehofer und Steinmeier zum ersten Mal gemeinsam den Fragen der Journalisten. Eine Premiere, die der CSU-Chef für sich zu nutzen weiß. Der 61-Jährige ist ein Meister der Politgesten. Und so ist er der Erste, der sich im Gebäude der Bundespressekonferenz einfindet.

Als Vizekanzler Steinmeier kommt, begrüßt er ihn höchst animiert im Scheinwerferlicht von Dutzenden von Kameras. Seehofer zieht ein Papier heraus. Er hat gerade von seinem Finanzminister Zahlen bekommen, in welcher Höhe eine Durchschnittsfamilie entlastet wird. Seehofer zeigt Steinmeier die Rechnung. Beide beugen sich über die Blätter. Die Kameras klicken. Dann kommt Angela Merkel.

Wie immer ist sie die Letzte, die einen Saal betritt. Das entspricht den protokollarischen Gepflogenheiten. Doch statt diesen Rangunterschied ausspielen zu können, wird auch sie von Seehofer begrüßt und in Empfang genommen. Und auch ihr zeigt er jetzt sein Papier. Nun beugen sich drei Köpfe zur Freude der anwesenden Fotografen und Kameraleute darüber.

Es ist dieses Bild, das am kommenden Tag in allen Zeitungen zu sehen sein wird – wie sich Angela Merkel und Frank-Walter Steinmeier gemeinsam mit Horst Seehofer über dessen Papier beugen. Die Geste ist die politische Botschaft – und sie zeigt Seehofer als Herrn des Geschehens.

So kann er sich in der anschließenden Pressekonferenz ruhig zurücklehnen und bis auf ein paar süffisante Kommentare das Feld der Kanzlerin und ihrem Stellvertreter überlassen. Fast 20 Minuten lang erklärt Merkel das Konjunkturpaket, fast ebenso lange hält Steinmeier dazu eine Art Ko-Referat. Dieser Punkt geht an den Medienprofi Seehofer, den an dem Paket nur die von ihm ausgehandelten Steuerentlastungen zu interessieren scheinen. Ausführlich rechnet er vor, wer wann wie entlastet wird.

Am Abend holt sie sich die mediale Hoheit zurück. Wieder gibt sie jedem der vier großen Sender ein viertelstündiges Interview, danach hat sie Vertreter der Wirtschaft zu Gast im Kanzleramt.

Das Konjunkturpaket bekommt in den Medien allenfalls lauwarmen Applaus. Viele derjenigen, die noch kurz zuvor auf ein möglichst großes Konjunkturpaket drängten, kritisieren nun dessen unausweichliche Folge – die explodierenden Staatsschulden.

Der sonst so ruhige Thomas de Maizière könnte sich jedes Mal von Neuem über derartige »mangelnde intellektuelle Redlichkeit« aufregen: »Wer fordert, man müsse klotzen, kann doch nicht hinterher sagen ›Ogottogott, die Verschuldung‹.« Regierungssprecher Ulrich Wilhelm hat sich längst abgewöhnt zu glauben, dass es auch nur eine Entscheidung der Regierung geben wird, die ungeteilten Beifall findet: »Man muss sich davon befreien, dass es eine Lösung ohne Kritik gibt«, sagt er. International wird dieses deutsche Paket allerdings mit sehr viel mehr Zustimmung aufgenommen. Deshalb ist die Kanzlerin auch rundum zufrieden.

Kapitel 13

»Die schwerste innenpolitische Entscheidung, die ich in meiner Amtszeit zu treffen hatte« –

der Streit um Schulden, Enteignungen und die fehlenden Erklärungen der Kanzlerin

Die Morgenlage am Mittwoch, dem 14. Januar, beginnt nicht gut. Regierungssprecher Wilhelm zitiert aus den Kommentaren der überregionalen Zeitungen. Das Konjunkturpaket der Regierung wird stark kritisiert. »Marx, Murks und Merkel« heißt es im *Tagesspiegel*. Die *FAZ* druckt unter der Überschrift »Merkels Wort-Wechsel« eine Auswahl von Zitaten der vergangenen Monate, mit denen das Blatt belegen will, wie schnell und auch wie beliebig die Kanzlerin ihre Meinung geändert habe.

Schon am Vortag gab es wieder Ärger in der Unionsfraktion. Die Kritik entzündete sich an der Neuregelung der Lohnuntergrenze für die Zeitarbeit. Vielen Abgeordneten geht es aber tatsächlich um den Kurs der Regierung. Wie konnte die Union in so kurzer Zeit von der Partei der Marktwirtschaft zum Club der Staatsgläubigen werden, fragen sich viele. Die Kanzlerin müsse sich besser erklären, lautet die Forderung, die in den folgenden Wochen immer wieder und mit zunehmender Intensität zu hören sein wird. Aber eigentlich geht es um etwas anderes, so die Analyse des Kanzleramts. Viele erkennen das Ausmaß der Krise noch nicht oder sind sauer, dass alle Erfolge der letzten Jahre durch die internationalen Entwicklungen zunichte gemacht werden.

Angela Merkel hat deshalb nach der Pressekonferenz am Vortag und den Unterrichtungen der Fraktionen für diesen Mittwoch eine erneute Regierungserklärung angesetzt. Um elf Uhr geht sie ans Mikrofon: »Das ist ein guter Tag ... Wir nehmen viel Geld in die Hand, wir nehmen sogar sehr viel Geld in die Hand.« Deutschland steuere nun 80 der insgesamt 200 Milliarden Euro bei, die in Europa für Konjunkturprogramme ausgegeben werden. »Die Bundesregierung verfolgt dabei ein großes, ja ein überragendes Ziel. Wir wollen die Krise nicht einfach überstehen. Deutschland soll aus dieser Krise stärker und zukunftsfester herauskommen, als es hineingeht. Wir wollen diese Krise als Chance nutzen«, sagt sie mit einem für sie ungewöhnlichen Maß an Pathos. Im Mittelpunkt aller Maßnahmen stehe die Frage der Arbeitsplätze: »Arbeit für die Menschen – daran richten sich alle unsere Maßnahmen aus. Jede der Maßnahmen trägt auf ihre Art und Weise dazu bei. Das ist unser Maßstab. Ich halte ihn mit Blick auf die Menschen in unserem Land für absolut richtig.«

32 Minuten redet die Kanzlerin. So oder in Varianten wird sie diese Sätze in den nächsten Wochen immer wieder wiederholen, im Bundestag, bei Reden, im Fernsehen. »Die schwerste innenpolitische Entscheidung, die ich in meiner Amtszeit zu treffen hatte«, nennt sie das zweite Konjunkturpaket.

Doch womöglich ist die Krise inzwischen zu groß, zu unbegreiflich, um mit einer derartigen Botschaft durchdringen zu können. Denn die wirtschaftlichen Kennziffern verschlechtern sich in diesen Wochen in atemberaubendem Tempo. Der Maschinenbau meldet an eben diesem Mittwoch, dass die Branche im November einen Auftragsrückgang von 30 Prozent im Vergleich zum Vormonat zu verzeichnen hat. Eine Million Menschen arbeiten in diesem Bereich, die

Maschinenbauer sind der größte industrielle Arbeitgeber in Deutschland.

Die Wirtschaft hat im letzten Quartal 2008 den stärksten Rückgang seit 1987 erlebt. Die Statistiker des Bundes korrigieren das Wachstum für 2008 auf 1,3 Prozent herunter. Joachim Scheide, der Chefvolkswirt des Instituts für Weltwirtschaft in Kiel, lässt sich damit zitieren, dass ein kräftiger Aufschwung nicht vor »2011 oder 2012 zu erwarten« sei. Und die Deutsche Bank meldet einen Verlust von 4,8 Milliarden Euro allein für das vierte Quartal 2008.

Hinzu kommen kommunikative Fehler, die auch in der Unionsfraktion die Skepsis gegenüber der Kanzlerin weiter schüren. Einer ist ihre Aussage zur Tilgung der neu aufgenommenen Schulden. »Wir haben im Übrigen beim Erblastentilgungsfonds bewiesen, dass wir das können«, sagt sie bei ihrer Regierungserklärung. »Er wurde 1995 eingerichtet und hatte damals einen Schuldenstand von umgerechnet 171 Milliarden Euro. Jetzt ist er getilgt.«

Das ist – technisch gesehen – richtig. Aus den Bundesbankgewinnen flossen 35 Milliarden Euro in die Schuldentilgung, weitere 34 Milliarden Euro kamen im Jahr 2000 aus der Versteigerung von bundeseigenen Funkfrequenzen hinzu, den sogenannten UMTS-Lizenzen. Schon 1999 wurde der Fonds auf Drängen der rot-grünen Koalition in den Bundeshaushalt umgebucht. So sollte verhindert werden, dass ein sogenannter Schattenhaushalt weiterexistiert. Faktisch war damit der Erblastentilgungsfonds aufgelöst. Doch die noch verbliebenen Schulden wurden den bereits bestehenden Schulden der Bundesrepublik hinzugerechnet. Ob die Rückzahlungen in den Folgejahren nun Kredite aus dem früheren Erblastentilgungsfonds betrafen oder anderweitige Schulden, konnte selbst das Finanzministerium nur schwer nachvollziehen.

Zwei Wochen recherchiert die FDP, dann stellt sie die Regierung an den Pranger. FDP-Chef Guido Westerwelle geht genüsslich auf das von Merkel geschaffene Bild der

»schwäbischen Hausfrau« ein: »Die schwäbische Hausfrau weiß, dass Umschuldung keine Tilgung ist. Warum weiß es die Bundeskanzlerin nicht?«

Noch schwieriger für die CDU-Abgeordneten ist aber die Diskussion um Enteignungen, die wenig später einsetzt. Sie entzündet sich wieder einmal an der Krisenbank HRE in München. Inzwischen hat die Regierung über 100 Milliarden Euro an Bürgschaften und direkten Hilfen aufgebracht für ein Institut, das an der Börse Ende Januar 2009 gerade noch rund 330 Millionen Euro wert ist.

Merkel und Steinbrück treiben zwei Sorgen um. Trotz der vielen Staatsgarantien muss die HRE immer noch saftige Risikoaufschläge bezahlen, um ausgelaufene Kredite neu zu finanzieren. So aber verliert sie mit jeder notwendigen Umschuldung weiter Geld, eine Sanierung rückt in weite Ferne. Nur wenn der Staat auch Eigentümer der HRE wird, sehen die Experten eine Chance, dass die Refinanzierungskosten der Bank sinken. Und was, wenn jemand trotz der desolaten Lage der Bank dort einsteigt und quasi als Trittbrettfahrer die Sanierung durch den Staat abwartet, um danach Kasse zu machen?

Mehrere Optionen spielen die Experten im Kanzleramt und im Finanzministerium durch. Würden sie die HRE-Aktien an der Börse aufkaufen, schösse der Kurs sofort in die Höhe.

Der Staat würde den Aktionären Steuergelder in die Taschen stecken. Und das, obwohl die Aktionäre ohne die Milliardengarantien schon längst ihr Eigentum verloren hätten. Die Negativ-Schlagzeilen »Bund belohnt HRE-Aktionäre« wären absehbar.

Ein Aufkauf jenseits der Börse wäre preiswerter, aber aussichtslos: Viele der Aktien sind im Streubesitz, die Inhaber mithin kaum zu ermitteln. Das größte Paket mit rund 24 Prozent hält mit Christopher Flowers ausgerechnet ein Vertreter jener Gruppe, die SPD-Chef Franz Müntefering vor Jahren als »Heuschrecken« bezeichnet hatte. Flowers verhandelt zwar mit dem Bund, weiß aber zu pokern. Ende Februar wird er mitteilen, für drei Euro je Aktie verkaufen zu wollen – mithin knapp das Dreifache von dem, was die Aktie zu diesem Zeitpunkt wert sein wird.

Ein dritter möglicher Weg wäre eine sogenannte Kapitalerhöhung: Das Aktienkapital wird verdoppelt, aber die Altaktionäre kaufen keine der neuen Aktien. So könnte der Bund im ersten Zug 50 Prozent der Aktien und bei einer weiteren Kapitalerhöhung dann bis zu 100 Prozent übernehmen. Problematisch ist jedoch, dass die bisher geltenden gesetzlichen Fristen für eine derartige Lösung den Prozess in die Länge ziehen würden. Tatsächlich dauert es bis Mai, dann wird diese Lösung umgesetzt.

Als vierte Möglichkeit kommt eine Enteignung der Aktionäre in Betracht, mit Entschädigung zwar, aber zwangsweise. Das sei die »Ultima Ratio«, sagt Merkel von Anfang an. Doch die Debatte ist damit losgetreten. Viele Unionsanhänger verstehen ihre Kanzlerin nicht mehr: Wie kann die Partei von Ludwig Erhard über Enteignungen auch nur nachdenken? Ist nicht der Schutz des Eigentums eines der konstituierenden Elemente des Grundgesetzes, der Bundesrepublik, der Nachkriegsverfassung, des Wirtschaftswunders?

Die alten Vorbehalte gegen Merkel brechen wieder auf: Hat die Frau überhaupt ein ordnungspolitisches Gewissen? Ist sie nicht doch zu sehr durch die ersten 35 Jahre ihres Lebens in der Staatswirtschaft DDR geprägt? Hinzu kommt, dass die alten Gewissheiten der Union nicht mehr tragen. Normalerweise profitiert die Partei in Zeiten wirtschaftlicher Unsicherheit. Doch nun steigen nur die Werte für die FDP, die der Union stagnieren. Was ist da los?

»Für eine Lage wie die jetzige gibt es kein Lehrbuch, weder ein klassisches« noch gar ein christdemokratisches«, sagt CDU-Vizechefin Annette Schavan. In den Gremiensitzungen der Partei wird wieder der Satz von Erwin Teufel zitiert, dass Politik mit dem Betrachten der Wirklichkeit beginne. Doch die Wirklichkeit, so Schavan, »flutscht den Leuten weg, sie sind zutiefst verunsichert«.

Müsste die Kanzlerin in einer solchen Lage noch mehr, noch besser, vielleicht ganz anders mit den Menschen reden? Merkel müsse »erklären«, sie müsse endlich »führen«, fordert ein Kommentar nach dem anderen in diesen Wochen.

Nicht alle stammen von den ohnehin kritischen Medien, immer mehr kommen auch aus der CDU selbst.

Im Kanzleramt wird die anschwellende Kritik aufmerksam registriert. Was die Öffentlichkeit angeht, werden die vielen Termine, Reden und Interviews Merkels angeführt. Viel mehr gehe nun wirklich nicht, allein schon zeitlich. Und das fehlende Pathos? »Es ist unglaubwürdig, alle drei Wochen die Schicksalsstunden Deutschlands zu beschwören«, sagt Merkel. Wichtiger sei es, sachlich zu bleiben. Wer wisse denn, wie sich die Krise weiter entwickle? Was noch alles notwendig werden könne?

Etwas anders gelagert sieht das Merkel-Camp die Kritik aus der Partei. Manche Wirtschaftsfachleute wie Michael Meister oder Steffen Kampeter seien ernsthaft – und auch zu Recht – über die drastisch gestiegene Verschuldung und die ordnungspolitisch schwierigen Eingriffe in die Wirtschaft besorgt. »Diese Kritik ist absolut legitim«, sagt Merkel selbst. Aber deshalb wäre im zweiten Konjunkturpaket auch klar festgeschrieben, dass die Bundesbankgewinne der nächsten Jahre automatisch in die Schuldentilgung fließen werden. Ihr Amtschef Thomas de Maizière verweist zudem auf die nun im Grundgesetz verankerte Schuldenbremse: »Wer das Gesetz genau liest, wird sehen, dass die Schuldenbremse schon ab 2011 zu wirken beginnt.« Dann müsse als Erstes der Bund damit beginnen, den Anteil der Schulden am Bruttosozialprodukt bis 2016 zurückzufahren. Die Länder haben Zeit bis 2020.

Letzteres ist für de Maizière übrigens auch ein interessantes Beispiel für Dialektik in der Politik. Zwar kann er sich lange über die Heuchelei all derer ereifern, die erst große Konjunkturpakete fordern und dann lauthals über die daraus folgenden Schulden stöhnen. »Doch die Empörung hat auch eine Art positiven Kollateralnutzen«, sagt er, »ohne sie hätten wir zwischen Bund und Ländern keine Einigung über die Schuldenbremse bekommen.«

Ein ähnlicher Fall war der Aufstand in den Koalitionsfraktionen gegen die Kfz-Steuerbefreiung im November. »Jahrelang haben wir über die Neuordnung der Kfz-Steuer diskutiert«, erinnert sich de Maizière, »alle Argumente waren längst ausgetauscht, aber nichts bewegte sich.« Doch nach dem Ärger in den Fraktionen ging es dann ganz schnell. Künftig übernimmt der Bund allein die Erträge aus dieser Steuer, die Länder werden für ihre bisherigen Einnahmen finanziell abgefunden.

Erfahrungen dieser Art führen im Kanzleramt auch zu einer gewissen Gelassenheit, was die immer wiederkehrenden Wellen der Kritik in den Medien und der Partei angeht.

Zumal eine dritte Antriebsfeder für die Unzufriedenheit das Kanzleramt selbst ist. Es ist die Tatsache, dass Angela Merkel dort ist. Und nicht Roland Koch, Christian Wulff, Jürgen Rüttgers, Friedrich Merz oder wer sonst auch immer sich dazu berufen fühlt.

Mit all diesen Herren verbindet Merkel eine spannungsgeladene, aber auch langjährige Arbeitsbeziehung. »Merz ist der Einzige darunter, der ihr nicht verzeihen konnte, dass sie stärker war als er und ihre Macht eingesetzt hat«, sagt einer, der alle seit Langem beobachtet und kennt. Dass dieser nun die letzte Konsequenz zöge und mit der Bundestagswahl auch sein Parlamentsmandat aufgebe, sei folgerichtig.

Die anderen drei hätten sich in unterschiedlichen Graden damit arrangiert, dass die »Zonenwachtel« – so wurde Merkel noch Anfang 2005 von einigen CSU-Abgeordneten bezeichnet – an ihnen vorbeigezogen ist. Ausgerechnet die ungeliebte Große Koalition habe die Dominanz der Kanzlerin dann aber noch weiter verstärkt. »Die Ministerpräsidenten hatten lange die Schlagzeilenhoheit«, sagt ein anderer, »das hat stark abgenommen, nun in der Krise erst recht.« Aber für die Länderchefs sei es ganz und gar kein »lustiges Leben, nicht mehr gehört zu werden«.

Eines würde jedoch immer große Aufmerksamkeit hervorrufen – Streit mit der Kanzlerin.

Wer mit Rüttgers, Koch, Wulff und Merz redet, hört eine andere Version. Und tatsächlich sind Diskussionen über verschiedene Standpunkte unerlässlich, um die beste oder bestmögliche Antwort auf ein politisches Problem zu finden. Dass es in einer großen Volkspartei wie der CDU dazu die unterschiedlichsten Standpunkte gibt, versteht sich von selbst.

Ebenso, dass die Beziehungen der handelnden Personen eine persönliche Komponente haben. Schafft Merkel die Wiederwahl im Herbst, wird jeder der drei Ministerpräsidenten seine Kanzlerträume auf lange Zeit beerdigen müssen. Scheitert sie, gewinnt der, der am besten positioniert ist, um Merkel den Parteivorsitz abzunehmen.

Christian Wulff gilt in dem Trio als der kapriziöseste, aber auch als der kreativste und innovativste Politiker. Viele sagen, dass ihn eine Art politischer Hassliebe mit Merkel verbinde. »Beide können menschlich eigentlich sehr gut miteinander, sind aber immer wieder voneinander enttäuscht worden«, wird ihr Verhältnis von mehreren Beobachtern fast gleichlautend beschrieben.

Wulff war es, der Merkel auf den Andenpakt aufmerksam gemacht hatte. Ende der 80er-Jahre gründeten zwei Dutzend aufstrebende Unionspolitiker diesen Club, mit dem sie sich gegenseitig unterstützen wollten. In der folgenden Berichterstattung wurde Merkel als Opfer dargestellt – und hatte somit einen Gutteil der Faszination über den Geheimbund entschärft.

Im Mai 2008 wird sie bei einem Flug von São Paulo nach

Lima direkt über der Gipfelkette der Anden nach dem Andenpakt gefragt. Sie reagiert überraschend. »Da hat sich die Elite der CDU getroffen.« Sie frage sich, was jetzt mit den Jungen in der Partei sei. Wer werde die CDU in 25 Jahren führen? Gäbe es da überhaupt noch so etwas wie ein konservatives Bündnis? Eines sei jedenfalls klar: »Der Andenpakt hat der CDU nicht zum Schaden gereicht.« Ganz ohne Groll ist die Kanzlerin in diesen Minuten. Warum auch – sie hat ja gewonnen.

Roland Koch gehörte zum Andenpakt. Er ist seit frühester Jugend in der Partei und wurde weit vor Merkel von Helmut Kohl gefördert.

Koch und Merkel hatten anfangs ein klares Konkurrenzverhältnis. Es entspannte sich erst, nachdem sie Kanzlerin wurde, zumindest von Merkels Seite aus. Sie schätzt seinen Intellekt und seine analytischen Fähigkeiten und bindet ihn deshalb oft in die Regierungsarbeit ein. Sowohl bei der Unternehmenssteuerreform als auch bei der Erbschaftssteuerreform lieferte der Hesse wichtige Beiträge. Dennoch kommen beide aus sehr unterschiedlichen persönlichen Lebenswelten. Das kann sich gut ergänzen, führt aber immer wieder auch zu Kontroversen.

Mit Rüttgers hatte Merkel in ihrer Zeit als Ministerin im Kabinett Kohl immer wieder zu tun. Beim Gleichberechtigungsgesetz beispielsweise, »eine Art Prestige-Gesetz … aus der Vor-Wende-Zeit«, wie sie sich im Gespräch mit Hugo Müller-Vogg erinnert. »Ich hätte es nicht durchgebracht, … wenn mir der damalige Parlamentarische Geschäftsführer der Unionsfraktion, Jürgen Rüttgers, im Laufe des Verfahrens nicht so geholfen hätte«, sagt Merkel. Sie war damals Frauenministerin.

Auch führt Rüttgers als Ministerpräsident und CDU-Landeschef in Nordrhein-Westfalen den größten und wichtigsten CDU-Landesverband. Dass er sich als »Arbeiterführer« profiliert, bringt ihn politisch zwar immer wieder in Konflikt mit

Merkel. Aber die Logik dahinter können sie und ihre Mitarbeiter sehr wohl nachvollziehen. Schließlich muss Rüttgers sein Amt 2010 verteidigen – und das in der einstigen »Herzkammer der Sozialdemokratie«, wie Nordrhein-Westfalen bis zu Rüttgers Wahlsieg 2005 nicht nur von Sozialdemokraten genannt wurde.

Auch die CSU beschäftigt die Kanzlerin in diesen Tagen. Noch am Mittwoch, dem 21. Januar, legt Wirtschaftsminister Michael Glos den Jahreswirtschaftsbericht vor. Die hierin genannten Zahlen sind deshalb so wichtig, weil sie die Rechengrößen für die Sozialversicherungen sind und deren Planungen entscheidend beeinflussen. Der Jahreswirtschaftsbericht sieht einen Rückgang des Bruttoinlandsprodukts um zweieinviertel Prozent vor. Das sei »der größte wirtschaftliche Einbruch der jüngeren deutschen Geschichte«, sagt Glos. Die Zahl der Arbeitslosen soll bis Ende 2009 um 500 000 auf dann rund 3,5 Millionen steigen. Für 2010 will er keine Zahlen nennen, gibt aber die Parole aus: »Zum Optimismus gibt es keine Alternative.«

Für ihn selbst gilt das zu diesem Zeitpunkt nur noch eingeschränkt. 17 Tage später faxt er an einem Samstagnachmittag sein Rücktrittsgesuch an die private Adresse von CSU-Chef Horst Seehofer und auch in die Redaktion der *Bild am Sonntag*.

Er möchte aufhören und schreibt dem »lieben Horst«, er möge ihn doch bitte von seinem Amt entbinden. Seehofer ist bei der Münchner Sicherheitskonferenz und wird vollkommen überrascht, als Journalisten ihn auf das Rücktrittsgesuch ansprechen. »So, stellen Sie sich vor, ich hatte gerade mit dem russischen Vizepremier Iwanow gesprochen, verlasse das Stübchen und plötzlich werde ich von Journalisten gefragt, was denn mit Michel Glos los sei«, erzählt er.

Natürlich weiß der CSU-Chef, dass seine Sticheleien über sein Berliner Führungspersonal nicht nur bei Michael Glos, sondern auch bei Peter Ramsauer tiefe Verärgerung hinterlassen haben. Dass der Wirtschaftsminister nun auf diese Art und Weise geht, kann als bewusster Affront gegen Seehofer gesehen werden. Der hat inzwischen seine Frau erreicht, die ihrerseits das Schreiben aus dem heimischen Faxgerät zieht. »Ja, hier liegt was«, teilt sie ihm mit.

Bei Merkel jedoch ruft Glos selber an. Sie versucht ihn zum Bleiben zu überreden. Doch viel erreichen kann sie nicht. Und das Vorschlagsrecht für seinen Nachfolger liegt bei der CSU. Seehofer lehnt den Rücktritt von Glos am Abend ab.

Am nächsten Tag ändert er seine Meinung. Als er seinen Lieblingskandidaten, einen Unternehmer und politischen Quereinsteiger, bei Merkel nicht durchbekommt, nominiert Seehofer den bisherigen CSU-Generalsekretär Karl-Theodor zu Guttenberg. Der ist zwar eigentlich ein Außenpolitikexperte, doch die Wahl hat mehrere Vorteile für Seehofer: Zu Guttenberg ist erstens jung, zweitens Franke wie Glos und drittens loyal.

Kabinettsbesetzungen folgen immer einer Logik, die sich nur am Rande nach Fachqualifikationen richtet. Weitaus bedeutender ist, dass alle wichtigen Landes- oder Regionalverbände vertreten sind. Im Fall der CSU musste der Glos-Nachfolger deshalb wie er selbst aus Franken kommen. Auch bei der CDU und den anderen Parteien ist das nicht viel anders. Als Hildegard Müller, die Staatsministerin im Kanzleramt, in die Privatwirtschaft wechselte, war klar, dass ihr Nachfolger im CDU-Landesverband Nordrhein-Westfalen gesucht werden musste. Dort kommt auch Müller her.

Während der neue Wirtschaftsminister in Berlin gut ankommt, gibt es die ersten kritischen Stimmen gegen Horst Seehofer. Der ehemalige Staatskanzleichef Eberhard Sinner wirft Seehofer vor, er sei »nicht optimal in der Menschenführung«. Im Hintergrund äußern sich andere schärfer: Der CSU-Chef halte sich nicht an Absprachen und hätte die älteren CSU-Politiker rüde aus dem Kabinett gedrückt. Tatsächlich ist keiner der neuen Minister in Bayern älter als 60 Jahre.

Seehofer hatte eine Verjüngung seines Kabinetts durchgeboxt, die bundesweit einmalig ist.

Merkel kann sich in diesen Wochen nicht über den CSU-Vorsitzenden beklagen. Bislang hält er sich an die Anfang Januar zwischen den Schwesterparteien getroffene Verabredung, gegenseitige Attacken zu unterlassen. »Seehofer ist zwar ein begnadeter Populist«, heißt es im Kanzleramt, »doch er weiß, wann er mit seinen Angriffen zu weit geht.« Er »neutralisiere« sich damit quasi selber immer wieder. Denn er sehe gerade noch rechtzeitig, dass er sich selbst schade, wenn er mit seiner Kritik überzieht.

Das Verhältnis zwischen Merkel und Seehofer war schon einmal so schlecht, dass beide in diesem Punkt nichts mehr überraschen kann. Es ging um die Gesundheitsprämie, mit der Merkel damals noch als CDU-Chefin die Gesundheitspolitik umbauen wollte. Seehofer lehnte sie ab und stritt stattdessen für die von der SPD präferierte Bürgerversicherung. Er konnte sich weder in CDU noch CSU durchsetzen. So trat er »mit brüchiger Stimme, mit tiefer Enttäuschung, mit heiligem Zorn« im November 2004 als stellvertretender Unionsfraktionschef zurück, wie die *Berliner Zeitung* damals schrieb. Ein »Sympathiekiller« sei die Prämie, »diese Auflösung der Solidarität in unserer Gesellschaft möchte ich nicht«. Merkel persönlich warf er »fehlende Professionalität« vor.

Seehofer sagt heute, dass es »einen erbitterten Kampf um die Beschlüsse des Leipziger Parteitags« gegeben habe. »In dieser inhaltlichen Frage gab es eine echte Gegnerschaft zu Angela Merkel. Aber das hatte mit Inhalten zu tun, nicht mit Personen.«

Der heutige CSU-Chef erzählt, wie er Merkel angerufen habe, nachdem feststand, dass er und Michael Glos ins Kabinett der Großen Koalition gehen. »Sie sagte, sie hätte auch gerade zum Hörer greifen wollen. Wir kamen überein, dass die Vergangenheit Vergangenheit ist, und vereinbarten ein gute Zusammenarbeit.«

Dennoch bietet Merkel Seehofer erst das »Du« an, nachdem der damalige Bundesagrarminister als neuer CSU-Chef und bayerischer Ministerpräsident feststeht. Außer in ihrer eigenen Partei benutzt sie diese Anrede sehr sparsam. Sie wartet bis zum letzten möglichen Moment, bevor sie von Herr Seehofer zu »Horst« übergeht.

Und so beschreibt eine andere Anekdote von Seehofer wohl das Verhältnis der beiden am besten. Er könne sich noch gut an ein Gespräch mit Merkel vor drei, vier Jahren erinnern, sagt Seehofer. »Ich bin zäh«, sagte er ihr. Sie antwortete: »Ich aber auch.«

Kapitel 14

Von Opel bis Obama –

drei Gipfel in fünf Tagen und warum der US-Präsident
»Angela« und nicht »Ändschela« zur Kanzlerin sagt

Als Angela Merkel bei Opel in Rüsselsheim zu reden beginnt,
stehen die Bänder still. Alle Mitarbeiter sind aus der Monta-
gehalle gekommen, um der Kanzlerin zuzuhören. Sie tragen
quietschgelbe T-Shirts mit der Aufschrift »Wir sind Opel«.
Der Betriebsrat hat sie schon am Samstag ausgeteilt. Und es
ist auch Gesamtbetriebsratsvorsitzender Klaus Franz, der die
Tonlage vorgibt: »Wenn Sie in die Augen der Menschen hier
schauen«, sagt er Merkel, »sehen Sie die Erwartung an Sie
persönlich und an die Politik, Opel eine Chance zu geben.«
    Schon vor nahezu einem Jahr hat Merkel den Besuch bei
Opel an diesem Dienstag, dem 31. März, ausgemacht. Von
der Krise war damals nichts zu spüren. Nun ist er der Auftakt
einer der ungewöhnlichsten Wochen in der Kanzlerschaft
Merkels: drei internationale Gipfel stehen bis Sonntag im
Kalender der Kanzlerin. Am Mittwoch beginnt der Finanzmarktgipfel in London, dann folgt der 60. Geburtstag der
Nato in Baden-Baden und Straßburg und ein Treffen zwi-
schen der EU und den USA in Prag am Sonntag.
    Wie im Brennglas muss die Kanzlerin nun zeigen, welchen
Stellenwert deutsche Ideen in der Welt haben – ob es um die

Regulierung des Finanzmarkts oder die weitere Strategie in Afghanistan geht. Oder um die Autofirma mit dem Blitz, die ihr Herausforderer, Außenminister Frank-Walter Steinmeier, ins Zentrum seines bereits angelaufenen Wahlkampfs stellt. Der SPD-Kanzlerkandidat war schon vor Wochen bei Opel und hat am Montag ein zwar vages, in einem Punkt aber sehr bestimmtes Rettungskonzept für Opel vorgelegt: Wenn es nicht anders geht, soll sich der Staat auch direkt an dem Autobauer beteiligen.

Das aber lehnt Merkel ab. Und so fliegt sie ohne Geschenke nach Rüsselsheim – auch wenn die gut 3000 Opelaner das erwarten, als sie sich in der großen ehemaligen Produktionshalle M100 versammeln. Armin Herber hat ein Plakat gemalt. »Angie, lass uns nicht hängen« steht darauf. »Wir wollen, dass sich der Staat an uns beteiligt«, sagt er. Seit 1987 ist er bei Opel, inzwischen als hauptamtlicher Betriebsrat.

Als Merkel um 11 Uhr 44 in die Halle kommt, ist der Applaus wohlwollend und lang anhaltend. Für die Kanzlerin ist ein Platz in der ersten Reihe reserviert. Wie immer sitzt ein Mitarbeiter direkt hinter ihr. Er hat das Redemanuskript und reicht Merkel im Notfall eilige, kurz auf einen Zettel geschriebene Botschaften nach vorn.

Die Kanzlerin hört sich den Kinderchor von Opel an. Mit einer hoch professionellen Anlage und einer talentierten Leadsängerin ausgestattet, singen sie sehr anrührend das »Opellied«: »Die Hoffnung bleibt, es ist nie zu spät.« Merkel hört aufmerksam zu, erst danach lässt sie sich ihr Redemanuskript geben. Sie spricht ruhig, sachlich und warm. Vizekanzler Frank-Walter Steinmeier hatte wenige Wochen zuvor von der Ladefläche eines IG-Metall-Lastwagens noch kämpferisch den Retter Rüsselsheims gegeben. Merkel spricht von ihrer Hoffnung, Opel aus dem US-Konzern General Motors auszugliedern und den Grundstein für ein Opel-Europa zu legen. Darin sollten alle europäischen Werke von General Motors zusammengeschlossen werden, sie sei mit allen europäischen

Kollegen im Gespräch. Mit der amerikanischen Regierung und der Opel-Mutter GM müsse hart verhandelt werden. Der Bund werde Opel unterstützen, »wo immer das nötig ist«, sagt Merkel. Man müsse aber immer im Kopf behalten, dass der Staat nicht der bessere Unternehmer sei. Sie verweist auf die gescheiterte Rettung des Baukonzerns Philipp Holzmann. »Wir brauchen GM«, sagt sie den Autobauern und macht eine kleine Pause. »Aber ich sage auch selbstbewusst hier, GM braucht auch Opel.« Sie und ihre Mitarbeiter würden auf Augenhöhe mit den Amerikanern verhandeln.

Mit diesem Blick für gegenseitige Abhängigkeiten und der daraus abgeleiteten Einschätzung, was der jeweilige Partner zu leisten imstande ist, geht Merkel auch in die drei Gipfel dieser Woche. Niemals würde sie eine Verhandlungsposition aufbauen, die für den anderen untragbar ist. Lieber führt die Kanzlerin im Vorfeld noch ein weiteres der unzähligen Vorgespräche, um zu sondieren, wie weit der andere sich vorwagen kann, was machbar ist. Seit Ausbruch der Finanzkrise ist nun noch das bei Opel erwähnte »Selbstbewusstsein« hinzugekommen: Ob es sich um den Elektroantrieb im kommenden Opel »Ampera« oder das Modell der sozialen Marktwirtschaft handelt – Merkel findet, dass Deutschland der Welt durchaus vieles zu bieten hat. Und sie sagt das inzwischen auch.

Ganz vorne dran sei das Land beispielsweise, was die Konjunkturstimulierung angehe, sagt die Kanzlerin im Vorfeld des Finanzmarktgipfels immer wieder und zitiert Statistiken des Internationalen Währungsfonds. Sie werde sich keinesfalls Vorwürfe anhören, dass Deutschland hier zu wenig mache. Auch in Afghanistan sei Deutschland hervorragend aufgestellt. Und wenn die Türken nun den Kandidaten für den neuen Nato-Generalsekretär ablehnen wollten, dann könne sie jetzt schon sagen, dass dies mit Deutschland nicht zu machen sei.

Die Kanzlerin ist ungewöhnlich offensiv in dieser Woche.

Schon am Montag hat sie während eines Hintergrundgesprächs im Kanzleramt ihre Ziele abgesteckt. Merkel weiß, wie entscheidend diese Woche für die nächsten paar Jahre ist. Dennoch sieht es gar nicht gut aus, als sie am Mittwochmittag zum zweiten Finanzmarktgipfel nach London fliegt. In der *Financial Times* liest die Kanzlerin einen ungewöhnlich scharfen Angriff des japanischen Premiers Taro Aso, dass Deutschland mehr Geld zur Konjunkturstimulierung ausgeben solle. Schnell wird in der deutschen Delegation vermutet, dass die sonst so zurückhaltenden Japaner von anderen zu dieser Attacke angestiftet worden seien. Zwar nennt keiner die Briten und die Amerikaner. Doch ihre Namen liegen in der Luft.

Konjunkturstimulierung gegen Regulierung: Bei dieser Frontstellung geht es nicht nur um sehr viel Geld. Es geht vor allem darum, wer die intellektuelle Vormacht hat. Schon während der Großen Depression in den 30er-Jahren des vergangenen Jahrhunderts habe Amerika sich eher aufs Geldausgeben verlegt, während Europa nach besseren Regeln gesucht habe, meint Merkel. Nun aber gebe es die Chance, die deutschen Regeln der sozialen Marktwirtschaft global zu verankern.

So entscheidet sich die Kanzlerin, eine für den späteren Nachmittag angesetzte Pressekonferenz gemeinsam mit dem französischen Präsidenten Nicolas Sarkozy zu nutzen, um den Ton noch einmal deutlich zu verschärfen. Der Gipfel sei eine historische Chance, argumentiert sie gemeinsam mit Sarkozy. »Was hier nicht verabredet wird, wird in den nächsten fünf Jahren nicht gemacht.« Ein System, das unmoralisch geworden sei, müsse mit einer neuen Moral versehen werden, sekundiert Sarkozy.

Es ist kurz vor Mitternacht deutscher Zeit, als Merkel nach dem Essen beim britischen Premierminister und Gastgeber Gordon Brown in ihr Hotel zurückkommt. Sie ist zuversichtlicher als noch am Nachmittag, dass sie ihre Vorstellungen zur Regulierung im Abschlussdokument durchsetzen kann.

Sie habe viel guten Willen gespürt. Ihr Tischnachbar Barack Obama habe zuerst gesprochen. Und dann auch viel zugehört.

Am vergangenen Donnerstag hat sie eine lange Videokonferenz mit dem amerikanischen Präsidenten im Vorfeld dieses Gipfels abgehalten. Als die beiden beim Eröffnungsempfang bei Queen Elisabeth II. im Buckingham Palace waren, stellte er ihr seine Frau Michelle vor. Sie wird ihn mit ihrem Ehemann Joachim Sauer bekannt machen, wenn Obama am Freitag mit militärischen Ehren beim Nato-Gipfel in Baden-Baden empfangen wird.

Nur bei wirklich außergewöhnlichen Anlässen ist der Chemieprofessor an der Seite seiner Frau zu sehen. Zuletzt begleitete er sie Anfang März für ein Wochenende nach Chequers, wo die beiden die Familie des britischen Premierministers Gordon Brown auf dessen offiziellem Landsitz besuchten. Merkel nutzte die Zeit, um Brown ihre Regulierungsziele nahezubringen. Der Brite gilt als engster Verbündeter Obamas in der Finanzmarktkrise. Beide Länder haben am meisten zu verlieren, wenn die Finanzbranche stärker reguliert wird. Und beide sind bereits so sehr verschuldet, dass sie nur schwerlich neue Ausgabenprogramme schultern können.

Auch deshalb drängen Großbritannien und die USA darauf, dass der Rest der Welt mehr Geld für die Konjunktur ausgibt. Merkel lehnt das nicht ab. Sie verweist aber darauf, dass Deutschland bereits zu denen gehört, die relativ zur Größe ihrer Wirtschaft am meisten für die Konjunkturstimulierung ausgeben. Merkel hat kein Verständnis dafür, nur die Symptome statt der Ursachen zu bekämpfen. Und die liegen für sie im Regulierungssystem. »Deshalb kann es keinen Kuhhandel geben«, sagt sie immer wieder – bei ihrem Auftritt mit Sarkozy, beim Empfang bei der Königin, in den Small-Talk-Runden mit den anderen Regierungschefs.

Und so lässt Merkel ihr zweites Glas Bier – ein alkoholfreies, denn es ist Fastenzeit – halb ausgetrunken stehen. 20 Minuten nach Mitternacht eilt sie zu ihrem nächsten Termin weiter. Sie will ihren Wirtschaftsberater Jens Weidmann treffen. Er ist derjenige, der mit seinen Kollegen der G20 über den exakten Formulierungen für das Abschlussdokument sitzt.

Weidmann ist noch mitten in der Textarbeit und kann nur mit der Kanzlerin telefonieren. Normalerweise gilt der Erfahrungssatz bei Gipfeln, dass alle entscheidenden Änderungen bis zum Frühstück in den Abschlussdokumenten verankert sein müssen.

Doch dieses Mal wird auch auf den folgenden Arbeitssitzungen weiter gerungen. Um acht Uhr kommt die Kanzlerin im Konferenzzentrum ExCel in den Londoner Docklands an. Auf dem Weg zu den Arbeitssitzungen zieht Obama sie auf die Seite, die beiden tuscheln angeregt. Merkel hat ein knallrotes Jackett angezogen. Sie ist bereit zu kämpfen.

Wenig später wird klar, dass die Passagen zur Regulierung von einem bloßen Anhang an das Gipfeldokument zu einer »declaration of leaders« aufgewertet werden. Die Lieblingsprojekte der Deutschen sind darin zu finden. So müssen Hedgefonds künftig registriert werden. Eine halbe Seite Text ist den Anforderungen an Ratingagenturen gewidmet. Über Managergehälter findet sich nun ein ganzer Absatz statt wie vorher nur ein Satz. All dies seien deutliche Fortschritte gegenüber dem ersten Finanzmarktgipfel in Washington, wird sich die deutsche Delegation später freuen. Nun, da die Staats- und Regierungschefs beim Mittagessen sitzen, entspannen sich auch die Helfer der Kanzlerin. Keineswegs gebe es eine Konfrontation zwischen denen, die Geld für die Konjunktur wollten, und jenen, die mehr Regulierung forderten. Beides sei notwendig und müsse sich ergänzen.

Über 1000 Milliarden US-Dollar werden unter der Überschrift »Mehr Hilfe für die Schwachen« ausgereicht: An die Weltbank und die regionalen Entwicklungsbanken, vor allem aber an den Internationalen Währungsfonds. Sie sollen damit in die Lage versetzt werden, neue Kredite an all jene Länder zu geben, die völlig unverschuldet am meisten an der Krise leiden.

Merkel und Sarkozy haben sich durchgesetzt. Ob Hedgefonds, Managergehälter oder Steueroasen: »Wir haben aus dem Aktionsplan des ersten Gipfels in Washington ein Dokument des Handelns gemacht«, freut sich die Kanzlerin. Finanzminister Peer Steinbrück liest ganze Passagen des Enddokuments in Englisch vor, so begeistert ist er. Den Satz, dass es keine Bankgeheimnisse mehr geben werde, sagt er gleich zweimal: »The era of banking secrecy is over.« Tatsächlich hat die OECD schon kurz nach Ende des Gipfels die relevanten schwarzen Listen der weltweiten Steueroasen veröffentlicht.

»Wir haben einen sehr guten, fast historischen Kompromiss gefunden«, strahlt Merkel bei der Pressekonferenz. Es habe sich »so etwas wie Kameradschaftsgeist herausgearbeitet« unter den Staats- und Regierungschefs. Die Welt sei einen »wichtigen Schritt zu einer Ordnung gegangen, in der die Welt bisher keine Ordnung hatte«, sagt Merkel mit für sie ungewöhnlichem Pathos. Ganz gibt sie die Vorsicht jedoch nicht auf. Als sie gefragt wird, ob das Monster der Finanzmärkte, von dem Bundespräsident Horst Köhler gesprochen hat, nun gezähmt sei, nimmt sie das Wort »Monster« nicht in den Mund. Sie sagt schlicht: »Wir sind auf einem guten Weg. Es wird gezähmt.«

Kurz nach acht Uhr abends landet ihr Flugzeug wieder in Berlin. Merkel muss noch in die hessische Landesvertretung. Dort trifft sie die Ministerpräsidenten. Erst kurz vor Mitternacht kommt sie zu Hause an. Trotz der vielen Flüge hat ihr Büro es geschafft, dass sie in dieser turbulenten Woche nur zwei Nächte außerhalb von Berlin verbringen muss. Es sei eines der Privilegien ihres Amts, so oft wie möglich in ihrem eigenen Bett schlafen zu können, hat die Kanzlerin kurz zuvor beim Besuch einer Berliner Schule erzählt.

Zudem kann Merkel einige Stunden ins Kanzleramt, bevor sie am Freitag zum Nato-Gipfel nach Baden-Baden fliegt. Es gibt Ärger. Noch immer weigert sich die Türkei als einziges der inzwischen 28 Nato-Mitglieder, den designierten neuen Generalsekretär Anders Fogh Rasmussen zu akzeptieren. Ihr Einwand gegen den damaligen dänischen Ministerpräsidenten ist altbekannt: Er habe die islamische Welt im Streit um die in dänischen Zeitungen gedruckten Mohammed-Karikaturen verprellt und dulde die Ausstrahlung eines kurdischen Senders in seinem Land.

Insbesondere für Merkel ist das eine Argumentation, die keinesfalls zu akzeptieren ist. Einen Kandidaten ablehnen, weil er die Pressefreiheit verteidigt? Und westliche Werte wie die freie Meinungsäußerung hochhält? Schon Anfang der Woche macht die Kanzlerin klar, dass sie für Rasmussen kämpfen werde. Am Freitag legt sie dann noch einmal nach. Die Personalie müsse auf dem Gipfel entschieden werden, sagt sie bei ihrer Pressekonferenz mit Barack Obama.

Viel wurde im Vorfeld darüber spekuliert, wie gut sich Merkel und Obama wirklich verstehen. Nach der zweiten Begegnung in zwei Tagen wird ziemlich deutlich, dass die Deutsche und der US-Amerikaner eine ganz spezielle Beziehung aufbauen werden. Gerade weil Merkel sich anfangs der Obama-Begeisterung in Europa verwehrt hat, ist der US-Präsident besonders an ihr interessiert. Dass auch Merkel ein wenig aufgeregt ist, zeigt sich, als sie sich bei der Begrüßung von Obama auf der Pressekonferenz verspricht. »Ich begrüße den Präsidenten sehr herzlich in den Vereinigten Staaten von Amerika«, sagt Merkel, bevor sie sich korrigiert.

Obama amüsiert sich köstlich und macht der Kanzlerin Komplimente: Weise, besonnen und tatkräftig sei Merkel. Sobald die Kanzlerin zu reden beginnt, dreht er sich zu ihr um, um ihr konzentriert zuzuhören. Als ein US-Journalist fragt, ob die Deutschen mit ihrem riesigen Exportüberschuss nicht mindestens ebenso Schuld an der Wirtschaftskrise hätten wie die Amerikaner, strafft sich Merkel, als wolle sie zum Angriff übergehen. Doch Obama wehrt ab: »Die Deutschen können doch nichts dafür, dass sie so gute Produkte herstellen, die die Amerikaner dann hinterher kaufen wollen.« Auch die Kanzlerin entspannt sich wieder: »Wir lieben den Wettbewerb um die besten Produkte«, schiebt sie nach.

Endgültig für sich gewonnen haben dürfte er die Kanzlerin jedoch mit einer anderen Bemerkung. Nur wenige Minuten bleiben den beiden noch bis zum nächsten Termin, doch der Präsident beantwortet jede Frage sehr ausführlich. Als Merkel drankommt, spricht sie die Zeitnot an: »Wir müssen jetzt bald los. Wir haben noch viel zu tun, weil wir den Streit um den neuen Nato-Generalsekretär lösen müssen.« Wenig hasst die Kanzlerin mehr, als zu spät zu kommen. Sie hält das für außerordentlich unhöflich.

Wenn sie im Ausland ist, weist sie ihre Gesprächspartner deshalb schon mal mehr oder weniger dezent darauf hin, dass sie die Zeit überziehen. Nur selten jedoch reagieren die anderen Staats- und Regierungschefs überhaupt darauf. Nicht so Obama: »Das war wohl ein Signal, dass meine Antworten zu lang waren«, sagt er der Kanzlerin mit einem breiten Lächeln. Schon bei ihrem Telefonat nach dem Wahlsieg Obamas im November hatten die beiden verabredet, sich mit Vornamen anzureden. Und Obama hat Merkel sogar gefragt, ob er ihren Vornamen in der deutschen Variante »Angela« oder amerikanisch »Ändschela« aussprechen soll. Merkel bat um die deutsche Betonung.

Im weiteren Verlauf des Gipfels festigt sich die deutsch-amerikanische Achse. Nach dem Abendessen legt sich Obama endgültig auf Rasmussen als Nato-Generalsekretär fest, obwohl er ihn persönlich vorher nicht getroffen hat.

Am nächsten Tag muss der Gipfel in Verlängerung gehen, die Türken geben einfach nicht nach. Schließlich zieht sich der US-Präsident mit seinem türkischen Kollegen und Rasmussen zurück. Er verspricht den Türken, dass sie einen Stellvertreter von Rasmussen stellen dürfen. Der türkische Präsident Abdullah Gül willigt ein. Er hat seinen Verhandlungserfolg, mit dem er als Held nach Ankara zurückkehren kann.

Minuten später präsentieren Sarkozy und Merkel als Gipfelgastgeber die gefundene Lösung. Die Deutsche lässt dem Franzosen den Vortritt, er ist in Straßburg der Gastgeber. Sarkozy schwärmt ausführlich von der gefundenen Lösung. Merkel ist es, die insbesondere auch dem US-Präsidenten für seinen Einsatz dankt.

Wie ähnlich die beiden denken, zeigt sich wenig später: Nur fünf Stunden nach dem dritten Gipfel der Woche in Prag startet Merkel von Berlin aus erneut. Sie fliegt zu einem geheim gehaltenen Truppenbesuch in Afghanistan. Obama beendet derweil seine Europa-Tour in der Türkei. Doch statt in die USA zurückzufliegen, steuert auch er ein geheim gehaltenes Ziel an und besucht die amerikanischen Truppen im Irak.

Kapitel 15

Merkel und die Deutschen –

eine Zwischenbilanz

Die Kanzlerin hat das Manuskript für ihre Rede an der Katholischen Akademie in Berlin am 24. März 2009 weitgehend selbst geschrieben. Doch noch mehr von sich gibt sie in der Fragestunde danach preis. »Ich glaube an Erhaltungssätze«, sagt die Physikerin, »man kann sich nur bis zu einem gewissen Grad aufregen. Man kann nur bis zu einem gewissen Grad glücklich sein. Und um wieder glücklich sein zu können, muss man auch mal enttäuscht sein. Das macht die Spannung des Lebens aus.«

Erhaltungssätze sind auch in der Politik hilfreich, findet Merkel. Denn alles, was man anderen zufügt, wird später in ähnlicher Währung bezahlt werden müssen. Manchmal nur Tage danach, manchmal dauert es auch Jahre. Deshalb lohnt sich die Suche nach dem Weg, der den jeweiligen Verhandlungspartner gut aussehen lässt und ihn nicht zum Verlierer macht.

Dies ist nicht unbedingt das Verhalten von Alphatieren in der Politik. Viele, die von sich sagen, sie seien Machtmenschen, brüsten sich – immer nur off the record und nach dem dritten Glas Bier oder Wein – damit, wen sie alles schon zu Fall gebracht haben auf ihrem Weg nach oben.

Merkel tut das nicht. Und deshalb ist die Kanzlerin auch der einzige Machtmensch des Landes, dem vorgeworfen wird, eine Moderatorin zu sein. Der Unterton dabei ist oft ein wenig verächtlich, wie bei »die moderiert ja nur«. Doch ist Politik wenig anderes als die Kunst, aus einer Vielzahl der unterschiedlichen Stimmen eine gemeinsame und vor allem von allen mitgetragene Strategie zu entwickeln.

Zusätzliche Schärfe gewinnt der Vorwurf des Moderierens mit dem Zusatz »die führt ja nicht«. All diejenigen, die unter Führung »Du-voran-wir-folgen-dir« verstehen, werden mit Angela Merkel nicht glücklich werden. Die Kanzlerin führt, aber sie führt anders als alle ihre Vorgänger. Das hat weniger damit zu tun, dass sie eine Frau ist, als damit, dass sie eine Naturwissenschaftlerin ist. Die einzige bislang in der Reihe der deutschen Kanzler übrigens.

Ihre Erfahrung sei, dass man ein Ziel auf sehr unterschiedlichen Wegen erreichen kann, sagt Merkel. »Wenn ich es beim ersten Mal nicht erreiche, probiere ich einen anderen Weg.« In der Naturwissenschaft ist das die gängige Methode, Neues zu schaffen – Versuch und Irrtum. Das Endergebnis fest im Auge, aber in der Methode flexibel.

»Sie hat ein genaues Ziel, eine konkrete Absicht, und oft moderiert sie so lange, bis sie ihr Ziel durchgesetzt hat«, sagt Ole von Beust, der Erste Bürgermeister von Hamburg. Das entspreche allerdings nicht »den scheinbar geläufigen Formen von dem, was manche für Macht halten, wie Wutanfälle und Diffamierung des Gegners«.

Hinzu kommt der kühle Intellekt Merkels. »Viele haben ein Problem damit, auch und vor allem in ihrer eigenen Partei«, sagt einer, der sie bei vielen Verhandlungen beobachtet hat. Oft ist die Kanzlerin den einen, entscheidenden Tick schneller. Wer schlecht vorbereitet in Gespräche mit ihr geht, bekommt dies zu spüren.

Im deutschen Politikbetrieb gibt es wenig ähnlich wie Merkel strukturierte Politikertypen, die es bis ganz nach oben geschafft haben. Oft brillant als Analytiker, bleiben sie doch auf der zweiten oder dritten Ebene hängen. Merkel aber hat zusätzlich den Machtinstinkt der Außenseiterin, die es allen zeigen will. In dieser Hinsicht ähnelt sie Gerhard Schröder und Helmut Kohl. Der Pfälzer Kohl, der aus der Provinz kommt und Deutschland 16 Jahre lang regiert. Der aus einfachsten Verhältnissen stammende Schröder, der am Zaun des Kanzleramts rüttelt und »Ich will hier rein« ruft. Die ostdeutsche Physikerin Merkel, die die ersten 35 Jahre ihres Lebens nichts mit Politik zu tun hat – und dann im Rekordtempo Ministerin, stellvertretende CDU-Chefin, Parteivorsitzende und Kanzlerin wird.

»Das ist für mich eines der wunderschönen Dinge, die auch aus dem christlichen Bild des Menschen kommen. Sich bewähren, sich anstrengen, sich einbringen für etwas, das mich an meine Grenzen bringt«, sagt sie in der Katholischen Akademie.

Was aber sind die Ziele der Angela Merkel? Drei Bereiche nennt sie in ihrer Grundsatzrede – die demografischen Veränderungen, eine neue Familien- und Integrationspolitik und die Herausforderungen der Globalisierung. Alle drei untypische Ziele im klassischen Politikverständnis. Politiker garnieren zwar gern ihre Reden damit, arbeiten aber nur in den seltensten Fällen an der Umsetzung. Das macht es außerordentlich schwer, aus derart wolkigen Zielen aktuellen politischen Gewinn zu schlagen.

Das gilt auch für eine erste Bewertung, wie erfolgreich Merkel bei der Umsetzung dieser Ziele war. Bis zur Finanzkrise war die Große Koalition mit der Haushaltskonsolidierung auf gutem Weg. Spätestens 2011 hätte der Bund keine neuen Schulden mehr machen müssen – eine Vorbedingung für die Bewältigung der demografischen Entwicklung mit immer mehr Älteren und immer weniger Erwerbstätigen. Allerdings war der Preis dafür die größte Steuererhöhung in der Geschichte der Bundesrepublik, als die Mehrwertsteuer

Anfang 2006 nicht nur um die von Merkel im Wahlkampf angekündigten zwei, sondern gleich um drei Punkte von 16 auf 19 Prozent gestiegen ist.

Einen auch von Kritikern Merkels anerkannten Paradigmenwechsel gab es in der Familien- und Integrationspolitik. Der neue CDU-Grundsatz »Familie ist überall dort, wo Eltern für Kinder und Kinder für Eltern dauerhaft Verantwortung tragen« ist ein radikaler Wandel zum klassischen Modell der Ein-Ernährer-Familie mit Trauschein. Diese längst fällige Modernisierung der Partei irritiert viele Christdemokraten noch immer, ist aber unumkehrbar. Das gilt auch für die Integrationspolitik. »Wir haben uns auf gut Deutsch gesagt jahre- und jahrzehntelang in die Tasche gelogen«, sagt Merkel. Die einen, weil sie auf Multikulti setzten und nicht sahen, dass Aufstiege in Deutschland ohne Deutschkenntnisse kaum möglich sind. Die anderen, weil sie auch noch nach Jahrzehnten am »Gast«-Mythos festhalten. »Integration erfordert auch die Offenheit derer, die hier schon lange leben«, sagt Merkel deshalb vor allem an ihre eigene Partei gerichtet.

Hinzu kommt der Fokus auf die »Bildungsrepublik Deutschland«, der einzige von Merkel bislang geprägte Polit-Slogan. Wer den Wohlstand des Landes im 21. Jahrhundert erhalten und steigern wolle, müsse in Bildung investieren, ist inzwischen zu einem der Standardsätze Merkels geworden. Sie meint ihn sehr ernst.

Was den Paradigmenwechsel bei Integration und Bildung angeht, dürfte sich das Land noch ganz am Anfang befinden. Viel mehr als mahnen kann die Kanzlerin zudem nicht – alle relevanten Entscheidungen in diesen Bereichen werden vor Ort getroffen, in den Kommunen und Bundesländern. Eines allerdings ist kaum zu bestreiten: Keiner ihrer Vorgänger hat diese Themen ganz oben auf die politische Agenda gesetzt. Merkel ist die Erste.

Das gilt auch für die Folgen der Globalisierung. »Wir müssen zur Kenntnis nehmen, dass es, wenn andere geschickter, intelligenter und fleißiger sind, dann auch sein kann, dass sie ein bisschen besser leben«, sagt sie in der Katholischen Akademie. Dass Inder, Chinesen, Brasilianer und viele andere im nächsten Jahrzehnt schnell aufholen werden, ist für Merkel ein Fakt. Dass mit zunehmender Wirtschaftskraft der Ruf nach stärkerem politischem Einfluss kommen wird, auch. Die Kanzlerin hat die deutsche G8-Präsidentschaft im Jahr 2007 deshalb dazu genutzt, die fünf wichtigsten Schwellenländer in den Gipfelprozess im ostdeutschen Heiligendamm einzubinden. In Europa dürfte sie die Vertreterin eines großen Landes mit den besten Beziehungen zu den kleineren EU-Staaten sein.

Die Frage, ob dies Deutschland zugute kommt, ist in der Außenpolitik noch schwieriger zu beantworten als in der Innenpolitik. Spektakuläre Erfolge wie die durch den Kniefall von Willy Brandt in Warschau symbolisierte Annäherungspolitik an den Osten oder die von Helmut Kohl vorangetriebene deutsche Einheit kann die Kanzlerin nicht vorweisen. Es ist eher eine – Merkel-typische – Politik der kleinen Schritte: Wenn es zum ersten Mal nach dem Zweiten Weltkrieg möglich ist, dass deutsche Soldaten als Grenzschützer mit UN-Mandat in den Gewässern vor dem Libanon patrouillieren – und das nur wenige Seemeilen von Israel entfernt. Dass Merkel den Dalai Lama empfängt und die Menschenrechte hochhält, auch wenn das die Chinesen verärgert. Eine andere, härtere Tonart in den Beziehungen zu Russland. Vor allem aber: mehr Selbstbewusstsein im Umgang mit den wichtigen Nationen dieser Welt.

Am besten ist dieses neue deutsche Selbstbewusstsein im Umgang mit der Finanz- und Wirtschaftskrise zu sehen. Angela Merkel hat sich zu keinem Zeitpunkt von ihren Kollegen in Frankreich, Großbritannien und den USA treiben lassen. Wie lange musste sie sich anhören, Deutschland reagiere zu langsam und tue zu wenig!

Doch die Kanzlerin behielt die Nerven. Mit dem Vorteil der Rückschau einige Monate später wird deutlich, wie viel heiße Luft in diesen heftigen Herbst- und Wintermonaten 2008 produziert wurde. Die Mehrwertsteuersenkung des britischen Premiers Gordon Brown ist ebenso verpufft, wie es die von der SPD geforderten Konsumgutscheine wären. Die Amerikaner haben Monate gebraucht, um ihr Rettungsprogramm für die Banken durch den Kongress und das Abgeordnetenhaus zu bringen. In Frankreich musste Präsident Nicolas Sarkozy im Januar 2009 zugeben, dass es nun Deutschland sei, das handelt, während Frankreich noch immer nachdenkt.

Bei Drucklegung dieser Reportage Mitte Mai 2009 liegt der Kollaps von Lehman Brothers acht Monate zurück. Alle Staaten der Welt sind von der Krise betroffen. Deutschland leidet als Exportweltmeister ganz besonders, die Wirtschaft wird wohl den tiefsten Einbruch seit Bestehen der Bundesrepublik erleben. Selbst wenn die Optimisten recht haben und das Schlimmste in Sachen Auftrags- und Produktionsrückgang hinter uns liegt, beginnt die Krise auf dem Arbeitsmarkt gerade erst. Bis zur Bundestagswahl und weit darüber hinaus wird die Zahl derer steigen, die ihren Job verlieren. Die Folgen sinkender Steuereinnahmen und zunehmender Defizite in den Sozialkassen werden die Politik auf Jahre hinaus beschäftigen.

Dennoch scheinen die Deutschen Angela Merkel durch die Krise hindurch eher mehr als weniger zu vertrauen. Ihre Popularitätswerte haben weiter zugenommen, während die von Gordon Brown und Nicolas Sarkozy abgestürzt sind. Mehrfach sind die Franzosen in dieser Zeit gegen die Politik ihres Präsidenten auf die Straße gegangen.

Kann es sein, dass die Bürger am Regierungsstil Angela Merkels gerade das schätzen, was viele politische Gegner so kritisieren? Die Tatsache beispielsweise, dass die Kanzlerin lieber einen Tick länger nachdenkt, als im ersten Affekt »basta« zu rufen und auf den Tisch zu hauen? Dass sie keine pathetischen Reden mit unhaltbaren Versprechungen hält, sondern immer nur Schritt für Schritt agiert? Und die sprichwörtlichen dicken Bretter lieber langsam, aber stetig bohrt, statt sich mit vermeintlicher Kung-Fu-Akrobatik den Arm zu brechen?

Merkel ist auch als Bundeskanzlerin bemerkenswert normal geblieben. Eine Frau in den Fünfzigern, die von sich selbst sagt, sie sei glücklich bei dem, was sie tut. Und eine Politikerin mit der seltenen Gabe, auch mal neben sich zu stehen und sich zu fragen, was sie da gerade tut. Jemand, dem es wirklich Vergnügen bereitet, Kartoffelsuppe zu kochen und Pflaumenkuchen zu backen, und der das nicht als Showeinlage für Bodenständigkeit ansieht.

Diese Verlässlichkeit speist sich aus mehreren Quellen. »Was ich nicht konnte, hat mich immer fasziniert«, sagt Merkel. Sie sei als Kind ein kleiner »Bewegungsidiot« gewesen, der Mühe hatte, Berge und Treppen hinunterzulaufen und sich auf dem Schwebebalken aufrecht zu halten. Dennoch träumte sie als Kind davon, Eiskunstläuferin zu werden.

Die heranwachsende Angela Kasner hat sich mit den eigenen Grenzen nicht arrangiert. Legendär die Anekdote, wie sie die ganze Schulstunde über auf dem Dreimeterbrett stand und mit sich rang, ob sie springen sollte. Sie ist gesprungen – im letzten Moment, aber dennoch gerade rechtzeitig vor dem Pausengong.

Je mehr Grenzen einer so überwindet, desto stärker wird das Wissen um das eigene Können, um das eigene Vermögen. Bei Angela Merkel brachte es der geschichtliche Zufall, dass sie in der Mitte ihres Lebens einem neuen, zusätzlichen und gänzlich unerwarteten Schub an Grenzerfahrungsmöglichkeiten ausgesetzt war. Sie kamen mit dem Fall der Mauer und Merkels schnellem Aufstieg im westdeutschen Politiksystem. Mit 36 Jahren wurde sie im Januar 1990 Frauen- und Jugendministerin und »wusste gar nichts«, wie sie heute sagt.

Wie funktioniert ein Ministerium? Wie mache ich ein Gesetz? Wie arbeitet die Verwaltung? Lauter Grenzen, die überwunden werden wollten.

Je mehr Merkel geschafft hat, desto sicherer ist sie im Umgang mit sich selbst geworden. Dieses immer weiter zunehmende Vertrauen in die eigene Stärke wird ergänzt durch Merkels beachtliche Sensibilität für die Schwächen und Stärken der anderen. Beides zusammen ermöglicht ihr eine sehr präzise Analyse der jeweiligen Kräfteverhältnisse und leitet ihre Reaktion.

Das ist nur in den seltensten Fällen der offene Kampf. Meist schlägt Merkel einen ressourcenschonenderen Weg zum Ziel ein. Nur wenn nötig, geht sie in die direkte Auseinandersetzung – als sie per Zeitungsartikel mit Helmut Kohl abrechnete, sich nach dem Wahldesaster 2005 als Fraktionschefin zur Wahl stellte oder wenn sie jetzt in der Finanzkrise gemeinsam mit Nicolas Sarkozy für neue Finanzmarktregeln streitet.

Die Kämpfe, die sie eingegangen ist, hat sie bislang gewonnen. Ob Helmut Kohl, Friedrich Merz, Wolfgang Schäuble oder Edmund Stoiber – alle können herzzerreißende Geschichten erzählen, wie Merkel sie ausgeknockt hat. Wie jeder Bundeskanzler vor ihr auch hat sie ihre Macht genutzt, Widersacher aus ihrer Umgebung zu entfernen oder gar nicht erst groß werden zu lassen. Der immer wieder laut werdende Groll einiger Unions-Ministerpräsidenten ist auch darauf zurückzuführen. Was den Gebrauch der Macht für ihre Zwecke angeht, steht Merkel ihren Vorgängern im Amt um nichts nach.

Dass sie damit bislang so erfolgreich ist, hat auch damit zu tun, dass sie nichts tut, ohne vorher gründlich nachzudenken. Sie hat diesen Prozess einmal so beschrieben: »Zuerst ordnet man da seine Gedanken. Dann ringt man mit sich, ob man es macht oder nicht. Die Haderphase. Und dann ist es entschieden.«

Vielen Kritikern erscheint diese Ordnungs-, vor allem aber die Haderphase zu lang. Andere unterschätzen die Endgültigkeit des »dann ist es entschieden«. Zusammen aber erklärt es viele Handlungen Merkels – ganz egal, ob es sich um so unterschiedliche Sachverhalte wie die 50 Milliarden Euro für die Konjunktur oder ihre Kritik am Papst im Umgang mit dem Holocaust-Leugner Williamson handelt. Wenn alles hin und her und schließlich abgewogen ist, entscheidet sie – und steht dann auch dazu.

Das ermöglicht Merkel, auch in den heftigsten Phasen politischer Turbulenzen ganz in sich zu ruhen. Ich erinnere mich an ein Mittagessen im März 2009, als Merkel über Wochen hinweg fast ununterbrochen angegriffen wurde. Meine Kollegen und ich erwarteten eine gereizte Kanzlerin mit den dann üblichen hängenden Mundwinkeln. Doch stattdessen saß uns eine mit sich selbst sichtbar im Reinen befindliche Angela Merkel gegenüber, die bei Linsensuppe in aller Ruhe erläuterte, warum sie was wie gemacht hatte. Manche finden diese Konsistenz und Konsequenz bieder, andere langweilig – ich finde sie wohltuend in ihrer Unaufgeregtheit, vor allem für das Land. In Krisenzeiten wie den jetzigen schaffen sie Vertrauen.

Und auf Vertrauen wird es letztlich ankommen, wenn die Bundesbürger am 27. September 2009 zur Wahl gehen. Der Zusammenbruch von Lehman Brothers ist dann fast genau ein Jahr her. In der historischen Rückschau wird die Krise zum dominierenden Ereignis der ersten Legislaturperiode von Angela Merkel werden. Sollte sie wiedergewählt werden, werden die Folgen auch ihre zweite Amtszeit grundlegend beeinflussen.

An ihrem ruhigen, nüchternen und pragmatischen Regierungsstil wird das nichts ändern. Sie wird ihre neue Ernennungsurkunde ohne große Zeremonien in die obere Schublade des schwarzen Rollcontainers legen, wo auch die erste aus dem Jahr 2005 sich befindet.

Wie auch in ihrer ersten Amtsperiode wird Merkel fast nur zum Telefonieren an dem wuchtigen Schreibtisch sitzen, vor sich das silbern gerahmte Porträt der russischen Zarin Katharina der Großen. Manchmal wird sie dabei mit dem Finger über den Globus fahren, den ihr ein Mitarbeiter geschenkt hat und der am rechten Rand des Schreibtisches steht. Oder den Bernstein betrachten, den ihr der Landrat von Nordvorpommern 2005 aus ihrem Wahlkreis zu ihrer Ernennung als Bundeskanzlerin mitgebracht hat.

Zum Arbeiten wird Merkel dann immer noch an den großen Tisch am Eingang des Büros gehen, von dem aus sie Zuruf-Kontakt zu ihren Mitarbeitern hat. Vorbei an dem Bücherregal mit einem kleinen Modell des christlichen Kreuzes, das auch im Fraktionssaal der Union im Parlament hängt. Volker Kauder hat ihr die Arbeit des Radolfzeller Bildhauers Markus Daum zum 50. Geburtstag geschenkt. Auf dem Regal steht auch ein Foto von Merkel mit Helmut Kohl im Kabinettssaal in Bonn, von Kohl mit schwarzem Filzstift signiert. Ganz rechts findet sich eine kleine Ludwig-Erhard-Büste.

Wenn sie sich links außen an den Arbeitstisch setzt, hat sie ihr Büro, den Reichstag und das Parlamentsgebäude im Blick. Auf dem langen Tisch aufgereiht ist fein säuberlich eine ganze Reihe weiterer Mementos: ein winziger Plexiglaswürfel mit kaum mehr als einem Zentimeter Kantenlänge, der ein mikroskopisch kleines Porträt der Kanzlerin birgt. Die Physikerin hat ihn im Mai 2008 zusammen mit der Ehrendoktorwürde der Fakultät für Physik und Geowissenschaften ihrer alten Universität Leipzig bekommen. Die silberne Schale steht dort, die ihr George W. Bush bei ihrem ersten Besuch im Weißen Haus im Januar 2006 überreicht hat, und ein blaues, tintenfassähnliches Glasgefäß mit der Aufschrift »10 Downing Street« von dem britischen Premierminister Tony Blair.

Wenn sie über den Arbeitstisch blickt, sieht Merkel eine

rund 50 Zentimeter große Dame-Figur aus einem Schachspiel. Der Waldbauernverband hat sie mitgebracht, zusammen mit dem jährlichen Weihnachtsbaum für den Ehrenhof des Kanzleramts. Merkel hat das so gut gefallen, dass sie an den folgenden Weihnachten um weitere Spielfiguren gebeten hat. Zwei Bauern wurden bislang angeliefert.

Dass die Kanzlerin so lange weitermachen will, bis sie ein Schachspiel zusammenhat, ist allerdings nur ein Gerücht. Doch wer weiß? Direkt vor ihr auf ihrem Arbeitsplatz liegt der kleine silberne Würfel mit dem Motto ihrer Kanzlerschaft in Großbuchstaben eingraviert: In der Ruhe liegt die Kraft.

Kapitel 16

»Ich finde es großartig, dass ich in einer so spannenden Zeit leben darf«

Gespräch mit Bundeskanzlerin Angela Merkel,
27. April 2009

Es ist ein sonniger Montagnachmittag, die Kanzlerin hat gute Laune. Der Frühling ist ihre liebste Zeit, sie war am Wochenende auf ihrer Datsche in der Uckermark. Alles sei voller Löwenzahn, erzählt sie. Es hört sich nicht so an, als hätte sie Zeit gehabt, sich um das Unkraut zu kümmern.

Frau Bundeskanzlerin, Ihr Politikstil wurde einmal wie folgt beschrieben: »Geht es nicht so, probiere ich es eben anders.« Zu Recht?

Angela Merkel: Wenn wir früher im Studium in Mathematik etwas beweisen mussten, stand unter meinen Übungsaufgaben oft Folgendes: Viele Wege führen nach Rom, warum ausgerechnet den kürzesten wählen?

Das Zitat stammt von Wolfgang Schäuble. Er meinte, das sei ein »interessanter spieltheoretischer Zugang zur Politik«.

Meine Erfahrung ist, dass man ein Ziel auf sehr unterschiedlichen Wegen erreichen kann. Und wenn ich es beim ersten Mal nicht erreiche, probiere ich einen anderen Weg.

In den Naturwissenschaften ist das übliche Vorgehen »Versuch und Irrtum«, trial and error. Warum ist diese Methode in der Politik so sehr verpönt?

Das Lernen in der Natur und auch in der Wissenschaft erfolgt über Experimente. Wenn ich etwas Neues mache, habe ich nie die Garantie, mein Ziel auch zu erreichen. Auch wenn man in der Politik keine Experimente macht, so gibt es doch eine Parallele: Bei politischen Vorgängen bedarf es oft sehr vieler Anläufe, um ein politisches Ziel zu erreichen. Die Geschichte der europäischen Verträge ist so ein Beispiel. Dennoch gilt in der Politik der gerade Weg als der erfolgreichste.

Umwege werden als Niederlagen eingestuft?

Zuerst einmal ja. Aber wenn es später gelingt, das Ziel zu erreichen, ist der Ruhm umso größer. Auch Fehlversuche gehören zum Leben. Wir sollten alle ermutigen, es ein zweites und auch ein drittes Mal zu versuchen, zum Beispiel auch bei Gründungen von Unternehmen.

Ein anderes Grundprinzip der Physik sind die Erhaltungssätze. Das Verhältnis von Masse und Energie bleibt immer gleich. Im übertragenen Sinne heißt das, auf positive Ausschläge folgen negative und umgekehrt. Macht das die Politik nicht unsäglich langweilig? Wenn Sie nach Siegen schon immer gleich an die unausweichlichen Niederlagen denken?

Wenn die Sonne scheint, dann denke ich nicht daran, dass es bald wieder Regen geben muss. Es ist eher so, dass ich mir in schwierigen Stunden vergegenwärtige, dass es auch wieder gute gibt. Und wenn es gute Stunden gibt, schützt es davor, überheblich zu werden. Das trübt mir nicht die Freude.

Also kein Plädoyer für Gleichmut und Mäßigung?

Im Gegenteil. Unser ganzes Leben ist danach ausgerichtet, an die eigenen Leistungsgrenzen zu gehen und sie zu überwinden, das macht die Freude an der Anstrengung aus. Und außerdem: Gleichförmigkeit ist für die öffentliche Wahrnehmung ganz furchtbar.

Wie oft haben Sie Ihre Grenzen denn schon überwunden?

Grenzen werden immer bleiben. Aber an die Grenzen gehen oder ein Stück weiter, das gab es bei mir seit der Kindheit ziemlich häufig. Die Grenzen der sportlichen Betätigung wurden mir relativ früh vor Augen geführt ...

... Sie meinen Ihre Aussage, Sie seien ein »Bewegungsidiot« gewesen, weil Sie als Kind keinen Berg hinuntergehen konnten und Angst vor dem Sprung vom Dreimeterbrett hatten?

Ja, aber ich bin gesprungen und wandere heute mit großem Vergnügen in den Bergen.

Und in der DDR als Physikerin?

Wie gut ich in der westlichen naturwissenschaftlichen Welt gewesen wäre, konnte ich nicht testen. Wir konnten im Grunde, bis auf wenige Ausnahmen, nicht reisen, wir hatten nicht die neuesten Computer. Da hat sich manch einer in der Illusion gewiegt, wie toll er wäre, wenn er alle Möglichkeiten hätte.

Sie haben sich nach der Wende für die Politik entschieden.

Ja, weil ich der Auffassung war, dass neue Köpfe in der Politik gebraucht wurden. Die Anfangszeit als Politikerin war die schwierigste, viel schwieriger als die Anfangszeit als Bundeskanzlerin. Damals, 1990, wusste ich gar nichts. Weder wie man ein Gesetz macht noch wie ein Ministerium funktioniert, oder wie die Verwaltungsabläufe sind. Da musste ich mir alles erarbeiten. Das Risiko zu scheitern war sehr hoch.

Mit dem Alter werde die »Distanz zwischen dem eigenen Wunschbild und dem Erleben der eigenen Person immer geringer«, sagten Sie. Sind Sie inzwischen bei der Deckungsgleichheit angekommen?

Nein.

Auf gutem Weg?
Es bleiben noch genügend Ansprüche übrig.

Und – wie ist das Zwischenfazit?
Ich bin ein zufriedener Mensch. Ich habe eine wunderschöne Aufgabe, eine, die mich ausfüllt und mit der ich einen Beitrag für unser Land leisten kann, und auch eine, die ich kann. Als Kind wollte ich partout Eiskunstläuferin werden. Was ich nicht konnte, hat mich fasziniert.

Sie träumen noch davon, Eiskunstläuferin zu werden?
Nein, heute verwende ich keine Kraft darauf, davon zu träumen, dass ich Balletttänzerin, Malerin oder Schriftstellerin werden würde. Das habe ich durchlebt. Ich freue mich heute daran, dass andere Menschen eben gerade diese Dinge können. Jetzt ist es so, dass ich im Einklang mit einer Möglichkeit bin, das Leben zu gestalten. Es hätte auch ganz anders kommen können. Dass ich bis zum Lebensende in der DDR hätte leben müssen.

Was hat Sie so sehr an den Eiskunstläuferinnen fasziniert?
Die Beweglichkeit, der Charme, die Anmut. Wenn man selber Mühe hat, mit einem Bein auf dem Schwebebalken zu stehen, finden Sie jemanden toll, der den dreifachen Rittberger schafft. Ich kann mich daran auch heute noch wahnsinnig erfreuen. Aber ich habe die Sehnsucht und die Versuchung abgehakt, so etwas selbst zu wollen.

Mit sich Frieden zu schließen sei ein lebenslanger Prozess, sagten Sie. Sind Sie schon beim Waffenstillstand?
Das ist ein falsches Bild. Das macht man immer wieder neu, mit sich Frieden schließen. Und durch jede neue Herausforderung wird man in eine Situation gestellt, wo

man auch mit sich hadert. Wenn man das nicht mehr tut, ist das Lebensende ziemlich nah.

Sind Sie mit sich einverstanden?

Ja. Ich bin mit mir selbst zufrieden, so, dass ich meine Arbeit tun kann, ohne ständig nach links und rechts zu schielen und andere Wünsche zu haben. Es füllt mich aus, was ich tue.

Wenn Sie abends in den Spiegel schauen, sehen Sie da die Bundeskanzlerin Angela Merkel oder den Menschen Angela Merkel?

Die Unterscheidung gibt es für mich nicht. Die gibt es vielleicht für andere.

Morgens ist der Blick der gleiche?

Ja.

Auf was sind Sie in Ihrer bisherigen Amtsperiode als Bundeskanzlerin ganz besonders stolz?

Zu sagen, dass ich auf etwas stolz bin, damit habe ich meine Schwierigkeiten, aber es gibt Dinge, von denen ich gerne sage, dass sie gut gelungen sind.

Was haben Sie besonders gut hingebracht?

Ich denke, dass wir die EU-Präsidentschaft sehr gut gestaltet haben, auch die G8-Präsidentschaft, in der ein Durchbruch für die zukünftigen Klimaverhandlungen geschafft wurde. Da konnte ich etwas fortführen, was ich schon als Umweltministerin begonnen habe und was mir seit jener Zeit sehr am Herzen liegt.

Und in der Großen Koalition?

Wir haben in den ersten drei Jahren vor der internationalen Finanz- und Wirtschaftskrise wichtige Dinge auf den Weg gebracht. Die Haushaltskonsolidierung beispielsweise. Die

Rente mit 67 wird dauerhaft bleiben. Für mich besonders wichtig ist das Thema Integration. Und dass wir der Bildung einen bedeutenden Stellenwert gegeben haben.

Ist die Wirtschaftskrise ein ähnlicher Einschnitt wie die Terroranschläge am 11. September 2001?

Da muss ich ein wenig weiter ausholen, weil ich glaube, dass beides letztlich eine Folge des Falls der Mauer, besser des Endes des Kalten Krieges war. Mit dem Ende des Kalten Krieges hat sich die Bipolarität der Welt aufgelöst, die auf Abschreckung zwischen den beiden Blöcken beruhte. Nach dem Zusammenbruch der Sowjetunion entstanden völlig neue Kräftekonstellationen.

Zum Beispiel?

Nehmen Sie Jugoslawien, das auseinanderfiel, als der frühere Herrscher Tito weg war. Oder Afrika: Jahrzehntelang waren die Länder dort entweder dem westlichen oder dem sowjetischen Block zuzurechnen. Nach dem Fall der Mauer verloren die Großmächte schlagartig das Interesse aus militärischen und machtpolitischen Gründen. Nun ordnete sich vieles neu. Heute spielen eher Rohstoffinteressen eine Rolle.

Zählen Sie dazu auch Afghanistan, wo nach dem Rückzug der Sowjets Freiraum für den Terror der Taliban und hinterher al-Qaida entstand?

Es hat sich am 11. September 2001 herausgestellt, dass ein Staat ohne Strukturen eine Gefahr für alle sein kann. Deshalb sind wir heute mit der Nato in Afghanistan engagiert. Damit wird die Sicherheit des Bündnisses außerhalb seiner Grenzen verteidigt.

Noch aber ist alles durcheinander?

Wir haben in der Freude über den Zusammenbruch dieses von Abschreckung geprägten Systems übersehen, welches hohe Maß an Unübersichtlichkeit die Folge sein würde. Für mich sind der 11. September, die Asienkrise und nun auch die Wirtschaftskrise Zeichen des Übergangs, Teile des Lernens der Welt. Wir bewegen uns von dieser biopolaren, auf gegenseitiger Abschreckung basierenden Welt hin zu einer multipolaren Welt. In dieser Welt wird eine Stabilität entstehen, wenn wir uns weltweit auf ein Wertefundament einigen und uns auf dieser Grundlage gegenseitig respektieren.

Fahren Sie deshalb so gern in der Welt herum?
Ich mache Außenpolitik, weil davon ganz wesentlich auch Deutschlands Schicksal abhängt. Ich denke über die internationalen Institutionen und ihre Struktur für ein gemeinsames Zusammenleben nach. Ich finde es großartig, dass ich in einer so spannenden Zeit leben darf. Sie hat alle Möglichkeiten für ein glückliches Zusammenleben der Menschen, wenn man sie erkennt und dann auch nutzt.

Dass internationale Politik so langsam geht, frustriert Sie nicht?
Schauen Sie in die Geschichtsbücher, wie langwierig derartige Übergangsprozesse immer waren. 20 Jahre sind keine lange Zeit. Die Kräfte bilden sich noch heraus, die Formen des Zusammenlebens der Staaten entstehen gerade.

Wir werden die Kräfteverhältnisse der Zukunft sein?
Das kann heute keiner genau sagen. Aber es ist ganz wichtig, dass wir uns nichts vormachen. Die heutige Stellung Deutschlands und Europas ist nicht naturgegeben. Deshalb sage ich immer: Wir wollen stärker aus der Krise herauskommen, als wir hineingegangen sind. Wenn ich mit Chinesen rede, sagen sie mir, dass China im 10. Jahrhundert das fortschrittlichste Land auf der Welt war – sowohl in den Naturwissenschaften als auch kulturell.

Sie sorgen sich um die Stellung Europas und Deutschlands?

Es war ein unglaublicher Sieg für die Demokratie, dass sie die Herausforderung durch die Sowjetunion bestand und damit den Kalten Krieg zu Fall gebracht hat. Ich würde heute sehr gern meinen Beitrag dazu leisten, dass Freiheit und Menschenrechte weltweit erfolgreich sein können. Wir haben das ganze Rüstzeug dazu.

Ist die Wirtschaftskrise ein Katalysator?

Krisen beschleunigen bestimmte Entwicklungen. Deshalb sage ich, dass unser Anspruch sein muss, aus der Krise stärker herauszukommen, als wir hineingegangen sind. Dafür müssen wir uns anstrengen. Aber das sollte nicht so verstanden werden, dass es immer erst zu krisenhaften Entwicklungen kommen muss, unter denen Milliarden Menschen leiden. Deshalb brauchen wir Regeln, um solche Krisen in Zukunft zu verhindern.

Die Deutschen haben das Auto erfunden. Werden Sie auch die Mobilität des 21. Jahrhunderts mitbestimmen?

Wir haben die besten Chancen. Aber wir müssen uns dafür anstrengen. Wir dürfen nicht auf dem Erreichten beharren und glauben, das reiche aus. Deshalb ist es richtig, in Europa und bei uns auf Forschung und Innovation zu setzen.

Sie haben nach der Entscheidung für den Bankenschirm die Chefs der wichtigsten Banken zur Information ins Kanzleramt geladen. Die Herren wurden am Montagmorgen für Montagabend eingeladen, alle kamen. Wie mächtig fühlt man sich in einem solchen Moment?

Das ist keine Frage der Macht, sondern des Verantwortungsgefühls für die Gemeinschaft. Es war einfach notwendig zu reden. Ich habe die Erfahrung gemacht, dass es in einer derartigen Situation einen Zusammenhalt der Gesellschaft gibt. Wenn mich jemand dringend sprechen will, dann versu-

che ich auch immer, in meinem Terminkalender dafür Platz
zu schaffen.

*Wie wird sich das Verhältnis zwischen Politik und Wirtschaft ver-
ändern?*
Das ist eine sehr schwierige Frage. Nehmen wir an, wir hätten keine Krise. Auch dann muss ich sagen, dass sich das Verhältnis zur Wirtschaft im Laufe meines Politikerlebens geändert hat.

Wie?
Ich bin nicht zuletzt deshalb in die Politik gegangen, weil
ich eine glühende Verfechterin der sozialen Marktwirtschaft
war und bin. Ich habe aber gleichzeitig die Erfahrung
gemacht, dass viele individuelle Akteure sehr ihre Eigenin-
teressen vertreten. Das ist zu einem großen Teil auch ihre Aufgabe, aber das Gemeinwohl darf nie aus den Augen verloren
werden.

Die Wirtschaft fordert und fordert und lässt Sie dann allein?
Die Wirtschaft ist ja nur ein Teil der Gesellschaft, allerdings
ein entscheidender, weil dort die Arbeitsplätze entstehen, die
unseren Wohlstand stark bestimmen. Bei der Politik werden
immer wieder Probleme abgeladen, die wir manchmal über
Jahrzehnte abarbeiten müssen. Nehmen Sie das Thema der
sogenannten Gastarbeiter. Die Wirtschaft hat damals gesagt,
wir brauchen jetzt Arbeitskräfte. Dann hat die Politik Zuwan-
derung ermöglicht, erst von der Iberischen Halbinsel. Als das
der Wirtschaft zu teuer wurde, aus der Türkei. Natürlich hat
die Wirtschaft und haben die Gewerkschaften für die Integration mitgearbeitet, aber das meiste musste die Politik leisten.
Oder nehmen Sie die auch von der Wirtschaft geforderten
Vorruhestandsregelungen. So kommt die Wirtschaft oft mit
neuen Forderungen, ohne die Folgen der alten Forderungen
noch zu sehr zu beachten. Wenn dann die Lohnzusatzkosten

steigen, erinnert sich keiner mehr an die Ursachen. Das bestimmt dann sehr gut die Aufgabe der Politik. Wir sind dazu da, nicht den Forderungen einzelner Gruppen einfach nachzugeben, sondern das Ganze im Blick zu haben.

Wie haben Sie das in der Krise erlebt?

In der Krise gibt es sehr viele Wirtschaftsvertreter, die sehr verantwortlich und vernünftig handeln, genauso Vertreter der Arbeitnehmer in Gewerkschaften und Betriebsräten. Das ist eine sehr ermutigende Erfahrung.

Im Herbst werden die Arbeitslosenzahlen stark zunehmen, egal was die Regierung noch an konjunkturstützenden Maßnahmen macht. Die Deutschen werden dann – mit fast einem Jahr Verzug – die Krise wirklich bei sich selbst, in ihren Familien und in ihrem Bekanntenkreis spüren. Wie werden Sie damit umgehen?

Wir wissen, dass die Folgen der internationalen Krise auf dem Arbeitsmarkt erst später eintreten werden. Wir haben oft über das Bild vom Gewitter gesprochen, das man herannahen sieht. Wir haben Vorsorge getroffen, soweit Politik das kann, zum Beispiel durch die Verlängerung des Kurzarbeitergeldes. Das dies auch Auswirkungen wie Einschnitte in den Unternehmen haben könnte, ist nicht abzuwenden.

Sie haben mehrfach gesagt, wie verantwortlich sich die Deutschen in der Krise verhalten. Ist das, was den Deutschen immer als Nachteil nachgesagt wird – ihr Beharrungsvermögen –, nun ein Vorteil?

Bundestag und Bundesrat, das föderale System, die politischen Entscheidungsmechanismen sind ein stark stabilisierendes Element in unserem Land. In den entscheidenden Tagen der internationalen Finanzkrise hat sich unser Land als handlungsfähig erwiesen. Das ist eine ermutigende Erfahrung, dass es uns in der Krise gelungen ist, so schnell zu handeln.

Sind Sie stolz auf die Bürger und Bürgerinnen in diesem Land?

Viele Menschen haben in dieser Situation Verantwortung gezeigt, und ich bin optimistisch, dass sie das auch weiter tun. Das setzt aber voraus, dass wir uns um den Zusammenhalt der Gesellschaft bemühen. Wir müssen beweisen, dass wir allen helfen, den Kleinen wie den Großen, dass uns jeder Arbeitsplatz wichtig ist. Ich bekomme zum Beispiel sehr viele Briefe von Menschen, die mir schreiben, Opel helfen Sie, helfen Sie mir auch. Ich möchte später sagen können: Wir haben für alle unser Bestes getan.

Wie erklären Sie sich, dass die Aussicht auf 2500 Euro vom Staat Menschen dazu bringt, Autos auf den Schrottplatz zu bringen, die noch 4000 oder 5000 Euro wert sind?

Rabattpolitik belebt die Fantasie. Die Menschen kaufen auch zehn Hemden, wenn der Preisnachlass attraktiv genug ist. Wir haben 14 Millionen Autos, die älter als neun Jahre sind. Bis jetzt haben rund eine Million Menschen, also einer von 14, sich zum Kauf eines neuen Autos entschlossen. Das ist viel, aber nun auch wieder nicht so viel.

Nun ist die Prämie zu einem Exportschlager in Europa geworden. Bekommen Sie Dankesschreiben Ihrer Kollegen?

Viele profitieren davon, weil die Autos in ihren Ländern gebaut werden und das die Beschäftigung dort stabilisiert. Und unser Modell wird in weiteren Ländern übernommen.

Und es zeigt, dass Deutschland nicht den Heimatmarkt abschottet?

Ja, das hilft uns. Denn wir fordern zu Recht, dass kein Land in dieser Krise seinen Markt abschotten darf. Deutschland exportiert 70 Prozent seiner Güter. Von jedem Euro, den unsere Nachbarn verdienen, bekommen wir wieder etwas ab. Das ist gut eingesetztes Geld.

Wie sehr hat Sie verärgert, dass vor allem Frankreich und Großbritannien Sie zu Anfang der Krise als »Madam No« dargestellt haben, als die Frau, die alles blockiert?

Es gibt noch immer keinen völligen Konsens, welche Lehren wir aus der Krise ziehen, aber wir nähern uns nun an. Dennoch sind die Verhältnisse in den einzelnen Ländern so unterschiedlich, dass man auf die Krise auch unterschiedlich reagieren muss. Wir haben in Deutschland keine Krise des Häusermarkts wie in Amerika. Um Akzeptanz für bestimmte Handlungen zu bekommen, müssen auch die Probleme im Land von den Menschen gesehen werden. Bei den Briten war das Weihnachtsgeschäft 2008 schon sehr schlecht, da musste einfach früher gehandelt werden. Zeit und Erlebniswelt müssen zusammenpassen.

Waren Sie verärgert?

Weil ich diese Zwänge gesehen habe, war ich nicht verärgert. Verärgerung ist im Übrigen keine Kategorie in der Politik. Aber es ist eine schwierige Situation, wenn die führenden Länder in Europa um eine Linie ringen. Das haben wir jetzt überwunden.

Wie viel Leidensfähigkeit braucht eine Bundeskanzlerin?

Man braucht Kraft und man muss manches auch ertragen können, das ist unbestritten. Man braucht eine robuste Kondition und eine gute Gesundheit. Aber das wird alles durch die vielen positiven Erlebnisse mehr als aufgewogen.

Braucht man Leidensfähigkeit?

Man muss Kritik aushalten. Ich beklage das nicht. Wenn ich morgens vor einer Auslandsreise beispielsweise das Radio einschalte und höre, was ich alles erreichen und mit nach Hause bringen soll, weiß ich gar nicht, ob ich schmunzeln soll oder ob das Leidensfähigkeit erfordert.

Ihnen wird vorgeworfen, Sie zeigten zu wenig Emotionen.

Wenn man in der Politik die Emotion an die erste Stelle stellt – im Sinn von »Ich bin verärgert«, »Ich muss jetzt leiden«, »Ich bin beleidigt«, »Ich werde schlecht behandelt«, »Die Welt ist ungerecht« –, kann man die Arbeit nicht erledigen.

Warum nicht?

Weil Entscheidungen aus solchen Emotionen heraus nicht verantwortlich sind. Es ist schade um die Zeit, die man mit Ärger verbringt. Ich habe aber eine gute Natur.

Wie halten Sie Ärger klein?

Indem man sich einen Schritt neben sich stellt und sich fragt, was denn nun eigentlich passiert ist. Als ich Frauenministerin war und in der Politik angefangen habe, musste ich mich oft ärgern. Da habe ich oft gedacht, die machen das nur, weil du eine Frau bist und aus Ostdeutschland kommst.

Stimmte doch auch, oder?

Ich habe mir angesehen, wie oft Norbert Blüm bei seinen Projekten nicht alles erreicht hat und auch mal auf die Nase gefallen ist. Er ist weder eine Frau noch ostdeutsch. Trotzdem hat er sich nie von seinen Zielen abbringen lassen und ganz viel durchgesetzt. Wer an so was keinen Spaß hat, der darf keine politischen Ämter übernehmen. Ich bin freiwillig hier.

Aber einen Schritt neben sich zu treten scheint keine weitverbreitete Politikertugend zu sein?

Doch, doch. Im stillen Kämmerlein tun wir das schon alle einmal.

Ihre Sympathiewerte waren die ganze bisherige Amtsperiode hoch. Wie stark dürfen sie fallen, bevor Sie sich Sorgen machen?

Ach, ich halte mir die nicht jeden Morgen vor Augen. Ich freue mich darüber, aber ohne die Große Koalition wären sie sicher nicht so hoch. Ein Teil der Sozialdemokraten und ihre Wähler betrachten mich auch als »ihre« Kanzlerin. Das ist gut und wichtig, aber im Wahlkampf kann sich da auch etwas ändern.

Gibt es den großen Plan in der Politik?

Es gibt beides, eine Vorstellung vom Ganzen und das tägliche Tun. Die große Vorstellung ist, das Land so weiterzuentwickeln, dass der Wohlstand steigt und sich die nächste Generation nicht mehr Sorgen machen muss als die vorhergehende, im besten Fall sogar weniger Sorgen. Das wurde von allen Kanzlern so geteilt.

Sie meinen die Erfolgsgeschichte vom Wirtschaftswunder und der sozialen Marktwirtschaft?

Ja. Im 21. Jahrhundert ist das nicht immer so einfach zu leisten. Wir stehen vor neuen Herausforderungen. Der demografische Wandel verändert unser Land stark. Die Zahl unserer Wettbewerber in der Welt hat deutlich zugenommen.

Warum ist Timing in der Politik so wichtig, das Erwischen des richtigen Zeitpunkts?

Für Entscheidungen ist es existenziell.

Kann man das planen?

Nein, man muss es erspüren und man darf dem öffentlichen Druck nicht immer nachgeben. Wenn in Großbritannien eine Steuersenkung gemacht wird, muss das nicht der Zeitpunkt sein, zu dem sie auch in Deutschland Sinn macht. Dann lasse ich mich lieber fünf Wochen von der angelsächsischen Presse kritisieren. Ich treffe meine Entscheidungen nur, wenn sie einigermaßen durchdacht sind.

Es gibt in der Politik ein Phänomen, das geht so: »Mich hat man nicht gefragt, allein deshalb bin ich dagegen.« Ist das nor-

males menschliches Verhalten oder eine Besonderheit von Politikern?

Es ist schon so, dass jeder gerne einbezogen werden möchte. Das ist legitim. Davon lebt Demokratie. Und da kann ich auch manches Mitglied im Deutschen Bundestag in diesen Tagen verstehen. Vieles musste einfach sehr, sehr schnell gehen in diesen Krisenmonaten. Aber grundsätzlich ist es besser, möglichst viele Menschen einzubeziehen.

1997 sagten Sie, es mache auch Spaß, den Gegner zu bezwingen. »Das ist so ein bisschen wie Schiffe-Versenken. Wenn ich einen Treffer lande, finde ich das unheimlich toll«. Wie groß ist Ihre Trefferquote?

1997 war ich Umweltministerin und ich hatte damals mit einer, wie ich fand, arroganten Bemerkung des damaligen niedersächsischen Ministerpräsidenten Gerhard Schröder zu tun. Es ging um die Atomkraft, und letztlich ist aus dieser Debatte dann auch der rot-grüne Atomausstieg entstanden. Ich fand die Argumentation nicht redlich. Und es ist bekannt, dass ich das auch verändern will.

Aber Sie freuen sich schon über einen politischen Sieg?

Natürlich freue ich mich. Wenn wir für unsere Überzeugungen eine Mehrheit bekommen, dann sind das Dinge, über die man sich freut. Sonst würde ich hier ja ohne Leidenschaft Politik machen. Aber das setzt auch immer wieder schwierige politische Entscheidungen voraus.

Als Sie noch als Kanzlerkandidatin danach gefragt wurden, was später einmal über Sie gesagt werden soll, war Folgendes Ihre Antwort: »Mir liegt daran, dass man eines Tages vielleicht sagen kann, Merkel hat in den zweiten Gründerjahren dieser Republik, also nach der Wiedervereinigung, einen wichtigen Beitrag dazu geleistet, Deutschland wieder zu einem Land zu machen, in dem Wohlstand und Kreativität zu Hause sind …

… Genau so ist es.

Nach vier Jahren Zeit, Ihre Ideen umzusetzen: Wie erfolgreich waren Sie?

Wir sind auf gutem Weg, bei der Bildung, der Integration, in der Familien- und der Sozialpolitik. Einige Sachen sind noch offen. Wir haben noch nicht die abschließende Antwort auf den demografischen Wandel und brauchen beispielsweise noch eine kapitalgedeckte Pflegeversicherung.

Ihre Mutter Herlind Kasner wurde im September 2008 als »Vorbild der Weiterbildung« ausgezeichnet, weil sie noch als 80-Jährige Volkshochschulkurse in Englisch gibt. Wissen Sie schon, was Sie mit 80 machen wollen?

Nein.

Denken Sie darüber nach?

Nein, ich bin mit jetzt knapp 55 Jahren so ausgefüllt, dass ich dafür keine Zeit habe. Ich denke über die Zukunft Deutschlands in den nächsten Jahren nach.

Vor zwölf Jahren wurden Sie schon einmal gefragt, welche drei Dinge Sie mitnehmen würden, wenn Sie für ein Jahr auf eine einsame Insel müssten.

Ja, ja – da war die Bibel dabei.

Sie sagten, man könne darin sehr viel entdecken.

Heute würde ich unter drei Sachen auch ein Handy mitnehmen, aber da gibt es wahrscheinlich keinen Funkempfang. Was waren die anderen zwei Sachen, die ich genannt habe?

Eine Kerze und ein Messer.

Sehr gut. Damit kommt man durch.

Frau Bundeskanzlerin, vielen Dank für das Gespräch.

Dank

Es waren viele, die mir bei dieser Reportage geholfen haben und denen dafür mein ganz herzlicher Dank gebührt. Ganz besonders gilt er dem Kanzleramt und der Kanzlerin selbst, ohne deren Kooperation diese Arbeit nicht möglich gewesen wäre. Naturgemäß erzählt die Reportage viele Ereignisse aus der Sicht von Angela Merkel, aber das soll sie ja auch. Sehr herzlich bedanken möchte ich mich bei ihrer Büroleiterin Beate Baumann, die das Projekt in einem sehr frühen Stadium unterstützt hat. Ich erinnere mich gern daran, wie ich sie bei einer Nahost-Reise der Kanzlerin kennengelernt habe.

Wir schipperten nach dem Besuch in der Sommerresidenz des jordanischen Königs Abdullah II. auf dem Oberdeck eines Ausflugsschiffes durch die Bucht von Aqaba auf dem Roten Meer. Die Sonne schien und wir stellten fest, dass wir beide große USA-Fans sind. Am anderen Ende des Decks war wie so oft eine Menschentraube um Angela Merkel, in die plötzlich Bewegung kam. Wir sahen die Kanzlerin winken – und kurz danach den jordanischen König, wie er in einem schwarzen Neoprenanzug auf einem von ihm selbst gesteuerten Jet-Ski das Schiff umrundete und Merkel grüßte.

Ein herzlicher Dank geht auch an Kanzleramtschef Thomas de Maizière, Regierungssprecher Ulrich Wilhelm, Medienberaterin Eva Christiansen, Wirtschaftsberater Jens Weidmann, Außenpolitikberater Christoph Heusgen und viele andere, die meine Fragen nach dem Innenleben des Kanzleramts geduldig ertragen und beantwortet haben.

Bildungsministerin und CDU-Vize Annette Schavan danke ich für die Einsichten darüber, wie sich Paradigmenwechsel vollziehen. Finanzstaatssekretär Jörg Asmussen hat mir dankenswerterweise die Rolle des Finanzministeriums während der Krisenmonate erläutert.

Im politischen Raum haben sich mehrere Parteivorsitzende, Minister, Fraktionschefs, Staatssekretäre und Generalsekretäre Zeit für ein und manchmal auch mehrere Gespräche genommen. Nicht alle wollen genannt werden, deshalb ergeht ein summarischer, aber deswegen nicht weniger herzlicher Dank. Bei einem seiner Berlin-Besuche konnte ich mit dem EU-Kommissionspräsidenten José Manuel Barroso sprechen. Auch ihm ganz herzlichen Dank für seine interessanten Einschätzungen der Kanzlerin und seine Zeit.

Aus der Finanzbranche haben mir Dr. Josef Ackermann, der Chef der Deutschen Bank, Martin Blessing, der Vorsitzende des Vorstands der Commerzbank, und der damalige Bankenpräsident und heutige Aufsichtsratsvorsitzende der Commerzbank, Klaus-Peter Müller, ihre Sicht der Dinge geschildert. Vielen Dank dafür.

Bedanken möchte ich mich des Weiteren bei den Chefredakteuren Christoph Keese und Thomas Schmid, die mir in ihren jeweiligen Funktionen viele Reisen mit der Kanzlerin ermöglichten.

Großen Dank schulde ich den vieren, die das Manuskript gelesen und mich vor vielen Fehlern bewahrt haben (alle, die noch übrig sind, sind selbstverständlich meine eigenen): Meine Freundinnen und Kolleginnen seit dem Volontariat, Ursula Weidenfeld und Annette Rueß, gaben konstruktive

Kritik und sehr hilfreiche Anregungen. Mein Schwiegervater Fritz Golter war ein außerordentlich aufmerksamer Leser in einer für ihn sehr schwierigen Zeit. Ich wünsche ihm, dass es ihm bald wieder besser geht. Und schließlich mein Mann Marcus, der seit über zwei Jahrzehnten das Leben mit mir teilt. Ich hoffe sehr, dass es noch viele mehr werden. Ihm ist dieses Buch gewidmet.

Berlin, im Mai 2009
Margaret Heckel